최신
개정판

1급 직업상담사 2차 실기

이종원 지음
| 직업상담사 1급, 2급 |

최신 개정판
1급 직업상담사 2차 실기

발행일　2판 1쇄 2024년 5월 3일

지은이　이종원

펴낸이　박영호

기획팀　송인성, 김선명, 김선호

편집팀　박우진, 김영주, 김정아, 최미라, 전혜련, 박미나

관리팀　임선희, 정철호, 김성언, 권주련

펴낸곳　(주)도서출판 하우

주소　서울시 중랑구 망우로68길 48

전화　(02)922-7090

팩스　(02)922-7092

홈페이지　http://www.hawoo.co.kr

e-mail　hawoo@hawoo.co.kr

등록번호　제2016-000017호

ISBN 979-11-6748-133-7 13320

값 35,000원

1급 직업상담사

2차 실기

이종원 지음
|직업상담사 1급, 2급|

도서
출판 真雨

수년 전 국내 최초로 직업상담사 1급 2차 실기 수험서를 출판하면서 가슴이 벅차고 걱정이 무지막지했다. 직업상담사 1급 2차 실기 수험서를 갈구하는 수험생에게는 선택의 여지가 없기 때문이다. 개정판을 내는 지금도 그 당시와 같이 매 같은 심정이지만, 지금은 몇 개의 훌륭한 다른 수험서가 시중에 출판되어 부담이 조금 덜하다.

3시간 이내에 펜과 컴퓨터를 이용해 문서 작성을 하는 직업상담사 1급 2차 실기 시험은 가히 극대수행검사(maximum performance test)의 극치가 아닐까 싶다. 본 개정판을 출간하면서 자신의 능력을 최대한 발휘하여 희소가치가 높은 직업상담사 1급 자격을 기취득한 분들에게 무한한 경외의 찬사를 보낸다.

'선무당이 사람 잡는다.'라는 말이 있다. 잘 알다시피 능력이 없는 미숙한 사람이 어떠한 일에 괜히 아는 체하며 설치다가 일을 그르쳐 놓는 것을 비유하는 속담이다. 직업상담을 한다는 것은 내담자 삶의 중심을 찾는 직업상 진로(career path)에 깊이 관여하고 개입하여 막대한 영향을 미치는 일이다.

직업상담으로 타인의 커리어에 영향을 미치는 것을 굳이 이분법으로 뚝 잘라 재단한다면, 하나는 선무당같이 내담자에게 치명적인 악영향을 미치는 것이고, 또 하나는 상담자의 언행으로 내담자의 진로 문제를 진단하여 커리어 개발을 촉진시켜 주는 명의(best doctor) 역할을 하는 것이다.

저자는 직업상담에 사명감을 가진 명의가 되기 위한 1급 직업상담사를 위하여 조금이나마 부담을 덜어주고자 이 책을 힘겹게 엮었다. 본 책의 강점과 약점은 다음과 같다.

하나, 본서는 15년간('09년~'23년)의 직업상담사 1급 2차 실기 기출 문제 분석을 토대로, 국내·외 저명하고 신뢰도 있는 학자의 문헌과 인터넷 사이트를 참고하여 모범답안이 될 만한 핵심 알맹이들로만 묶어 100% 가까이 시험 준비를 대비했다. 더 이상의 강점은 없다.

하나, 본서는 수험자의 기억만으로 복원한 기출 문제의 신뢰도에 다소 문제점을 안고 있는 것이 약점이다.

이러한 강점과 약점을 가진 본서는 실전 시험 문제에 출제되는 내용을 총 4장으로 구성하였다. 1장은 진로 이론, 2장은 직업심리 검사, 3장은 노동시장 분석 그리고 4장은 행사 기획안이다.

저자는 수년 전 이 책의 초판 시 직업상담사(1급, 2급)와 미국경력개발협회 (NCDA: National Career Development Association)의 국제공인커리어컨설턴트 (GCDF: Global Career Development Facilitator) 자격을 취득한 '국내·외 공인자격 1호 동시 보유자'였다. 이러한 이유인지는 모르겠으나 Krumbultz크룸볼츠 박사의 '계획된 우연(planned happenstance)'에 따라 서강대, 숭실대, 한국대학교육협의회, 서울의 여성인력개발센터 등등에서 직업교육과 관련된 내용을 강의했으며, 현재는 직업상담사 교육훈련 콘텐츠 국가기관의 심사위원으로 활동하고 있다.

인간은 기억하는 능력보다 기억을 지우는 능력이 더 힘들다는 연구 결과가 있다. 요행히 직업상담사 1급 2차 실기 준비는 지우는 능력보다 기억하는 능력을 사용한다. 아무쪼록 기억하는 능력을 최대한 발휘하여 본서를 탐독하고 섭렵하여 소기의 목적을 달성하기를 기원한다.

이 책이 제 몫을 다할 수 있도록 지지와 지원을 하신 전) 박종구 서강대학교 총장님의 배려에 진심으로 머리 숙여 깊은 감사를 드리며, MBTI와 STRONG을 한국판으로 표준화 시키고 직접 지도해 주신 전) 서강대학교 김정택 이사장님께 무한한 감사의 뜻을 전합니다. 그리고 정신적으로 평생 지지자이신 최은수 지도 교수님과 감수를 맡아 주신 전) 서강대학교 법학전문대학원 장덕조 교수님께 이 지면을 빌어 감사의 마음을 조금이나마 전합니다.

윤문을 맡은 아내 최선화 사회복지사와 예비 교사인 은애, 은미 두 딸에게도 사랑을 표하며, 마지막으로 하우 출판사 박민우 대표님께 진심으로 감사드립니다.

고통과 노력 없이 얻은 것은 가치가 없으며 쉽게 잃어버린다. 직업상담사 1급 자격 취득은 여러분의 고통과 노력의 대가와 고귀한 가치를 반증할 것이다.

직업상담사 1급 자격 취득 자기효능감을 가져라. Cheer Up!

2024년 봄 북한산 자락 밑에서
이종원

차례

1장
진로 이론

2장

직업심리 검사

부록

1급 직업상담사
기출 문제 분석에 따른 학습 방법

1급 직업상담사

명의(best doctor)는 집도(performance of an operation)로 타인의 생명에 영향을 미치지만, 직업상담사는 상담사로서의 전문지식, 말과 글, 그리고 행동으로 타인의 커리어에 영향을 미친다. 본 글에서는 직업상담사의 수행 업무 등에 대한 설명과 직업상담사 1급이 되기 위한 마지막 관문인 2차 실기 시험의 출제기준을 간략하게 훑어보도록 한다.

1. 직업상담사란

직업상담사가 수행하는 업무는 상담, 직업소개, 직업 관련 검사 실시와 해석, 진로 및 직업 지도 프로그램 개발과 운영, 직업상담 행정업무 등이다. 직업상담사의 주요 상담업무는 근로기준법을 비롯하여 노동관계법규 등 노동시장에서 발생할 수 있는 직업과 관련된 전반적인 법적 사항에 대한 일반상담과 구인·구직, 창업, 경력개발, 직업적응, 직업전환, 그리고 은퇴 후 상담 등이 있다. 직업상담사는 구직자에게 객관적으로 자신을 이해할 수 있도록 적성, 흥미, 가치관, 성격 등 진로 관련 검사를 실시한다. 이러한 구직자의 직업심리 검사를 참고하여 알맞은 직업정보를 제공하고, 최적의 직업을 선택할 수 있도록 진로상담 및 직업지도 프로그램 개발과 운영을 한다.

직업상담사의 진로와 직업활동 영역은 NCS기반 훈련 기준(직업상담)에 따르면, 공공 및 민간 부문에 무수히 많고 다양한 기관이 있다. 직업상담사 자격 소지자는 노동부 지방노동관서 등의 직업상담원 채용 시 우대되며, 일반 기업 채용 시에도 연봉, 승진 등에서 우대 받는 곳이 많다. 직업상담사 국가 자격시험을 관장하는 곳은 한국산업인력공단이다.

2. 직업상담사 1급 2차 출제 기준

2014년까지 적용되던 직업상담사 1급 실기 출제 기준이 2015년부터 변경되었다. 2024년 출제 기준과 2015년도의 출제 기준과 비교했을 때 수행준거, 직업심리검사와 직업상담 마케팅(기획서 작성하기)의 세세항목의 몇 개 문장만 분리와 통합을 했을 뿐 출제기준 내용이 변경된 것은 없다. 한국산업인력공단에서 발표한 2024년 직업상담사 1급 2차 실기 출제 기준은 아래와 같다.

〈2024년 직업상담사 1급 2차 실기 출제 기준〉

직무 분야	사회복지· 종교	중직무분야	사회복지· 종교	자격 종목	직업상담사 1급	적용 기간	2024.1.1~2024.12.31
○ 직무내용 : 노동시장, 직업세계 등과 관련된 정보를 분석·가공하여 개인의 역량분석, 전직지원, 은퇴상담, 심층상담 및 기업의 인력채용을 지원하고, 심리검사 및 집단상담 프로그램을 개발하며, 사업 기획·평가 및 슈퍼바이저 관련 업무를 수행하는 직무이다. ○ 수행준거 : 1. 각종 심리평가도구를 사용하여 직업상담을 할 수 있다. 　　　　　　 2. 직업심리검사를 시행하고 그 결과를 해석할 수 있다. 　　　　　　 3. 노동시장 분석 등을 통해 취업박람회 등의 각종 행사를 위한 기획서를 작성할 수 있다.							
실기검정방법		작업형		시험시간		3시간 정도	

주요항목	세부항목	세세항목
1. 심층직업상담	1. 초기면담하기	1. 심층상담에 대한 내담자의 적절성을 파악하기 위해 주요 호소 이슈와 상담 동기를 확인하고 내담자와 촉진적 관계를 형성할 수 있다. 2. 내담자에 대한 심상을 형성하기 위해 내담자의 행동, 표정, 언어표현 등을 관찰할 수 있다.
	2. 진단하기	1. 표준화된 진단도구 활용 지침에 따라 검사를 실시할 수 있다. 2. 정확한 검사 결과 해석을 위해 채점기준에 따라 검사결과를 평정할 수 있다.
	3. 상담기법 정하기	1. 초기면담과 진단도구 평정 결과에 따라 내담자의 특성을 분석할 수 있다. 2. 내담자의 이슈에 개입하기 위해 적합한 상담기법을 선택할 수 있다.
	4. 상담하기	1. 내담자가 해결하고자 하는 이슈에 따라 적절한 기법을 사용하여 상담을 진행할 수 있다. 2. 상담의 원활한 진행을 위해 적극적 경청, 공감, 수용 등의 상담기술을 사용할 수 있다.
	5. 상담진행변화 분석하기	1. 상담을 통한 내담자의 변화를 분석하기 위해 문제 상황에 대한 내담자의 균형 잡힌 관점, 핵심이슈의 파악, 자기 패배적 사고에서의 탈피, 치유의 정도 등을 분석할 수 있다. 2. 상담 목표를 달성하기 위해 상담의 올바른 방향성을 검토하고 내담자의 변화에 대한 수용과 의지에 따라 적절한 상담회기 및 상담기법을 변경할 수 있다. 3. 상담이 효과적으로 진행되고 있는지 점검하기 위해 내담자 스스로의 변화의지와 자신감 등을 파악할 수 있다. 4. 상담결과를 분석함에 있어 내담자의 긍정적 변화를 도출하기 위해 개입의 방법이 적절하였는지 평가할 수 있다.
2. 직업상담연구	1. 검사도구 개발하기	1. 필요성에 따라 개발할 검사대상과 속성을 결정할 수 있다. 2. 관련 도구와 자료를 조사하고 전문가 자문을 통해 예비문항을 개발할 수 있다. 3. 신뢰도와 타당도를 위한 예비조사를 실시하고 검사문항을 확정할 수 있다. 4. 표준화를 위해 본 조사를 실시하고 규준을 설정할 수 있다. 5. 규준에 따라 검사도구 실시 및 활용 매뉴얼을 작성할 수 있다.
	2. 직업상담 프로그램 개발하기	1. 직업상담 프로그램의 목표에 따라 대상의 특성을 분석할 수 있다. 2. 전문가 조언을 참고하여 프로그램을 개발할 수 있다.

주요항목	세부항목	세세항목
3. 직업심리검사	1. 검사 선택하기	1. 내담자에 따라 직업심리검사의 종류와 내용을 설명할 수 있다. 2. 내담자의 목표에 적합한 검사를 선택하기 위해 다양한 검사들의 가치와 제한점을 설명할 수 있다.
	2. 검사 실시하기	1. 표준화된 검사 매뉴얼에 따라 제시된 소요시간 내에 검사를 실시할 수 있다. 2. 표준화된 검사 매뉴얼에 따라 내담자의 수검태도를 관찰할 수 있다. 3. 정확한 검사결과를 도출하기 위해 채점기준에 따라 검사결과를 평정할 수 있다.
	3. 검사결과 해석하기	1. 검사 항목별 평정에 따라 내담자에게 의미 있는 내용을 도출할 수 있다. 2. 내담자가 검사결과를 쉽게 이해할 수 있도록 전문적 용어, 평가적 말투, 애매한 표현 등을 자제하고 적절한 용어를 선택하여 검사점수의 의미를 설명할 수 있다. 3. 검사결과 해석에 내담자 참여를 유도하기 위해 구조화된 질문을 사용할 수 있다. 4. 검사결과에 대한 내담자의 불안과 왜곡된 이해를 최소화하기 위해 검사결과 해석 시 내담자의 반응을 고려할 수 있다. 5. 직업심리검사도구의 결과에 대한 한계점을 설명할 수 있다. 6. 각종 심리검사 결과를 활용할 수 있다.
4. 직업상담 마케팅	1. 직업상담 논점 분석하기	1. 직업상담의 대상을 파악하고 분석할 수 있다. 2. 직업상담 논점을 확인하기 위하여 직업정보를 수집할 수 있다. 3. 수집된 내용을 바탕으로 주요 논점을 파악할 수 있다.
	2. 각종 기획서 작성하기	1. 노동시장을 분석할 수 있다. 2. 행사목적을 수립할 수 있다. 3. 행사 추진계획을 수립할 수 있다. 4. 행사를 사전 준비할 수 있다. 5. 행사를 진행할 수 있다. 6. 행사 사후조치를 할 수 있다.

기출 문제 분석에 따른 학습 방법

15년간('09~'23)의 기출 문제 분석에 따른 학습 방법을 살펴보면 다음과 같다.

〈기출 문제 경향 분석: 출제 패턴〉

구분		① 직업심리 검사 ② 진로 이론		③ 노동시장 분석 ④ 행사 기획안
		기출 문제 거의 동일	기출 문제 유사	
2009년	1회		가 유형	
	2회			
2010년	1회	기출 문제 미확보		
	2회		가 유형	
2011년	1회			
	2회		나 유형	
2012년	1회		다 유형	
	2회	A 유형		
2013년	1회		나 유형	
	2회		다 유형	
2014년	1회	A 유형		
	2회	B 유형		
2015년	1회	C 유형		
	2회	A 유형		
2016년	1회	B 유형		
	2회	C 유형		노동시장 분석 1문제와 기획안 작성
2017년	1회	B 유형		1문제는 매년 매회 출제되며, 지문과
	2회	A 유형		사례가 다소 다를 뿐 문제의 수준과
2018년	1회	C 유형		작성할 양은 동일함.
	2회	기출 문제 미확보		
2019년	1회	D 유형		
	2회	A 유형		
2020년	1회	B 유형		
	2회	C 유형		
2021년	1회	A 유형		
	2회	D 유형		
2022년	1회	D 유형		
	2회	C 유형		
2023년	1회	A 유형		
	2회	D 유형		

※ 기출 문제는 수험자의 기억만으로 집계하고 복원한 한계가 있음.

○ 2009년부터 2013년 2회까지 ① 직업심리 검사와 ② 진로 이론 문제는 한두 문제가 다른 유사한 기출 문제가 통째로 반복되는 패턴을 보임. 3가지 유형(가, 나, 다)의 시험 문제가 불규칙적인 주기로 기출 되었음.

> 가 유형: 2009년 1회, 2010년 2회는 유사함.
> 나 유형: 2011년 2회, 2013년 1회는 유사함.
> 다 유형: 2012년 1회, 2013년 2회는 유사함.

○ 2012년과 2013년이 (가, 나, 다) 유형이 (A, B, C, D) 유형으로 넘어가는 과도기로 보이며, 2014년부터 지금까지(2023년)는 ① 직업심리 검사와 ② 진로 이론의 1회분이 거의 동일한 문제가 통째로 반복되는 패턴으로 자리를 잡음. 4가지 유형(A, B, C, D)의 시험문제가 불규칙적인 주기로 출제되었으며, A 유형이 가장 많이 출제되었으며, 그 다음으로 C 유형, B와 D 유형 순이다.

> A 유형(7회 기출): 2012년 2회, 2014년 1회, 2015년 2회, 2017년 2회, 2019년 2회, 2021년 1회, 2023년 1회는 거의 동일한 통째의 문제가 기출 되었음.
> B 유형(4회 기출): 2014년 2회, 2016년 1회, 2017년 1회, 2020년 1회는 거의 동일한 통째의 문제가 기출 되었음.
> C 유형(5회 기출): 2015년 1회, 2016년 2회, 2018년 1회, 2020년 2회, 2022년 2회는 거의 동일한 통째의 문제가 기출 되었음.
> D 유형(4회 기출): 2019년 1회, 2021년 2회, 2022년 1회, 2023년 2회는 거의 동일한 통째의 문제가 기출 되었음.

○ 눈치 빠른 예비 1급 직업상담사는 이와 같은 분석을 보고 효과적인 시험 준비 지름길을 알았으리라 본다. 지극히 단순한 분석을 한 저자도 이 책을 집필하면서 통계의 힘이 얼마나 막강한지 확인했다.

〈기출 문제 경향 분석: 출제 현황〉

구분	문제 연도	2009	2010	2011	2012	2013	2014	2015	2016	2017	2018	2019	2020	2021	2022	2023	계
직업심리검사	1. 스트롱흥미도 검사	2	1	3	2	3	3	2	3	3	1	2	3	2	2	2	34
	2. 기술확신 척도			1		1	1		1	1			1				6
	3. 성격유형 검사		1	1	1	1		1		2		2		2	2	2	17
	4. 미네소타직업가치 검사	2	1	3	2	3	3	2	3	3	1		3	2	2	2	34
	5. 성인용진로문제 검사			2	1	2	2	2	3		2	1	3	1	3	1	24
	6. 진로신념 검사	1	1	1	2	1		2		1	1		1	1		1	17
	7. 진로발달 검사					1	1		1	1						1	5
	8. 역할중요도 검사			1		1	1		1		1		1				6
	소계	5	4	13	8	12	13	9	14	13	5	8	14	8	9	8	143
진로이론	9. 특성요인 이론			3	1	3	2	1	3	2	1		3		1		20
	10. 홀랜드 이론				2			2	2		2		2		2		12
	11. 직업적응 이론	5	4	2	4	1	3	4	4	4		6		7	4	7	51
	12. 진로발달 이론	5	3	5	5	2	5	5	3	4	1	6	3	6	4	6	63
	13. 제한·타협 이론				1			1			1	1	1		1		7
	14. 진로선택 사회학습 이론			1						1				1		1	5
	15. 사회인지진로 이론	3		1		1			1	1	1	2	1	2	2	2	12
	소계	13	7	12	13	7	10	13	9	11	5	15	9	16	14	16	170
합계		18	11	25	21	19	23	22	23	24	10	23	23	24	23	24	313

※ '10년, '18년의 각 1회분 기출 문제는 미확보.

직업상담사 1급 2차 시험은 ① 직업심리 검사, ② 진로 이론, ③ 노동시장 분석 그리고 ④ 행사 기획안 문제 등으로 크게 네 부분으로 나눌 수 있으며, 통상이 순서대로 시험 문제가 출제된다. 수험생은 네 부분 중에서 무엇을 먼저 공부해야 할지 의문이 생길 수도 있을 것이다. 저자는 본서의 차례인 ① 진로 이론 → ② 직업심리 검사 → ③ 노동시장 분석 → ④ 행사 기획안 문제 순으로 공부하는 것을 추천한다. 왜냐하면 모든 직업심리 검사는 진로 이론을 토대로 탄생되어 이론을 선수 학습한 후에 접하는 것이 이해에 수월하기 때문이다. 또한 진로 이론과 직업심리 검사를 먼저 익힌 후 노동시장 분석 및 행사 기획안 문제를 다루는 것이 효과적이다. 진로 이론과 직업심리 검사를 익혀야 그 내용을 노동시장 분석 및 행사 기획안 문제에 녹여 낼 수 있기 때문이다.

본격적으로 공부하기 전에 우선 〈부록〉의 기출 문제 현황('09~'23)을 두어 번 쭉 훑어볼 것을 권장한다.

〈기출 문제 경향 분석: 출제 비율〉

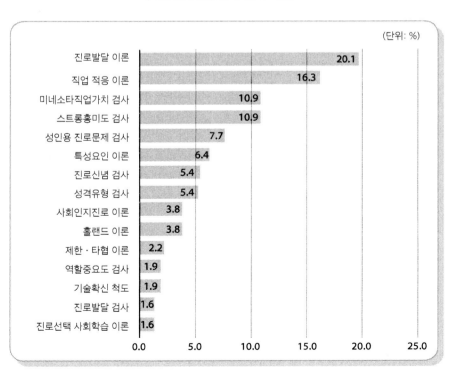

1장 진로 이론

　근래 15년간 필답형인 진로 이론 문제는 지금까지 7가지 이론이 출제되었으며, 직업심리 검사 문제보다 다소 많이 출제되었다. 특성요인 이론, 홀랜드 이론, 직업적응 이론, 진로발달 이론, 제한·타협 이론, 진로선택 사회학습 이론 그리고 사회인지진로 이론이 그것이다. 이 7가지 진로 이론 중에서는 진로발달 이론 문제가 압도적으로 출제 빈도가 높으며, 다음으로 직업적응 이론, 특성요인 이론, 사회인지진로 이론, 홀랜드 이론 등의 순이다. 제한·타협 이론과 진로선택 사회학습 이론은 상대적으로 출제 빈도가 낮았다. 본문에서 각 이론을 전개할 때에는 기출 문제와 출제 예상될 만한 주요 내용만을 각 이론의 맥락에 맞게 엮어 전반적으로 이론을 이해할 수 있도록 했다. 제2장과 함께 각 기출 문제에는 기출 년도와 횟수를 표시하여 출제 빈도와 가중치를 단번에 알 수 있도록 했다. 참고로 1장과 2장은 각 문제 지문에 대한 해답을 작성하는 형식으로 기술했기에 각 해답의 서두 부분이 일부 동일한 내용이 있다.

2장 직업심리 검사

　직업심리 검사와 관련된 문제는 8가지 검사 도구만 출제되었다. 이 검사 도구 중 미네소타직업가치 검사와 스트롱흥미도 검사가 출제 빈도가 가장 높으며, 다음으로 성인용 진로문제 검사, 진로신념 검사, 성격유형 검사 순으로 나타났다. 역할중요도 검사, 기술확신 척도, 진로발달 검사는 상대적으로 출제 빈도가 낮았다.

　직업심리 검사 문제를 분석한 결과 지금까지 총 4가지 형식으로 아래와 같이 출제되었으며 일정한 규칙이 있었다.
　첫째는 Williamson윌리엄슨의 특성요인 이론에 근거한 5가지 검사 도구에 대하여 의미, 해석과정과 척도를 기술하는 문제이다. 5가지 검사 도구 명칭을 지문에 언급할 때와 하지 않을 때도 있다. 이 5가지 검사 도구 중 기술확신 척도를 제외한 4개 도구는 출제 빈도가 매우 높다.

둘째, ○○○○검사 도구의 의미, 해석과정과 척도를 기술하는 문제이다. 이 문제는 특성요인 이론에 근거한 5가지 검사 도구와 진로신념 검사가 해당되었다.

셋째, ○○○○심리검사 도구의 영역별 점수를 제시하고 해석하는 문제이다. 이 문제는 특성요인 이론에 근거한 5가지 검사 도구 중에서는 스트롱흥미도 검사와 미네소타직업가치 검사가 해당되며, 진로발달 검사와 역할중요도(명확성) 검사도 기출 문제에 포함되었다.

넷째, ○○○○검사 도구의 구성과 특징을 기술하는 문제로 성인용 진로문제 검사만 해당되었다. 이 문제가 출제된 2015년 1회, 2016년 2회, 2018년, 2020년 2회, 2022년 2회 때에는 직업심리 검사와 진로 이론의 출제 문제가 동일하였다.

3장 노동시장 분석

노동시장 분석 문제는 다음 4장의 행사 기획안 문제와 서로 연동된 문제로써 매년 매회 거의 동일한 수준과 형식으로 출제되며 5페이지 내외로 작성해야 한다. 노동시장 분석 문제를 기술하기 위해서는 저자가 제시한 해답을 외워서는 고득점하기 힘들 것이다. 우선 경제활동인구조사와 노동시장 분석의 주요 용어에 대한 개념과 산식을 정확히 이해한 후, 부록 부분의 기출 문제에 나온 유사한 유형을 살펴보고 빨리 적용할 수 있어야 한다. 기출 문제의 수치는 현재 우리나라 고용동향과 크게 벗어나지는 않는다. 꼭 통계청 보도 자료인 최근 고용동향을 눈여겨 살펴보기 바란다.

답안을 작성할 때에는 시험 지문에서 요구하는 표를 작성한 후 표에 등장하는 각 용어를 정의하면서 표를 해석한다. 그리고 표에 따른 결과를 해석하고 현재 우리나라 노동시장에서 대두되거나 이슈나 현실을 반영하고 결부시켜 종합적인 견해를 기술하면 훌륭한 답안이 되겠다. 저자가 제시한 노동시장 분석 문제 해답의 얼개와 내용을 참고하여 본인에게 맞는 스타일로 글을 완성하는 방법을 익혀야 한다. 이 부분을 학습할 때에는 본문의 [그림 3-1] '경제활동인구조사 구성'과 ① 노동 공급 측면과 ② 노동 수요 측면의 분석에 활용하는 주요 용어와 산식은 별도로 타이핑해서 시험 일자까지 책상 앞에 붙여 놓기를 적극 권장한다. 머릿속에 [그림 3-1]과 그에 따른 산식이 꼭 박혀 있어야 한다. 참고로 문제 Type이 다른 2개의 지문에 해답을 작성했기에 2개의 각 해답 내용이 일부 동일한 부분이 있다.

4장 행사 기획안

행사 기획안 문제는 제3장의 노동시장 분석 문제와 연동되어 두 문제 간 서로 부합되게 작성해야 하며, 매년 매회 거의 같은 수준으로 출제되고, 5페이지 내외로 작성해야 한다.

본문 4장의 〈해답 Type 1〉 '우수기업 초청 취업박람회'는 저자가 청년층을 대상으로 행사를 기획한 것이며, 〈해답 Type 2〉 '청년 채용박람회 개최 기획안'은 수년 전 전산작업형 부분에서 만점을 받은 1급 직업상담사의 기획안이다. 이 두 기획안을 참고하여 자신만의 행사 기획안 프레임을 만들어 활용하는 방법을 권장한다. 3장의 노동시장 분석문제와 연동하여 제시하는 4장의 문제에 대한 답안은 자신만의 프레임을 만들어 부합된 내용만 채워 넣으면 된다. 행사 기획안 문제는 이 두 예시 해답만으로도 학습하는 데 충분하다. 그러나 시간이 허락된다면 공공기관이나 대학교에서 시행하는 취업박람회를 참관하는 것도 많은 도움이 된다. 성인인 여러분은 말과 글로 익히는 것보다 경험학습으로 익히는 것이 더 효과적이기 때문이다.

마지막으로 예비 직업상담사 1급 여러분에게 본 책을 보다 효율·효과적으로 학습할 수 있는 WPW(Whole-Part-Whole) 학습 모델을 권장한다.

① 먼저 이 책의 전반적인 내용을 파악하기 위하여 충분한 이해가 되지 않

더라도 일독하기 바란다(Whole).

② 이와 같이 전반적인 내용을 파악한 다음, 각 장마다 세부적인 내용을 학습하기 바란다(Part).

③ 이와 같이 전체(Whole) 속에서 세부적인 부분(Part)을 학습한 다음, 마지막으로 부분(Part)을 통합한다(Whole).

④ 학습할 내용의 뼈대와 살이 붙을 때까지 WPW를 반복한다.

반복 횟수가 늘어날수록 일독하는 시간이 급격히 줄어든다. 시험이 가까워지면 하루에 한 번씩 곱씹어 가며 일독할 수 있는 뿌듯한 쾌감을 느낄 것이다.

Cheer Up

거창하게 제시한 직업상담사 1급 2차 실기 출제 기준에 너무 민감하게 반응하지 않기를 바란다. 아마 기출 문제 분석과 학습 방법을 보고 걱정했던 예비 직업상담사 1급 여러분은 어느 정도 안도의 한숨을 쉬었을 것이다.

직업상담사 1급 자격 취득 자기효능감을 가져라. Cheer Up!

1장.
진로이론

1장 진로 이론

1. 특성요인 이론(TF: trait-factor theory)

특성요인 이론은 Parsons파슨스가 제안한 진로상담과 관련된 초창기의 이론으로써 개인의 특성과 직업에서 요구하는 특성을 매칭하여 직업을 선택한다는 것이 주요 골자이다. 이 이론은 지극히 원론적인 내용을 다루고 있기 때문에 이후 여러 진로 이론을 파생시키면서 진로상담에서 활용할 수 있는 많은 진단도구가 탄생할 수 있는 계기가 되었다. 이 이론으로 인해 많은 진단도구의 발달로 학문으로나 실용적인 측면에서 많이 성장했으며 여러 진로상담 프로그램의 기저가 되었다.

1) 이론의 내용

(1) 기본 가정

 예상 문제

■특성요인 이론의 **기본 가정**을 기술하시오.

2009년		2010년		2011년		2012년		2013년		2014년		2015년		2016년		출제 예상
1회	2회	1회	2회	1회	2회	1회	2회	1회	2회	1회	2회	1회	2회	1회	2회	

2017년		2018년		2019년		2020년		2021년		2022년		2023년			
1회	2회	1회	2회	1회	2회	1회	2회	1회	2회	1회	2회	1회	2회		

특성요인 이론의 기본 가정(가설)은 다음과 같이 정리할 수 있다.

1) 사람들은 각자 신뢰성이 있고 타당하게 측정될 수 있는 독특한 특성을 가지고 있다.
2) 다양한 특성을 지닌 종사자들이 대체적으로 자신의 직무를 성공적으로 수행하는 경향이 있다. 각 직업은 직원들이 성공적인 직업 생활을 위해 필요한 매우 구체적인 특성을 보유할 것을 요구한다.
3) 직업선택은 직접적인 인지 과정이기에 개인과 직업의 특성을 연결하는 것은 가능하다.
4) 개인의 특성과 직업에서 요구하는 요건이 서로 밀접한 연관이 있을수록 직업적 성공가능성은 커진다. 즉, 개인 입장에서는 직무만족이며 기업 입장은 생산성 향상이다.

2) 이론의 적용

(1) 진로선택의 4가지 범주

■ 특성요인 이론에서 **진로선택의 4가지 범주**를 기술하시오.

2009년		2010년		2011년		2012년		2013년		2014년		2015년		2016년		출제 예상
1회	2회	1회	2회	1회	2회	1회	2회	1회	2회	1회	2회	1회	2회	1회	2회	

2017년		2018년		2019년		2020년		2021년		2022년		2023년	
1회	2회	1회	2회	1회	2회	1회	2회	1회	2회	1회	2회	1회	2회

Williamson윌리엄슨은 진로의사결정에서 나타날 수 있는 문제를 진단하기 위해 도움을 주기 위한 다음과 같은 진로선택의 4가지 범주를 제시하였다.

1) 진로 무선택: 공식적인 교육 및 훈련을 마친 후 어떤 직업을 갖고 싶은지

를 물었을 때, 내담자는 자신의 의사를 표현할 수 없고 무엇을 원하는지 조차도 모른다고 대답하는 것이다.

2) 불확실한 선택: 내담자가 자신의 진로를 선택해 직접 진로 명칭을 말할 수 있지만 자신의 결정에 대하여 의심을 표현하는 것이다.

3) 현명하지 못한 선택: 내담자의 능력과 흥미간의 불일치, 내담자의 능력과 직업 요구 능력간의 불일치로 정의할 수 있다. 이는 내담자가 자신의 충분한 적성(능력)을 가지고 있지 않은 직업을 결정하는 것을 의미한다.

4) 흥미와 적성 간의 모순: 흥미를 느끼고 있는 직업은 있으나 그 직업을 가질 능력이 부족하고, 적성 있는 직업에는 흥미가 낮고, 흥미가 높은 직업에는 적성이 낮은 경우이다.

(2) 진로 상담 과정

기출 문제

■ 특성요인 이론을 토대로 하는 **상담단계(과정)와 절차**를 기술하시오.

2009년		2010년		2011년		2012년		2013년		2014년		2015년		2016년		출제 예상
1회	2회	1회	2회	1회	2회	1회	2회	1회	2회	1회	2회	1회	2회	1회	2회	
					1	1			1			1			1	
2017년		2018년		2019년		2020년		2021년		2022년		2023년				7
1회	2회	1회	2회	1회	2회	1회	2회	1회	2회	1회	2회	1회	2회			
1						1										

 해답

특성요인 이론은 Williamson윌리엄슨과 Parsons파슨스의 직업이론 원리를 토대로 발전한 지시적, 상담자 중심, 교육자적 입장을 취하는 이론이다. 따라서 상담자가 내담자에게 막대한 영향력을 행사하므로 상담자의 전문성(expertness)이 가장 중요하며, 다음으로 신뢰(trustworthiness), 매력(attractiveness) 순으로 중요하다고 보았다. 이 이론의 3가지 요소는 다음의 그림과 같이 자신에 대한 이해, 직업 세계에 대한 이해, 그리고 자신과 직업의 합리적 연결이다. 상담 목표는 개인의 특성과 각 직업의 요구 조건이나 직업 특성을 과학적이고 합리적으로 분석하여 현명하게 연결시켜 최적의 직업 선택을 하도록 조력하는 것이다.

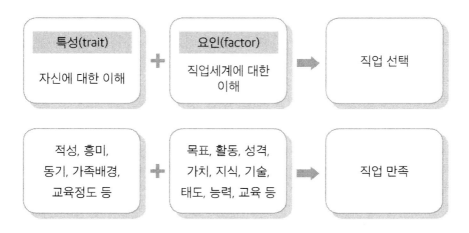

[그림 1-1] 특성요인 이론의 3가지 요소

특성요인 이론에 입각한 진로상담은 다음과 같이 크게 3단계로 구분된다.

1) 진로상담의 3단계

① 초기면담: 이 단계에서는 촉진적 관계 형성이 가장 중요하며 내담자의 배경과 교육 문제 등을 경청하고 추후 어떠한 검사가 필요한지 탐색한다.

② 검사 실시: 이 단계는 주로 검사 실시에 할당되며 동시에 내담자를 이해하기 위한 면담을 실시한다. 내담자의 정신측정학적, 인구통계학적 자료, 축적된 사례 등을 바탕으로 상담자가 진단을 한다. 상담자는 능동적인 반면, 내담자는 수동적인 역할을 한다. 대부분의 시간은 적성이나 흥미 검사 등의 진단을 실시하고 해석하는 데 활용한다.

③ 직업정보 제공: 상담자는 내담자의 특성과 요인에 적합한 직업정보를 직접 주거나, 직업사전이나 직업전망대 등과 같은 자료와 정보를 제공한다.

이와 같이 특성요인 이론의 진로 상담과정은 '합리성'으로 특징지을 수 있으며, 이 접근법은 문제해결의 과학적 방법을 따르고 있다. 윌리엄슨은 상담과정을 위의 3단계보다 더 상세하게는 다음과 같이 분석-종합-진단-예측-상담-추수지도 순으로 6단계로 기술하고 있다.

2) 윌리엄슨의 진로상담 6단계

① 분석: 내담자를 이해하기 위하여 내담자의 적성, 흥미, 동기, 가족배경, 교육정도 등에 대한 정보와 자료를 수집하는 것이다. 적성, 흥미, 동기 등과 관련된 심리검사를 주로 사용한다.

② 종합: '분석' 단계에서 수집, 분석한 자료를 '진단' 단계에서 유용하게 활용할 수 있도록 요약하고 정리하는 단계이다.

③ 진단: 내담자의 자료를 분석하여 장점과 단점을 판단하고 문제와 원인을 파악하는 것이다. 성급한 결론을 내려서는 안 되며 다양한 문제 해결 방법을 검토해야 한다.

④ 예측: 내담자의 다양한 측면들을 정리, 재배열 해보고 각 선택의 대안에 대한 성공가능성을 예측한다.

⑤ 상담: 내담자가 모든 문제 상황에 적용될 수 있도록 안내된 학습이자 재교육을 의미하며 촉진적인 관계에서 상의하는 과정이다.

⑥ 추수지도: 상담에서 학습했던 내용을 진전될 수 있도록 하고 재평가하여 점검하는 단계이다. 문제가 재발했을 때 앞선 단계를 반복하여 실행하며 돕는다.

처음 부분의 분석, 종합, 진단, 예측의 네 단계는 상담자가 일방적으로 주도하며, 나머지 상담과 추수지도 두 단계에서는 내담자가 능동적으로 참여한다. 상담 과정 중 대부분 내담자에 대한 자료를 수집, 분석, 평가하므로 상담자의 높은 전문성을 요구한다. 특성요인 이론에 입각한 상담에서 상담자는 주로 교육자적인 입장을 취한다. 따라서 중재 과정은 내담자를 교육, 설득하며 상담자의 축적된 자료에서 도출한 추론이 합리적인 것을 확신시킬 것을 강조한다.

(3) 직업정보 수집 방법

■ 내담자에게 효율적으로 직업정보를 제공할 수 있는 **수집 방법 5가지**를 기술하시오.

2009년		2010년		2011년		2012년		2013년		2014년		2015년		2016년		기출 횟수
1회	2회	1회	2회	1회	2회	1회	2회	1회	2회	1회	2회	1회	2회	1회	2회	
					1				1				1		1	

2017년		2018년		2019년		2020년		2021년		2022년		2023년		
1회	2회	1회	2회	1회	2회	1회	2회	1회	2회	1회	2회	1회	2회	6
1						1								

 해답

특성요인 이론에 입각한 진로상담은 크게 3단계로 초기면담, 검사 실시, 직업정보 제공이다. 상담자는 내담자의 특성과 요인에 적합한 직업정보를 직접 주거나 자료와 정보를 제공하기도 한다. 상담자는 내담자에게 직업정보를 주기 위해 직업정보를 효과적으로 얻는 대표적인 방법은 아래와 같다.

1) 컴퓨터기반 정보시스템

이 방법은 익명으로 진행할 수 있어 심리적 부담을 줄일 수 있다. 사용자가 공간적, 시간적 제약을 극복하기 때문에 사용자가 점점 증가하고 있는 추세이다. 국가기관의 정보 시스템은 노동부(워크넷, HRD-Net), 통계청, 직업능력개발원(커리어 넷) 등에 있으며 민간업체는 무수히 많다. 국가기관의 정보시스템은 대부분 무료이다. 민간업체의 정보 시스템은 대부분 유료이며, 광범위한 직업범주가 다루어지고 있으나 메모리 용량에 한계가 있다. 최근에는 AI(인공지능) 서비스를 활용해 직업정보를 얻기도 한다.

2) 출판자료

이 방법은 가장 흔한 진로정보 출처이다. 각 직업에 대한 제공 정보는 직무, 교육과 훈련 요구사항, 근무 장소, 근로 조건, 고용 경향 등이다. 통계청, 노동부 등의 공공직업정보는 정기적, 비정기적으로 보통 무료로 제공된다. 민간직업정보는 보통 유료이며 상업적으로 출판된다. 출판 자료의 단점은 읽기에 지루하고 금방 시대에 뒤떨어져 더 이상 정보가 될 수 없다.

3) 시청각 자료

이 방법은 게시판, 교육용이나 상업용 TV, VTR, 슬라이드, 영화, 마이크로필름 등을 통하여 직업에 대한 인식을 할 수 있도록 직업의 종류와 내용을 소개하는 것이다. 출판 자료보다 내담자의 흥미를 사로잡을 수 있으나, 정보가 제한적이고 비싸며 사용이 번거롭다. 정보가 시간이 지남에 따라 쉽게 낙후될 수 있다.

4) 정보 인터뷰

이 방법은 직업인이나 전문가를 인터뷰하는 것으로써 최근 들어 인기 있는 정보 획득 방법이다. 이 방법은 직무뿐만 아니라 직업인이 좋아하는 점과 싫어하는 점 등을 상세히 알 수 있다. 장점은 직장인에 대한 직접적인 관찰과 경험으로 근로환경과 조건에 대해 알 수 있다. 단점은 소수와의 인터뷰로 정보가 왜곡될 가능성이 있고, 검증된 인터뷰 대상자를 구하기가 쉽지 않다.

5) 직접 경험

이 방법은 자원봉사(voluntary service), 인턴십(internship), 잡 쉐도잉(job shadowing) 등이 있다. 이러한 현장방문과 체험에 의한 방법은 내담자가 직접 직장이나 일터에 가서 직업생활을 관찰하고 체험하면서 정보를 수집할 수 있다. 이는 개인의 취향에 맞는 분야를 이해시키고 풍부한 경험을 가질 수 있다. 단점은 내담자의 시간이 절대 부족한 상태에서도 투자를 해야 한다는 점과 핵심 직무의 직접적인 접촉에서 배제되기도 한다. 진로 정보 박람회에 참여하여 정보를 제공받는 방법도 있다.

진로 정보 이용은 이용가능성과 접근가능성을 고려해야 한다. 또한 어떤 정보가 가장 효과적인지를 결정하기 전에 내담자의 장애 정도, 성격유형, 인지적 수준 등을 고려해야 한다.

3) 이론의 평가

(1) 이론의 한계점

■ 수퍼의 C–DAC 모델에 비해 특성요인 이론이 가진 **한계점(단점) 3가지**를 기술하시오.

2009년		2010년		2011년		2012년		2013년		2014년		2015년		2016년		기출횟수
1회	2회	1회	2회	1회	2회	1회	2회	1회	2회	1회	2회	1회	2회	1회	2회	
							1		1			1			1	

2017년		2018년		2019년		2020년		2021년		2022년		2023년		
1회	2회	1회	2회	1회	2회	1회	2회	1회	2회	1회	2회	1회	2회	7
			1				1				1			

 해답

특성요인 이론은 직업선택 시 개인의 특성을 고려하는 것이 큰 공헌으로 꼽히고 있다. 특히 이 이론이 강조한 표준화 검사 도구와 직업 세계의 분석과정은 진로 상담에 매우 유용하나 다음과 같은 한계점(단점)이 있다.

1) 예언타당도와 구인타당도의 문제

이 이론은 심리검사와 같은 객관적인 절차를 통하여 개인의 특성을 타당하고 신뢰성 있게 측정할 수 있다고 가정한다. 그러나 이 검사 도구에서 밝혀진 결과가 어떤 직업에서 성공 여부를 명확하게 예언해 주지 못한다는 예언타당도의 문제가 거론되고 있다. 이는 인사 선발이나 배치에 치명적인 문제를 유발할 수 있다. 또한 측정 도구를 통해 측정된 개인의 검사 결과가 개인의 특성을 얼마나 정확하게 설명하는가 하는 구인타당도의 문제도 제기되었다. 개인의 특성을 파악하기 위해 내담자의 경험이나 일반적인 배경 등과 같은 자료들이 배제되고 너무 지나치게 검사 도구를 강조했다는 문제점을 안고 있다.

2) 인간의 장기간에 걸친 직업 발달 간과

이 이론은 직업선택을 일회적인 행위로 간주하고 장시간에 걸친 인간의 직업적 발달을 도외시하고 있다. 그리고 개인 특성 간의 역동성 및 다양성 중에서 무엇을 우선으로 고려하는가에 따라 직업 선택이 달라질 수 있다는 것을 고려하지 않았다.

3) 개인의 특성 발달에 대한 설명 부족

이 이론은 개인의 특성과 직업과의 관계를 기술하지만 개인의 특성이 어떻게 발달하였는지, 개인이 왜 그러한 특성을 가지는가에 대한 설명이 부족하다. 이 이론은 개인의 흥미나 적성과 같은 개인의 특성을 파악하는 것이다. 따라서 상담자는 내담자가 직면한 진로 문제를 분석하고 진단하기 위하여 진단 결과를 상호 논의하여야 한다.

4) 진로상담을 위한 지침 부족

이 이론의 개념이 간결함으로 많은 상담자가 활용하고 있지만, 이론 자체로는 효율적인 진로상담을 위한 지침을 제공하지 못하고 있다. 즉, 수많은 검사 도구 중에서 어떠한 도구를 사용하고, 그 결과를 어떻게 활용하는가는 전적으로 상담자의 몫이며 일방적으로 시행한다.

특성요인 이론은 이와 같은 한계점(단점)이 있지만, 표준화 검사 도구와 직업 세계의 분석과정은 단순명료하면서 상담의 전반적인 원론을 모두 내포하고 있기 때문에 오늘날에도 진로상담에 광범위하게 적용되고 있다.

홀랜드 이론은 특성요인 이론을 기초로 탄생되었으며, 이 이론의 기초는 개인이 환경에 영향을 미치는 것과 동시에 환경도 개인에게 영향을 미친다는 것을 가정한 개인-환경 일치 이론이다. 즉, 홀랜드 이론은 개인의 행동이 성격과 환경 간의 상호작용하는 함수관계이며, 선택 행동은 하나의 성격 표출이다. 따라서 사람은 자신의 성격을 잘 표출할 수 있는 직업 환경을 선택하는 것이다. 이 이론은 간결하고 직관적으로 의미 있는 가정을 기초로 하기 때문에 현재 진로상담 과정에 가장 많이 활용되고 있는 이론 중의 하나이다. 스트롱 흥미도 검사(SII)와 기술확신 척도(SCI)는 홀랜드 이론을 기초로 하고 있다.

1) 이론의 내용

(1) 4가지 기본 가정

기출 문제

■ 홀랜드 이론의 **4가지 기본 가정**을 기술하시오.

2009년		2010년		2011년		2012년		2013년		2014년		2015년		2016년		기출 횟수
1회	2회	1회	2회	1회	2회	1회	2회	1회	2회	1회	2회	1회	2회	1회	2회	
							1						1		1	

2017년		2018년		2019년		2020년		2021년		2022년		2023년			
1회	2회	1회	2회	1회	2회	1회	2회	1회	2회	1회	2회	1회	2회		6
		1					1				1				

 해답

홀랜드 이론은 성격유형과 환경유형을 말하면서 어떻게 모형과 유형이 결정되고 모형과 성격유형이 직업적, 사회적 상황 속에서 상호작용하는가를 보여준다. 홀랜드 이론은 다음과 같이 4가지 가정을 기초로 하고 있으며 이 이론의 핵심 내용이다.

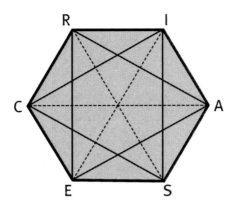

굵은 선: 매우 높은 상관관계

실선: 어느 정도 상관관계

점선: 매우 낮은 상관관계

[그림 1-2] 홀랜드의 6각형 모형(hexagonal model)

1) 대부분의 사람들은 위의 그림과 같이 현실형(Realistic), 탐구형(Investigation), 예술형(Artistic), 사회형(Social), 기업형(Enterprising) 그리고 관습형(Conventional)의 6가지 성격유형으로 설명될 수 있다. 이 성격유형은 개인을 설명하는 이론적인 유형 중에서 가장 많이 사용되는 유형일 것이다. 각각의 성격유형은 환경에 부딪혔을 때 문제에 대한 반응으로 기술과 태도를 포함한 일련의 특징을 나타낸다. 그리고 각각 직업 활동과 여가활동에 대한 선호, 자신에 대한 신념, 삶의 목표와 가치, 문제해결 방식 등을 포함한다.

2) 직업 환경도 6가지 유형인 현실형, 탐구형, 예술형, 사회형, 기업형 그리고 관습형 중의 하나로 분류된다. 이 환경유형은 환경을 구성하는 다수의 사람들이 어떠한 성격유형인가에 의해서 결정된다. 환경은 특정한 문제를 포함한 물리적인 환경에 의해 특징지어진다. 각각의 서로 다른 유형의 사

람은 서로 다른 기술과 능력을 가지고 있으므로, 자신과 비슷한 사람과 같이 일하는 것을 좋아한다. 사람들이 많이 모이는 장소에는 공통된 유형을 반영하는 환경이 생긴다. 그리고 각각의 환경은 다른 능력과 활동을 요구하고 보상도 다르다.

3) 사람들은 자신에게 맞는 환경을 찾는다. 직업 환경도 그 환경에 맞는 사람을 찾는다. 사람들은 기술과 능력을 발휘하고 태도와 가치를 표현하면서 자신에게 맞는 역할을 수행하고 감당할 수 있는 환경을 찾는다. 환경도 구인과정, 선발과정 등의 사회적 상호작용을 통하여 환경에 맞는 사람을 찾는다.

4) 성격과 환경이 상호작용하여 행동으로 표출된다. 개인의 성격유형과 매칭되는 환경유형이 무엇인지 파악하면 진로선택, 직무만족, 성취, 근속기간 그리고 직업전환 등과 같은 결과를 예측할 수 있다. 개인-환경 일치이론은 개인과 환경 간의 일치 정도를 설명할 수 있는 개념을 필요로 한다. 홀랜드 이론은 6가지 유형으로 개인과 환경을 설명하고, 유형의 유사성에 의해 개인이 얼마나 그 환경에 매칭이 잘 되는지를 설명하고 있다.

이 이론에 의하면 진로선택은 한 사람의 선택에 대한 표현이다. 따라서 한 직업군에 있는 사람들은 유사한 성격과 개인사를 가지고 있을 것이라고 가정하고 있다. 홀랜드 이론을 바탕으로 하는 상담은 내담자의 성격유형에 대한 명확한 인식과 수용에서 시작하고, 현재 진로 고민의 원인을 유형상의 불일치에서 찾아낸다. 이 이론은 개인의 성격유형과 일치하는 환경 특성을 찾도록 조력하는 것을 상담 목표로 삼고 있다.

(2) 이론의 상담 목표

■ 홀랜드 이론의 **상담 목표**를 기술하시오.

2009년		2010년		2011년		2012년		2013년		2014년		2015년		2016년		출제 예상
1회	2회	1회	2회	1회	2회	1회	2회	1회	2회	1회	2회	1회	2회	1회	2회	

2017년		2018년		2019년		2020년		2021년		2022년		2023년	
1회	2회	1회	2회	1회	2회	1회	2회	1회	2회	1회	2회	1회	2회

홀랜드 이론은 개인의 행동이 성격과 환경 간의 상호작용 함수이며, 선택행동은 하나의 성격 표출이라는 것을 나타낸다. 따라서 사람은 자신의 성격을 잘 표현할 수 있는 직업 환경을 선택하는 것이다. 홀랜드 이론을 바탕으로 하는 상담은 내담자의 성격유형에 대한 명확한 인식과 수용에서 시작하고, 현재 진로 고민의 원인을 유형상의 불일치에서 찾아낸다. 이 이론은 개인의 성격유형과 일치하는 환경 특성을 찾도록 조력하는 것을 상담 목표로 삼고 있다. 홀랜드 이론의 구체적인 상담 목표는 다음과 같다.

1) 내담자와 일과의 상호 작용을 확인하는 데 유형론을 활용한다.
2) 일치성, 일관성, 변별성의 개념을 활용하여 내담자의 의사결정과정에 대한 어려움을 예측한다.
3) 내담자의 성격 유형에 대한 이해를 토대로 다양한 진로대안과 개인의 특성을 비교하고 검토하면서 적합한 진로대안을 탐색한다.
4) 내담자의 직업과 학과 선택 시 '홀랜드 직업(학과) 코드사전'을 이용하여 내담자의 유형과 일치하거나 비슷한 유형의 직업 또는 학과를 탐색한다.

홀랜드 이론에 기초한 상담은 자기이해를 파악함으로써 보다 건설적인 진로 계획을 세울 수 있도록 돕는 과정이다.

(3) 6가지 성격 유형별 특성

■ 홀랜드 이론의 **6가지 성격 유형별 특성**을 기술하시오.

2009년		2010년		2011년		2012년		2013년		2014년		2015년		2016년		출제 예상
1회	2회	1회	2회	1회	2회	1회	2회	1회	2회	1회	2회	1회	2회	1회	2회	

2017년		2018년		2019년		2020년		2021년		2022년		2023년		
1회	2회	1회	2회	1회	2회	1회	2회	1회	2회	1회	2회	1회	2회	

홀랜드 이론의 6가지 유형을 간단히 설명하면 다음과 같다.

1) 현실형(R): 기계, 도구, 동물 등에 관한 체계적인 조작활동을 좋아하나 대부분 사회적 기술이 부족하다. 이 유형에 속하는 대표적인 직업은 기술자이다.

2) 탐구형(I): 분석적이고 호기심이 많으며 조직적이고 정확하나 대부분 리더십이 부족하다. 이 유형에 속하는 대표적인 직업은 과학자이다.

3) 예술형(A): 독창적이고 표현이 풍부하나 비순응적이고 규범적인 기술이 부족하다. 이 유형에 속하는 대표적인 직업은 음악가와 미술가이다.

4) 사회형(S): 다른 사람과 함께 일하고 사람을 돕는 것을 좋아하나 질서정연하고 조직 활동을 싫어하고 기계적이고 과학적인 능력이 부족하다. 이 유형에 속하는 대표적인 직업은 사회복지사, 교육자, 상담사이다.

5) 기업형(E): 조직이나 단체 목표를 달성하기 위해 타인을 설득하는 것을 좋아하나 상징적이고 체계적인 활동은 싫어하며 과학적인 능력이 부족하다. 이 유형에 속하는 대표적인 직업은 기업경영인, 정치가이다.

6) 관습형(C): 자료와 기록을 체계적으로 잘 정리하고 자료를 재생산하는 것을 좋아하나 심미적 활동은 싫어한다. 이 유형에 속하는 대표적인 직업은 경리, 사서이다.

(4) 이론의 5가지 주요 개념

기출 문제

■ 홀랜드 이론의 5가지 주요 개념 중에서 **4가지 가정**을 기술하시오(계측성 제외).

2009년		2010년		2011년		2012년		2013년		2014년		2015년		2016년		기출 횟수
1회	2회	1회	2회	1회	2회	1회	2회	1회	2회	1회	2회	1회	2회	1회	2회	
							1						1		1	
2017년		2018년		2019년		2020년		2021년		2022년		2023년				
1회	2회	1회	2회	1회	2회	1회	2회	1회	2회	1회	2회	1회	2회			6
		1					1				1					

 해답

Holland홀랜드는 앞의 문제에서 전술한 4가지 주요 기본가정 외에도 개인과 개인, 환경과 환경, 개인과 환경 간의 관계를 설명하는 일치성, 일관성, 변별성, 정체성, 계측성 등의 부가적(이차적)인 가정을 제시하면서 이론을 설명하고 있다. 이 가정은 사람과 환경에 모두 적용할 수 있으며, 4가지 주요 일차적인 가정을 타당화 시키는 데 목적이 있다. 부가적인 5가지 주요 개념의 가정을 살펴보면 다음과 같다.

1) 일치성(congruence)

일치성은 홀랜드 이론의 중추적 역할로써 개인과 환경이 얼마나 일치하는 가를 나타내는 것이다. 일치된 환경에 있는 사람은 자신의 행동을 편안하게 하고 익숙한 환경에서 표현할 수 있다. 그러나 일치하지 않는다면 자신의 행동이 맞지 않고 적절치 않다고 생각한다. 예를 들어, 기업형 사람이 탐구형 환경에서 일하는 것보다는 기업형 환경에서 일하는 것이 더 일치성이 높다고 본다.

2) 일관성(consistency)

일관성은 개인의 성격 유형과 환경 모형간의 관련 정도를 의미하는 것으로써 육각형 모형에서 근접성으로 설명할 수 있다. 즉, 육각형 배치도에서 개인의 흥미가 얼마나 '내적일관성'이 있는가를 반영하는 것이다. 다음의 그림과 같이 IA형은 AC형이나 RAE형 사람보다 높은 일관성이 있다고 설명할 수 있다. 높은 일관성은 진로 선택에서 긍정적인 특징이며 진로 결정에 안정성을 가진다고 볼 수 있다.

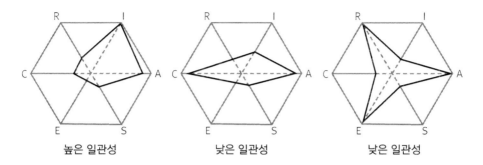

높은 일관성   낮은 일관성   낮은 일관성

[그림 1-3] 홀랜드의 6각형 모형의 일관성

3) 변별성(differentiation)

변별성은 사람과 환경이 얼마나 잘 구별되는지를 의미하며 개인의 흥미 정도를 설명해 주는 개념이다. 흥미는 개인이 좋아하는 것과 싫어하는 것과의 분명한 차이가 있을 때 잘 변별되었다고 할 수 있다. 다음의 그림과 같이 높은 변별성이 있는 사람과 환경은 한두 가지 유형의 특징을 보이는가 하면, 낮은 변별성은 5~6가지 유형의 특징을 골고루 보인다.

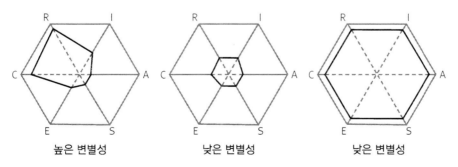

높은 변별성   낮은 변별성   낮은 변별성

[그림 1-4] 홀랜드의 6각형 모형의 변별성

4) 정체성(identity)

정체성은 개인의 정체성과 환경이 갖는 정체성이 얼마나 명확하고 안정되어 있는가를 의미한다. 개인의 정체성은 인생의 목표, 흥미 그리고 재능을 가짐으로써 확고해지며, 환경적 정체성은 환경이나 조직에서 명확한 목표, 일, 보상 등이 일관되게 주어질 때 생긴다. 일관성, 변별성과 같은 홀랜드 이론의 다른 개념처럼, 정체성은 개인과 환경을 설명할 때 모두 사용된다.

5) 계측성(calculus)

계측성은 각 유형 간의 상관을 예측 가능한 방식으로 설명하는 방식이다. 여섯 가지 유형들은 육각형 모델 내에서 유형들 간의 거리는 각각 유형들의 유사성의 정도와 반비례한다. 즉, 유사성이 높을수록 가까운 거리에 배치된다. [그림 1-2]를 보면 탐구적 유형(I)은 기업적 유형(E)보다 현실적 유형(R)과 더 유사성이 높다.

이 다섯 가지의 주요 개념은 진로 선택 후에 적응의 결과를 예측하는 데 유용하다. 즉, 일치되고 일관성이 있으며 변별성 있고 정체성을 가진 사람은 그렇지 않은 사람보다 직업에 더 만족하고 잘 적응할 수 있다고 예측할 수 있다.

2) 이론의 적용

(1) 이론의 공헌

예상 문제

■ 홀랜드 **이론의 공헌**에 대하여 기술하시오.

2009년		2010년		2011년		2012년		2013년		2014년		2015년		2016년		출제 예상
1회	2회	1회	2회	1회	2회	1회	2회	1회	2회	1회	2회	1회	2회	1회	2회	

2017년		2018년		2019년		2020년		2021년		2022년		2023년			
1회	2회	1회	2회	1회	2회	1회	2회	1회	2회	1회	2회	1회	2회		

홀랜드 이론의 공헌은 매우 유용한 검사 도구를 개발하였으며, 미국 '직업사전(DOT: dictionary of occupational titles)'을 '홀랜드 직업(학과) 코드사전'으로 번안하여 사용하였다. 홀랜드 이론을 적용한 유용한 검사 도구는 다음과 같다.

1) 직업선호도검사(VPI: Vocational Preference Inventory)

직업선호도검사는 개인의 직업이나 진로 선택을 돕기 위하여 160개의 직업목록에 대한 직업흥미, 성격 등을 측정하는 검사이다. 이 검사는 자신의 현재 모습을 정확하게 진단하고, 미래에 만족하거나 성공할 수 있는 직업을 탐색하여 선택하도록 도움을 주고자 개발된 검사이다. 홀랜드 이론의 부가적(이차적)인 가정 중 변별성(차별성)을 측정한다.

2) 직업탐색검사(VEIK: Vocational Exploration and Insight Kit)

직업탐색검사는 홀랜드가 미래 진로문제에 스트레스를 가지는 내담자들에게 사용하기 위하여 개발하였다. 이 검사의 4가지 목표는 다음과 같다.
① 미래 진로로 고민하고 있는 직업의 수를 증가시키도록 한다.
② 직업과 진로에서 요구하는 것을 이해하도록 돕는다.
③ 과거 경험과 현재 직업의 목표가 어떻게 연관되는지를 이해시킨다.
④ 지금 위치를 확인하고 다음 단계가 무엇인지를 알도록 조력한다.

3) 자기탐색검사(SDS: Self Directed Search)

자기탐색검사는 RIASEC 유형을 알기 위한 검사로써 간단한 교육기회와 직업기회 탐색코드분류표에 의해 자신의 진로유형에 적합한 전공학과와 직업을 찾도록 되어 있다. 홀랜드 이론의 부가적(이차적)인 가정 중 변별성(차별성)을 측정한다.

4) 자기직업상황(MVS: My Vocational Situation)

자기직업상황은 점수를 쉽게 기록할 수 있는 검사도구로 실시할 수 있으며 20개의 문항으로 구성되어 있다. 검사의 목적은 직업정체성, 직업정보에 대한 필요, 그리고 선택된 직업 목표에 대한 장애 등을 측정하는 것이다. 홀랜드 이론의 부가적(이차적)인 가정 중 정체성을 측정한다.

3) 이론의 평가

(1) 이론의 문제점

예상 문제

■ 홀랜드 이론의 **문제점**을 기술하시오.

2009년		2010년		2011년		2012년		2013년		2014년		2015년		2016년		출제 예상
1회	2회	1회	2회	1회	2회	1회	2회	1회	2회	1회	2회	1회	2회	1회	2회	

2017년		2018년		2019년		2020년		2021년		2022년		2023년	
1회	2회	1회	2회	1회	2회	1회	2회	1회	2회	1회	2회	1회	2회

홀랜드 이론은 매우 유용한 여러 검사 도구를 개발하고 업적이 지대했으나 다음과 같은 몇 가지 문제점을 안고 있다.

1) 이론에서 성격을 너무 강조한 나머지 여러 가지 다른 중요한 개인적이고 환경적 요인을 중요시 하지 않았다.
2) 이론은 진로상담에 적용될 수 있는 절차를 제공치 못하고 있다. 특히 상담자가 상담 시 내담자에게 사용할 수 있는 과정과 기법에 대한 지침서가 없다.
3) 이론을 이용하는 검사 도구는 직업에 대한 성적인 편견을 없애지 못했다.
4) 이론은 성격요인을 중요시하고 있음에도 불구하고 그 발달과정에 대한 설명이 결여되어 있다.
5) 사람들은 자신의 환경이나 자신을 변화시킬 가능성이 있다는 것을 전혀 고려하지 않고 간과했다.

(2) 이론의 장점과 단점

■ 홀랜드 이론의 **장점과 단점**을 기술하시오.

2009년		2010년		2011년		2012년		2013년		2014년		2015년		2016년		출제
1회	2회	1회	2회	1회	2회	1회	2회	1회	2회	1회	2회	1회	2회	1회	2회	예상

2017년		2018년		2019년		2020년		2021년		2022년		2023년	
1회	2회	1회	2회	1회	2회	1회	2회	1회	2회	1회	2회	1회	2회

개인과 환경의 일치를 지향하는 특성요인 이론이 확장된 홀랜드 이론의 장점과 단점은 다음과 같다.

1) 장점

① 환경적 측정의 영역과 개인과 환경의 상호작용의 이해, 개인행동의 이해라는 측면에서 탁월하다. 그리고 다양한 환경 유형 속에서 인간의 행동을 이해하고 예언하는 데 필요한 구조의 개발에 기여했다.

② 홀랜드 이론의 강력하면서도 단순화된 육각형 모형은 흥미측정에서 조직, 구조, 단순화, 그리고 발전된 해석이 이루어지게 한 것에 대하여 큰 영향을 미쳤다. 따라서 홀랜드의 육각형 모형은 복잡한 직업의 세계를 단순화하여 이를 해석하는 데 매우 유용한 방식이라고 볼 수 있다.

③ 지금까지 그 어떤 이론이나 형태도 응용적 입장에 있는 현장의 상담자들에게 홀랜드 이론보다 더 유용하게 사용되지는 않는다.

2) 단점

① 성격을 너무 편파적으로 강조한 결과 다른 여러 가지 중요한 개인적, 환경적 요인이 간과되었다.

② 사람들은 자신의 환경과 자기 자신을 변화시킬 수 있는 능력이 있으나 이

러한 점을 고려하지 않았다. 특성이론에 내재되어 있는 단점과 유사한 문제를 지니고 있다.

③ 진로상담에 사용할 수 있는 구체적인 절차를 제공하지 못했다. 특히, 상담자가 내담자와의 대면관계에서 활용할 수 있는 과정이나 기법에 관한 과정이 없다.

④ 일반적인 홀랜드 모형을 적용한 자기탐색검사(SDS)는 남녀를 차별하고 있다.

⑤ 인성요인을 중요시 했음에도 불구하고 인성 발달과정에 대한 설명이 결여되어 있다.

직업적응 이론(TWA)은 Dawis다위스와 Lofquist로퀴스트가 처음 소개하면서 수정·보완하여 정립한 이론으로써 홀랜드 이론처럼 개인-환경 일치 이론이라고 명명하기도 한다. 홀랜드 이론과 유사한 면이 있지만, 홀랜드 이론은 직업 선택에 더 중점을 두고 있는 반면, 직업적응 이론은 입직 후의 직업적응을 더 강조한다는 점이 다르다. 따라서 이 두 이론은 경쟁적인 이론이 아니라 상호보완적인 이론이라고 볼 수 있다. 직업적응 이론은 직업에서 요구하는 능력과 관련된 개인의 능력, 개인의 욕구와 일이 제공하는 보상과 연관된 직업가치라는 두 가지 측면에서 개인과 환경의 일치를 설명하고 있다. 미네소타직업가치 검사(MIQ)는 직업적응 이론을 기초로 하고 있다.

1) 이론의 내용

(1) 2가지 주요 개념

기출 문제

■ 직업적응 이론(TWA)에서 **중요시하는 요인(두 가지 중요한 개념)**을 기술하시오.

2009년		2010년		2011년		2012년		2013년		2014년		2015년		2016년		기출 횟수
1회	2회	1회	2회	1회	2회	1회	2회	1회	2회	1회	2회	1회	2회	1회	2회	
1																

2017년		2018년		2019년		2020년		2021년		2022년		2023년				
1회	2회	1회	2회	1회	2회	1회	2회	1회	2회	1회	2회	1회	2회			2
										1						

 해답

직업 환경은 개인이 조화롭게 생활하려고 하는 주된 환경이다. 개인과 환경이 서로 원하는 것이 충족될 때 조화롭다고 할 수 있다. 개인은 환경이 원하는 기술을 보유하고, 직업 환경은 개인이 원하는 것을 충족시켜 줄 강화인 (reinforcer)을 보유하고 있을 때 조화로운 상태가 된다. 직업 적응은 개인이 직업 환경과 조화를 이루며 만족하고 유지하기 위하여 노력하는 계속적이고 역동적인 과정이다. 다음 그림과 같이 직업적응이론의 충족과 만족의 과정과 관련된 두 가지 중요한 개념인 '개인의 만족(만족: satisfaction)'과 '조직의 만족(충족: satisfactoriness)'을 강조하고 있다.

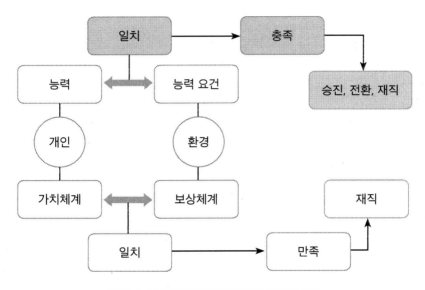

[그림 1-5] 직업적응이론의 충족과 만족의 과정

1) 개인의 만족도(만족)

만족은 조화의 내적지표로써 직업 환경이 안정성, 자율성 그리고 고임금 등의 개인의 욕구를 얼마나 만족시켜 주고 있는가에 대한 개인이 환경에 대해서 만족하는 것을 의미한다. 개인의 욕구에 대하여 직업 환경의 적절한 보상체계가 이루어질 때 만족이 높아진다고 가정한다. 개인의 만족도가 높으면 재직을 하여 정년보장이 되겠지만 그렇지 않으면 퇴직하거나 새로운 직업으로 이동하려고 할 것이다.

2) 조직의 만족도(충족)

만족과 대조적으로 충족은 조화의 외적 지표로, 직업에서 요구하는 과업과 이 과업을 수행할 수 있는 개인의 능력과 관련된 개념이다. 직업 환경이 요구하는 능력과 개인이 보유하고 있는 능력이 일치하고 조화되며 상응하면 충족된다고 볼 수 있다. 즉, 조직의 만족도는 고용주가 개인을 고용한 것을 얼마나 만족하는지를 의미한다. 조직의 만족도에 따라서 개인은 승진, 전환, 퇴직하거나 새로운 직업으로 이동한다.

직무만족은 직업적응 이론의 중요한 특성이다. 또한 개인의 만족과 조직의 만족이라는 두 개념은 직업적응의 예언에 있어서 중요한 개념이다. 조직과 개인이 각각 필요조건을 충족하고 일치를 이룰 때 조직과 개인이 함께 만족할 수 있다.

(2) 진로선택 과정

1. 직업적응 이론(TWA)에서 중요시하는 요인(두 가지 중요한 개념)과 **진로선택과정**을 기술하시오.

2009년		2010년		2011년		2012년		2013년		2014년		2015년		2016년		기출횟수
1회	2회	1회	2회	1회	2회	1회	2회	1회	2회	1회	2회	1회	2회	1회	2회	
2017년		2018년		2019년		2020년		2021년		2022년		2023년				
1회	2회	1회	2회	1회	2회	1회	2회	1회	2회	1회	2회	1회	2회			3
								1	1				1			

2. 직업적응 이론(TWA) 특징과 **진로선택과정**, 개인과 조직 간의 불일치 이후 적응단계의 유형 2가지를 기술하시오.

2009년		2010년		2011년		2012년		2013년		2014년		2015년		2016년		기출횟수
1회	2회	1회	2회	1회	2회	1회	2회	1회	2회	1회	2회	1회	2회	1회	2회	
				1												
2017년		2018년		2019년		2020년		2021년		2022년		2023년				
1회	2회	1회	2회	1회	2회	1회	2회	1회	2회	1회	2회	1회	2회			1

직업적응 이론의 진로선택과정 모형은 직업을 선택할 경우, 어떠한 만족을 예측해 줄 것인가를 근거로 진로를 선택하는 과정을 나타내고 있다.

개인의 가치체계와 환경(직무)이 줄 수 있는 보상체계 간의 일치 정도에 따라 개인의 현재 직업적응 상태뿐만 아니라 미래의 만족을 예언할 수 있다. 만족하는 개인은 직업을 그만 둘 가능성과 부(-)적 상관관계에 있으며, 그 직업의 근속연수와 정(+)적 상관관계가 있다. 또한 직무를 수행할 개인의 능력과 환경(직무)이 요구하는 능력 간의 일치로 예언할 수도 있으며, 이는 개인이 해고될 가능성과 부(-)적 상관관계가 있다.

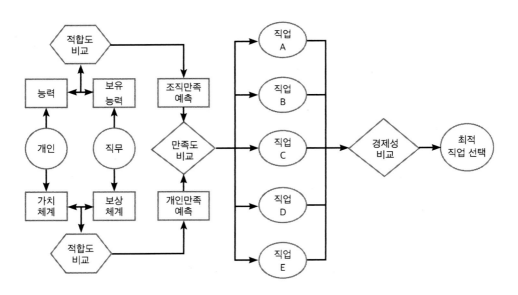

[그림 1-6] 직업적응 이론의 진로선택과정

이러한 직업적응 이론은 개인의 능력과 환경이 얼마나 잘 맞는지를 알아보기 위하여 개인의 업무수행능력과 직업가치를 객관적으로 측정하기를 강조한다. 여기서 능력은 '직업기술의 집합체'로써 습득한 기술의 집합체를 의미하며, 가치는 '필요의 집합체'로써 다위스와 로퀴스트는 6가지 가치로 성취, 보상, 지위, 이타심, 안전감, 자율성으로 정의했다. 이처럼 직업적응 이론은 능력과 가치를 객관적으로 측정하기를 강조하는데, 직업적성검사와 미네소타직업가치 검사는 개인 보유 능력과 가치에 대한 정보와 함께 각 직업이 어떠한 능력을 요구하고 어떠한 보상을 제공하는지에 대한 정보도 제공한다. 이러한 검사 결과를 토대로 재직 중이거나 추후 선택할 직업이 요구하는 능력, 보상체계와 경제성을 비교하면서 직업선택 시 준거로 사용한다. 참고로 우리나라는 능력과 가치를 객관적으로 측정하는 고용노동부의 직업적성검사와 직업가치관검사가 있다.

(3) 6가지 주요 가치

■ 직업적응 이론(TWA)의 **6가지 주요 가치**를 기술하시오.

	2009년		2010년		2011년		2012년		2013년		2014년		2015년		2016년		기출 횟수
	1회	2회	1회	2회	1회	2회	1회	2회	1회	2회	1회	2회	1회	2회	1회	2회	
	1										1						
	2017년		2018년		2019년		2020년		2021년		2022년		2023년				
	1회	2회	1회	2회	1회	2회	1회	2회	1회	2회	1회	2회	1회	2회			2

해답

직업적응 이론은 개인이 능력과 환경이 얼마나 잘 맞는지를 알기 위해 미네소타직업가치관 검사로 직업가치를 측정할 것을 강조한다. 직업적응 이론을 정립한 다위스와 로퀴스트는 다음과 같이 중요한 직업적응 이론의 6가지 주요 가치를 정의하고 있다.

1) 성취(achievement)

자신의 능력을 발휘하고 성취감을 얻는 일을 하려는 욕구이다. 이 가치의 하위 개념인 욕구척도는 능력(Ability Utilization: 나는 내 능력을 사용하는 일을 할 수 있음)과 성취감(Achievement: 그 일은 나에게 성취감을 줌)이 있다.

2) 편안함(comfort)

직무에 대해 스트레스를 받지 않고 편안한 직업 환경을 바라는 욕구이다. 이 가치의 하위 개념인 욕구척도는 활동성(Activity: 나는 항상 바쁠 수 있음), 독립성(Independence: 나는 혼자 일을 할 수 있음), 다양성(Variety: 나는 매일 다른 일을 할 수 있음), 보상(Compensation: 나의 급여는 타 근로자와 비교됨), 안정성(Security: 그 일은 안정적인 고용을 제공함), 근무 환경(Working Conditions: 그 직업은 좋은 근무 조건을 갖춤)이 있다.

3) 지위(status)

타인에 대해 자신이 어떻게 지각되는지와 사회적인 명성에 대한 욕구이다. 이 가치의 하위 개념인 욕구척도는 발전가능성(Advancement: 그 일은 발전의 기회를 제공함), 인정(Recognition: 나는 내 일에 대해 인정을 받을 수 있음), 지휘권(Authority: 나는 사람들에게 무엇을 해야 할지 말할 수 있음), 사회적 지위(Social Status: 나는 공동사회에서 상당한 인물이 될 수 있음)가 있다.

4) 이타심(altruism)

타인을 돕고 그들과 함께 일을 하려는 욕구이다. 이 가치의 하위 개념인 욕구척도는 동료(Co-workers: 나의 동료들은 쉽게 친구를 사귈 수 있음), 사회봉사(Social Service: 나는 다른 사람을 위해 무엇을 할 수 있음), 도덕성(Moral Values: 나는 도덕적으로 잘못되었다는 느낌 없이 일함)이 있다.

5) 안전(safety)

혼란스러운 조건이나 환경을 피하고, 정돈되어 예측 가능한 환경에서 일하고 싶은 욕구이다. 이 가치의 하위 개념인 욕구척도는 공정성(Company Policies and Practices: 회사는 정책을 공정하게 관리함), 업무지원(Supervision-Human Relations:

상사는 직원을 지원함), 직무교육(Supervision-Technical: 상사는 직원을 잘 훈련시킴)이 있다.

6) 자율성(autonomy)

자신의 의지대로 일할 기회를 가지며 자유롭게 생각하고 결정하고자 하는 욕구이다. 이 가치의 하위 개념인 욕구척도는 창의성(Creativity: 나의 어떤 아이디어를 시도해 볼 수 있음), 책임성(Responsibility: 나는 나 자신이 스스로 결정함)이 있다.

환경의 측면에서 직업적응 이론의 경험적 연구가 다양한 직업의 직업적 능력과 보상유형을 구별해 준다. 이는 곧 직업이 개인에게 필요로 하는 능력은 무엇이고, 개인이 직업으로 인해 충족할 수 있는 필요와 가치는 무엇인가를 정의한다.

(4) 4가지 성격유형

1. 직업적응 이론(TWA)에서 개인과 환경이 상호 작용하는 **4가지 성격유형**을 기술하시오.

2009년		2010년		2011년		2012년		2013년		2014년		2015년		2016년		기출 횟수
1회	2회	1회	2회	1회	2회	1회	2회	1회	2회	1회	2회	1회	2회	1회	2회	
1			1				1				1				1	
2017년		2018년		2019년		2020년		2021년		2022년		2023년				5
1회	2회	1회	2회	1회	2회	1회	2회	1회	2회	1회	2회	1회	2회			

2. 직업적응 이론(TWA)에서 개인과 환경이 상호 작용하는 **4가지 성격유형**을 기술하고, 진로상담에 어떻게 적용할 것인지 설명하시오.

2009년		2010년		2011년		2012년		2013년		2014년		2015년		2016년		기출 횟수
1회	2회	1회	2회	1회	2회	1회	2회	1회	2회	1회	2회	1회	2회	1회	2회	
2017년		2018년		2019년		2020년		2021년		2022년		2023년				4
1회	2회	1회	2회	1회	2회	1회	2회	1회	2회	1회	2회	1회	2회			
1				1			1				1					

해답

개인과 환경은 서로 그 특성에 따라 만족감을 확인하고 그 만족감을 높이기 위하여 노력한다. 직업적응 이론에서는 개인과 환경이 상호작용하는 일시적인 특성을 성격유형이라고 부르며, 4가지 성격유형 요소는 다음과 같다.

1) 민첩성(celerity)

민첩성은 환경에 대한 반응 속도로써 개인이 환경과 얼마나 빨리 상호작용을 시작하는지와 관련이 있다. 개인이 자신의 욕구를 만족시키기 위해 일에 얼마나 빨리 반응하는가와 관련이 있다. 예를 들어, 1급 직업상담사가 취업박람회 행사 기획안 작성을 목표로 세우고 그 목표의 실행을 위해 빠르게 반응하는 사람은 민첩성을 가진 사람이다. 반면, 실행을 미루다가 늦게 시작하는 사람은 낮은 민첩성을 가진 사람이다.

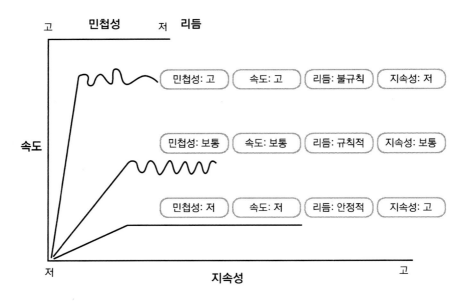

[그림 1-7] 성격유형 차원간의 상호 관계

2) 속도(pace)

속도는 과제를 해나가는 정도로써 개인이 환경에 반응하여 행동할 때 상호 작용하는 활동수준 또는 강도를 나타낸다. 활동수준 또는 강도의 높고 낮은 정도를 의미한다. 예를 들어, 1급 직업상담사가 취업박람회 행사 기획안을 1주일 내로 끝내는 사람이 있는가 하면 한 달이 걸리는 사람도 있다. 전자를 속도가 빠르다고 말하고 후자를 속도가 느리다고 말한다. 이러한 차이를 리듬과 지속 성으로 나타낸다.

3) 리듬(rhythm)

리듬은 과제를 해나가는 속도의 규칙성 또는 패턴으로써 개인이 환경과 상호작용하는 속도가 얼마나 꾸준하고 주기적으로 나타나는지 또는 불규칙하게 나타나는가를 말한다. 예를 들어, 어떤 1급 직업상담사는 직업 상담업무를 3시간 동안 열심히 할 수도 있고, 다른 사람은 1시간은 열심히 하고 중간에는 쉬엄 쉬엄 할 수 있다.

4) 지속성(endurance)

지속성은 환경에 대한 반응의 길이로써 개인이 환경과 얼마나 오랫동안 상호작용하는 것을 유지하는 정도이다. 예를 들어, 어떤 1급 직업상담사는 내담자 상담 준비를 하루에 3시간 하지만, 어떤 사람은 30분밖에 하지 못한다.

이러한 요소들은 비슷한 능력과 가치를 가진 사람들이 주어진 환경에서 일을 할 때에 왜 다른 방식으로 행동할 수 있는지를 설명하는 데 도움이 되며, 고용주 역시 왜 서로 다른 행동을 보이는지를 설명하는 데 도움을 준다. 이 개념들은 환경을 설명할 때에도 사용될 수 있는데 민첩성, 속도, 리듬 그리고 지속성의 수준은 각 환경에 따라 다르다. 상담자는 내담자의 4가지 성격 유형을 파악하여 재직 중인 직장의 직무만족도를 높이거나, 이직을 고려하고 장래 직장을 구하거나 진로를 선택할 때 유용하게 적용할 수 있을 것이다.

(5) 적응유형 변인

1. 직업적응 이론(TWA)의 **적응유형 변인 2가지**를 기술하시오.

2009년		2010년		2011년		2012년		2013년		2014년		2015년		2016년		기출 횟수
1회	2회	1회	2회	1회	2회	1회	2회	1회	2회	1회	2회	1회	2회	1회	2회	
										1						
2017년		2018년		2019년		2020년		2021년		2022년		2023년				4
1회	2회	1회	2회	1회	2회	1회	2회	1회	2회	1회	2회	1회	2회			
				1						1		1				

2. 직업적응 이론(TWA) 특징과 이유, 진로선택과정, 개인과 조직 간의 불일치 이후 **적응단계의 유형 2가지**를 기술하시오.

2009년		2010년		2011년		2012년		2013년		2014년		2015년		2016년		기출 횟수
1회	2회	1회	2회	1회	2회	1회	2회	1회	2회	1회	2회	1회	2회	1회	2회	
				1												
2017년		2018년		2019년		2020년		2021년		2022년		2023년				1
1회	2회	1회	2회	1회	2회	1회	2회	1회	2회	1회	2회	1회	2회			

해답

직업적응 이론에서 개인의 적응과정을 이해하기 위하여 중요하게 다루는 것 중의 하나는 개인의 불만족 상태에 대처하는 적극성이다. 직업적응 이론에서 불만족이라는 의미는 동기적 역할의 핵심이기도 하다. 개인 또는 환경에 대한 불만족은 시스템 내에서 불균형을 의미하며, 균형을 회복하기 위한 적응의 추진력으로 작용한다. 만족은 행동을 유지하는 동기화이고, 불만족은 적응 행동을 하는 동기화이다. 다음의 그림은 개인의 욕구 및 가치와 일이 주는 보상 사이에 불일치가 나타날 때 적응의 과정을 표현한 것이다.

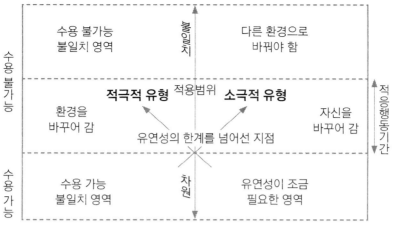

[그림 1-8] 적응유형의 관계

직업적응 이론에서는 유연성과 인내력이라는 두 가지 적응유형 변인이 개인
의 만족, 조직의 만족, 적응을 매개한다고 가정한다.

1) 유연성(flexibility)

개인의 욕구와 조직의 보상 간의 불일치에 대한 적응을 위하여 어떠한 조치
를 취하기 전의 그 상태를 견뎌내는 능력이다. 그러나 개인의 욕구와 조직의 보
상 간의 불일치 정도가 어느 선을 넘어설 경우에는 적응단계로 넘어가게 된다.
유연성이 낮을수록 작은 부조화를 견디지 못하고 대처 방안을 하게 된다.

2) 인내력(perseverance)

불일치가 확인되었지만 적응하기 위하여 계속 일을 하면서 조직에 머무는
상태이다. 이러한 적응단계에 머무르면서 조직에 남아 있을 때에는 인내력을 발
휘하게 된다. 대처하는 전략을 이용해서 환경과 조화를 이루기 위해 노력하는
기간과 연관된다. 그러나 불일치의 적응을 위해 인내력을 발휘하지 못한다면 결
국 이직을 한다.

유연성과 인내력은 변화가 가능하며 불일치를 견뎌낼 수 없을 시점에 적응단
계로 넘어간다. 적응(adaptation)은 다음과 같이 두 가지 형태로 나타난다.

1) 적극적 유형(active mode): 개인이 조직의 요구수준이나 조직이 제공할 수 있는 보상을 바꾸는 직업 환경의 변화를 통해 불일치를 경감하려고 한다.

2) 소극적 유형(reactive mode): 개인은 자신의 능력이나 욕구 정도를 조정하는 것을 통해 불일치를 감소시켜 스스로 자신의 변화를 시도한다.

따라서 개인의 능력과 욕구 및 환경의 능력 요구와 보상이라는 4가지 중 어느 하나에 초점을 두고 적응 행동을 하게 될 것이다.

2) 이론의 적용

(1) 이론의 활용방안

기출 **문제**

■ 직업적응 이론(TWA)의 주요 가치 6가지와 **활용방안**을 기술하시오.

2009년		2010년		2011년		2012년		2013년		2014년		2015년		2016년		기출 횟수
1회	2회	1회	2회	1회	2회	1회	2회	1회	2회	1회	2회	1회	2회	1회	2회	
			1				1		1				1			8
2017년		2018년		2019년		2020년		2021년		2022년		2023년				
1회	2회	1회	2회	1회	2회	1회	2회	1회	2회	1회	2회	1회	2회			
	1				1			1					1			

✎ 해답

진로 상담 현장에서 직업적응 이론을 적용할 때에 내담자의 능력과 가치를 측정할 수 있다면, 내담자의 만족을 예측하기 위하여 환경에서 요구하는 능력 조건과 강화물이 무엇인지 파악해야 한다. 직업적응 이론에서 강조하는 미네소타직업가치 검사는 21가지 욕구와 6가지 가치관을 측정한다. 개인이 필요한 능력과 추구하는 가치가 무엇인가에 대한 정보를 제공하고, 직업이 어떠한 능력을 요구하고 어떠한 보상을 제공해 주는지에 대한 정보를 제공한다.

직업적응 이론의 진로선택 모형은 직업을 선택할 경우, 어떠한 만족을 예측해 줄 것인가를 근거로 진로를 선택하는 과정을 나타내고 있다. 직업적응 이론을 적용할 때 미네소타직업가치 검사로 내담자의 능력과 가치를 평가한 후의 그 활용은 다음과 같다.

1) 내담자의 능력을 파악하여 6가지 주요가치 측정결과에 따라 직업선택 시 준거로 사용될 수 있다.
2) 내담자의 만족을 예측하기 위해 환경의 능력요구 조건과 강화물을 파악해야 한다.
3) 직업은 내담자의 능력과 가치를 기준으로 직업에서의 적합도를 평정할 수 있다.

이러한 검사 결과를 토대로 재직 중이거나 추후 선택할 직업이 요구하는 능력, 보상체계와 경제성을 비교하면서 직업선택 시 준거로 사용한다.

(2) 2가지 적응유형 변인의 진로상담 적용

기출 문제

■ 직업적응 이론(TWA)의 2가지 적응유형 변인을 기술하고, **개인의 진로상담에 어떻게 적용**할 것인지 설명하시오.

2009년		2010년		2011년		2012년		2013년		2014년		2015년		2016년		기출 횟수
1회	2회	1회	2회	1회	2회	1회	2회	1회	2회	1회	2회	1회	2회	1회	2회	
					1				1				1			
2017년		2018년		2019년		2020년		2021년		2022년		2023년				
1회	2회	1회	2회	1회	2회	1회	2회	1회	2회	1회	2회	1회	2회			8
	1				1				1			1	1			

 해답

유연성과 인내력이라는 두 가지 적응유형 변인은 직무적응과 관련한 상담에 적용가능성이 매우 높으며, 적용과 관련한 문제를 가진 내담자를 돕기 위한 진로상담의 내용은 다음과 같다.

1) 개인의 유연성과 인내력의 한계를 파악한다.
2) 개인의 적응 형태인 적극적 방식과 소극적 방식을 파악한다.
3) 개인이 직무 불만족 상태에서 어떻게 행동을 할 것인지, 그리고 조직이 근로자에 대해 만족하지 못할 때 어떠한 조치를 할 것인지 예측하며 대응하도록 한다.
4) 개인은 스스로 독특한 적응유형을 발달시켜 나간다는 보다 넓은 관점에서 고려해 봐야 한다.

직업적응 이론에는 3단계의 적응유형이 있다.

1단계 변별기: 초기 20년에 발달하는 단계로써 기술, 가치, 욕구 등이 발달하는 시기이다.
2단계 안정기: 성인기에 발달하는 단계로써 특정한 기술과 욕구가 변하지만 능력과 가치가 비교적 안정된 시기이다.
3단계 쇠퇴기: 능력과 가치를 변화시키는 마지막 단계로써 생리적 변화가 일어나는 시기이다.

각 단계에서 다음 단계로 넘어가는 '전환기'는 적응 문제가 최고조에 달하는 중요한 시기이다. 이러한 적응유형 발달과정은 진로 상담에서 중요한 정보이다.

(3) 직업적응 이론이 적합한 내담자 유형

기출 문제

■ **직업적응 이론(TWA)이 적합한 내담자의 유형(특징)**을 기술하시오.

2009년		2010년		2011년		2012년		2013년		2014년		2015년		2016년		기출 횟수
1회	2회	1회	2회	1회	2회	1회	2회	1회	2회	1회	2회	1회	2회	1회	2회	
1			1	1				1							1	
2017년		2018년		2019년		2020년		2021년		2022년		2023년				
1회	2회	1회	2회	1회	2회	1회	2회	1회	2회	1회	2회	1회	2회			12
	1			1	1			1	1	1			1	1		

✍ 해답

개인-환경 일치이론을 적용하는 상담은 기본적으로 환경과 내담자 경험에 초점을 맞춘다. 직업적응 이론에서 내담자의 많은 호소 문제는 개인과 환경의 불일치로 야기될 수 있다. 다위스와 로퀴스트는 내담자 자신이 경험하는 불일치를 찾을 수 있도록 7가지 가정을 제시한다. 즉, 직업적응이론의 적용이 적합한 내담자의 유형(특징)은 다음과 같다.

1) 내담자 실제능력 ≠ 직업의 요구능력

내담자의 실제 능력과 직업에서 요구하는 능력과의 불일치이다. 내담자의 능력은 요구되는 능력보다 더 높거나 낮을 수 있다. 예를 들어 어떤 1급 직업상담사는 직업에서 요구하는 수준의 능력보다 더 다양한 능력을 보유할 수도 있고, 반면 직업에서 요구하는 상담 능력이 부족할 수 있다.

2) 내담자 주관적 능력 ≠ 직업의 요구능력

내담자가 지각하는 자신의 능력에 대한 주관적인 평가가 직업에서 요구하는 능력과의 불일치이다. 내담자가 인식하는 능력은 실제보다 높거나 낮을 수 있고, 환경에서 요구하는 자격조건도 역시 실제보다 더 어렵거나 쉽게 지각될 수 있다.

3) 내담자 실제능력 = 직업의 요구능력 ➡ 내담자의 부적절한 수행

내담자의 실제능력과 직업의 요구능력은 일치하지만, 내담자가 적절한 수행을 보이지 못하는 경우로써 다른 일반적인 환경에서 불일치를 보인다. 즉, 내담자는 직무를 수행할 수 있으나, 다른 생애역할 때문에 과업을 정상적으로 수행하지 못할 수 있다.

4) 내담자 실제능력 = 직업의 요구능력 / 욕구 ≠ 보상 ➡ 부적절한 수행

내담자의 실제능력과 요구능력은 일치하지만, 욕구와 보상의 불일치로 수행이 부적절한 경우다. 이러한 경우는 내담자의 능력이 부족한 것이 아니라 욕구가 충족되지 않은 데에서 기인되는 결과이다.

5) 내담자의 욕구 ≠ 보상

내담자의 욕구와 보상이 불일치하는 경우이다. 보상은 욕구보다 높거나 낮을 수 있다. 내담자의 욕구가 직업 환경에서 충족되지 않는 상황이다.

6) 평가도구 결과의 내담자 욕구 ≠ 실제 내담자의 욕구

평가도구로 밝혀진 내담자의 욕구는 실제 개인에게 중요한 욕구라기보다는 대리학습 때문에 형성된 것일 수 있다. 예를 들어, 내담자는 타인의 모방에 의해 창의성에 대한 욕구로 높은 보상을 주는 직업에 종사하고 있다. 그러나 그 보상은 내담자가 원하는 진정한 욕구가 아니기 때문에 직업에 만족하지 않을 수 있다.

7) 내담자와 직업이 상호 만족 ➡ 타 영역 확인

내담자와 직업이 상호 만족하고 있다면 내담자가 다른 영역에서도 잘 대처하고 있는지 확인해야 한다. 예를 들어 이 내담자는 직장 외의 사회생활이나 동아리 활동에서 불만족한 생활을 할 수도 있다.

직업적응 이론의 상담 목표는 내담자가 직업 환경에 잘 적응 할 수 있도록 돕는 것까지 포함한다. 따라서 직업 환경의 변화 가능성과 내담자가 적극적으로 적응하려는 노력을 하는지에 대한 탐색도 포함할 수 있다.

(4) 직업적응 이론으로 개발된 검사

■ **직업적응 이론(TWA)을 통해 개발된 검사**를 기술하시오.

2009년		2010년		2011년		2012년		2013년		2014년		2015년		2016년		기출 횟수
1회	2회	1회	2회	1회	2회	1회	2회	1회	2회	1회	2회	1회	2회	1회	2회	
1																

2017년		2018년		2019년		2020년		2021년		2022년		2023년			
1회	2회	1회	2회	1회	2회	1회	2회	1회	2회	1회	2회	1회	2회		1

✎ 해답

직업적응 이론을 정립한 다위스와 로퀴스트는 개인의 성격과 직업이 요구하는 성격의 부합, 개인의 요구와 환경의 요구 사이의 부조화를 측정하기 위하여 다음과 같은 검사 도구를 개발하였다.

1) 미네소타직업가치 검사
(MIQ: Minnesota Importance Questionnaire)

미네소타직업가치 검사는 직업적응 이론을 기초로 다위스와 로퀴스트 등에 의해 개발된 것이며, 개인이 일의 환경에 대하여 중요하게 생각하는 욕구와 가치관을 측정하는 도구이다. 개인은 이 검사를 통하여 자신이 중요하게 생각하는 가치의 우선순위를 확인할 수 있다. 환경이 개인의 가치체계에 부응하는 보상을 제공함으로써 개인은 만족한다. 이때 개인의 욕구는 매우 다양하기 때문에 개인별로 확인하여 만족시켜 주기 어렵다. 따라서 욕구의 상위 개념인 가치를 측정하여 강화물을 제공한다.

미네소타직업가치 검사는 다음의 표와 같이 6개의 상위척도(직업 가치)와 21개의 하위척도(직업 욕구)로 구성되어 있으며, 총 190개의 문항에 5점 리커트 척도(Likert scale)로 응답을 한다.

〈표 1-1〉 미네소타직업가치 검사의 척도

상위척도 (직업가치)	하위척도(직업 욕구)
① 성취 (achievement)	능력 Ability Utilization(AU),성취감 Achievement(Ach)
② 편안함 (comfort)	활동성 Activity(Act), 독립성 Independence(Ind), 다양성 Variety(Var),보상 Compensation(Com), 안정성 Security(Sec), 근무 환경 Working Conditions(WC)
③ 지위 (status)	발전가능성 Advancement(Adv), 인정 Recognition(Rec), 지휘권 Authority(Au), 사회적 지위 Social Status(SSt)
④ 이타심 (altruism)	동료 Co-workers(Cow), 사회봉사 Social Service(SSe), 도덕성 Moral Values(MV)
⑤ 안전 (safety)	공정성 Company Policies and Practices(CPP), 업무지원 Supervision-Human Relations(SHR), 직무교육 Supervision-Technical(ST)
⑥ 자율성 (autonomy)	창의성 Creativity(Cre),책임성 Responsibility(Res)

2) 미네소타직무기술 검사
(MJDQ: Minnesota Job Description Questionnaire)

미네소타직업가치 검사는 일의 가치 측면을 측정하는 데 비해 미네소타직무기술 검사는 미네소타직업가치 검사에서 정의하는 일의 환경에 대하여 21개의 욕구를 만족시켜 주는 정도를 측정하는 도구이며 미네소타직업가치 검사의 척도와 같다.

3) 미네소타만족도 검사
(MSQ: Minnesota Satisfaction Questionnaire)

미네소타만족도 검사는 미네소타 대학의 직업적응 프로젝트 결과 중의 하나이다. 이 검사는 직업 적응이 개인의 기술과 일의 환경에서 존재하는 강화와의 사이에서 관계가 있다고 가정한다. 이 검사는 직무만족의 요인이 되는 일의 강화 요인을 측정하여 구체적인 영역별 만족과 함께 전반적인 직업 만족을 평가하는 도구이다. 미네소타만족도 검사의 Short 버전은 4개 변인으로써 본질적인 만족(intrinsic satisfaction), 외부로부터의 만족(extrinsic satisfaction), 인정(recognition), 권위/사회적 효용(authority/social utility) 등이 있으며, 5점 리커트 척도, 20개 문항으로 구성되어 있다. 20개의 문항에는 능력 사용, 성취, 보상, 동료, 안정성, 활동성, 다양성, 작업조건, 회사 명성, 승진, 그리고 인적자원의 관리 체계 등등이 있다. 참고로 오리지널 버전은 100개의 문항으로 구성되어 있다.

4) 미네소타충족질문지
(MSS: Minnesota Satisfactoriness Scales)

직장의 관리자가 개인에 대한 충족 정도를 평가하는 형식으로 직업적응을 측정할 수 있다. 관리자는 충족 정도를 일반적 충족(general satisfactoriness), 수행 능력(performance), 신뢰가능성(dependability), 직업적합도(conformance), 개인 적응(personal adjustment) 등의 다섯 개의 측면으로 평가한다.

직업적응 이론의 공헌이자 가장 큰 장점 중의 하나는 이와 같이 직업적응과 연관된 다양한 검사 도구를 개발했다는 것이다.

3) 이론의 평가

■ 직업적응 **이론의 평가(보완해야 할 사항)**를 기술하시오.

2009년		2010년		2011년		2012년		2013년		2014년		2015년		2016년		기출 횟수
1회	2회	1회	2회	1회	2회	1회	2회	1회	2회	1회	2회	1회	2회	1회	2회	

2017년		2018년		2019년		2020년		2021년		2022년		2023년	
1회	2회	1회	2회	1회	2회	1회	2회	1회	2회	1회	2회	1회	2회

직업적응 이론은 다음과 같이 보완해야 할 사항이 있다.

1) 직업적응 이론을 진로상담에 효과적으로 적용하기 위해서는 개인의 가치와 직업 강화인의 조화가 만족과 관련되는 과정에서 가치의 평가와 강화인의 평가가 중요하다. 개인의 가치 발달과 관련하여 가치의 명료화 시기에 대한 경험적인 데이터가 축적될 필요성이 있다.

2) 직업의 요구가 다양할 때, 개인이 특정한 요구를 충족시킴으로써 핵심 능력의 조화를 통해 이루어지는지, 그렇지 않으면 전체적인 능력과 요구의 조화로 이루어지는지에 대한 확인이 필요하다.

3) 개인의 가치, 직업의 강화인 간의 조화와 직업의 만족이라는 둘 간의 관계를 중재하는 변인들에 대한 후속 연구가 필요하다.

4) 직업적응 이론을 진로상담에서 효과적으로 적용하기 위해서는 개인의 특성을 평가하여 개인의 만족을 높이는 것에만 치중하지 말고, 직업 환경의 요구나 강화인을 평가하는 데에도 집중해야 할 필요성이 있다. 직업 환경은 항상 변화하기 때문에 지속적인 개정이 필요하다.

Super수퍼의 진로발달 이론은 현재까지 등장한 진로 이론 중 가장 포괄적이고 확장된 종합이론이라고 볼 수 있다. 수퍼의 진로발달 이론은 전 생애(life-span), 생애역할(life role) 그리고 자아개념(self-concept)으로 크게 압축될 수 있으며, 진로발달은 전 생애에 걸쳐있다는 것이 특징이다. 수퍼는 C-DAC 모형(career development assessment and counseling model)을 통해 이론과 상담 활동을 통합하려고 했다. 성인용 진로문제 검사(ACCI), 진로발달 검사(CDI)와 역할중요도(명확성) 검사(SI)는 이 진로발달 이론을 기초로 하고 있다.

1) 이론의 내용

(1) 기본가정과 상담목표

1. 수퍼의 **진로발달 이론의 상담 목표**를 기술하시오.

2009년		2010년		2011년		2012년		2013년		2014년		2015년		2016년		기출 횟수
1회	2회	1회	2회	1회	2회	1회	2회	1회	2회	1회	2회	1회	2회	1회	2회	
										1						

2017년		2018년		2019년		2020년		2021년		2022년		2023년		
1회	2회	1회	2회	1회	2회	1회	2회	1회	2회	1회	2회	1회	2회	1

2. 수퍼의 **진로발달 이론의 기본 가정과 상담목표**를 기술하시오.

2009년		2010년		2011년		2012년		2013년		2014년		2015년		2016년		기출 횟수
1회	2회	1회	2회	1회	2회	1회	2회	1회	2회	1회	2회	1회	2회	1회	2회	
	1		1													

2017년		2018년		2019년		2020년		2021년		2022년		2023년		
1회	2회	1회	2회	1회	2회	1회	2회	1회	2회	1회	2회	1회	2회	2

3. 사회인지진로 이론(SCCT)의 3가지 기본 가정과 상담 목표, 그리고 **진로발달 이론의 기본 가정과 상담목표**를 기술하시오('7. 사회인지진로 이론' 문제 참조).

2009년		2010년		2011년		2012년		2013년		2014년		2015년		2016년		기출 횟수
1회	2회	1회	2회	1회	2회	1회	2회	1회	2회	1회	2회	1회	2회	1회	2회	
					1		1						1			

2017년		2018년		2019년		2020년		2021년		2022년		2023년				
1회	2회	1회	2회	1회	2회	1회	2회	1회	2회	1회	2회	1회	2회			11
	1			1	1				1		1	1				

 해답

수퍼는 다음의 그림과 같이 진로선택은 자아개념의 실행과정이라는 것을 진로발달 이론의 가장 기본적인 가정으로 간주하였다. 자아개념의 속성에는 자기 자신과 관련된 주관적 관점과 객관적 관점을 모두 내포하고 있다. 수퍼의 진로발달 이론의 기본 가정은 다음과 같다.

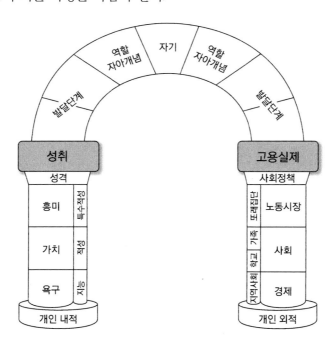

[그림 1-9] 수퍼의 커리어아치

1) 수퍼의 진로발달 이론의 기본 가정

① 인간은 흥미, 능력, 가치, 인성, 자아개념이 서로 다르다.

② 인간은 각각 다른 직업적 특성을 갖는다.

③ 인간의 흥미, 자아개념, 직업적 특성은 계속 선택적 적응의 과정을 통해 발달한다.

④ 직업에는 각기 다른 특성이 있다.

⑤ 인간의 발달단계는 성장기, 탐색기, 확립기, 유지기 그리고 쇠퇴기로 구분된다.

⑥ 개인의 진로유형의 본질은 지적능력과 인성적 특성, 사회, 경제적 수준 그리고 주어진 기회에 따라 결정된다.

2) 수퍼의 진로발달 이론의 상담 목표

수퍼의 진로발달 이론에 입각한 C-DAC 모형의 진로상담은 다음과 같은 구체적인 목표가 있다.

① 자아개념(self-concept)의 분석과 평가

내담자의 자아개념을 분석하고 평가한다. 분석하고 평가한 자아개념이 내담자의 상황에 부적절하게 이루어져 있다면 상담으로 자아개념을 강화한다.

② 진로성숙도(career maturity)의 확인과 발달과업 성취여부 확인

내담자의 진로성숙도와 지식, 태도, 능력, 발달과업의 성취여부를 확인한다.

③ 생애역할(life role)의 적절한 분배

내담자의 생애역할에 맞는 흥미, 능력, 가치를 확인하고 적절히 분배한다.

④ 생애역할과 진로(life role and career) 균형 잡기

내담자는 진로와 생애역할은 상호작용의 조합이라는 것을 이해하고, 인생의 균형을 위하여 각 역할을 적절히 하고 그 중요도를 결정해야 한다는 것을 수용한다.

수퍼의 진로발달 이론의 관점에서 상담의 목적은 내담자 스스로 자신의 생애역할에 대한 통합적이고 적합한 개념을 형성하고 수용할 수 있도록 한다. 현실에 반하는 개념을 검토하게 한다. 마지막으로 이러한 자아개념을 실현시켜서 일에서 성공, 사회적 기여 그리고 개인적 만족을 할 수 있는 진로선택을 하게 하는 것이다.

(2) 14가지 기본 가정(명제)

■ 수퍼의 진로발달 이론에 대한 **14가지 기본 명제**를 기술하시오.

2009년		2010년		2011년		2012년		2013년		2014년		2015년		2016년		기출 횟수
1회	2회	1회	2회	1회	2회	1회	2회	1회	2회	1회	2회	1회	2회	1회	2회	
							1				1		1			
2017년		2018년		2019년		2020년		2021년		2022년		2023년				3
1회	2회	1회	2회	1회	2회	1회	2회	1회	2회	1회	2회	1회	2회			

 해답

수퍼가 제안한 진로발달 이론에 대한 가정 중 가장 기본은 발달이 하나의 과정이라는 것이다. 초기에는 10가지 명제를 제안했으나 그 이후 12가지에서 14가지로 확장되었다. 진로발달 이론에 대한 14가지 명제는 다음과 같다.

① 개인은 능력, 성격, 가치관, 흥미 그리고 자아개념 등이 서로 다르다.
② 직업은 필요로 하는 능력과 성격적 특성이 서로 다르다.
③ 개인차는 직업의 다양성과 얼마나 잘 맞는지 표현될 수 있다. 어떤 사람은 보다 많은 직업에 부합한 특성을 가지고 있을 수 있다. 따라서 한 사람에게 맞는 직업이 하나만 존재하는 것도 아니고, 하나의 직업에 적합한 사람이 한 사람만 존재하는 것도 아니다.

④ 자아개념은 직업적 선호(흥미)와 능력으로 구성된다.

⑤ 자아개념은 환경과 상호작용을 하면서 계속 변화하고 진화한다.

⑥ 자아개념은 사회적 학습의 산물이다.

⑦ 자아개념은 전 생애를 통해 비교적 안정성을 보인다.

⑧ 수퍼는 진로발달의 5단계(성장, 탐색, 확립, 유지, 쇠퇴)를 제안하였으며, 각 단계마다 고유한 발달과업이 있다.

⑨ 한 개인이 직업을 선택할 때에는 독특한 특성이 있다. 이는 개인과 환경의 다양한 특성에 의하여 결정된다고 보았다.

⑩ 진로성숙도는 특정한 생애 진로 단계에서 환경에 대처하는 개인의 준비도를 의미한다.

⑪ 진로성숙도는 가설적인 개념이며 단일한 특질로 구성되지 않는다.

⑫ 직무만족도는 자아개념의 실현과 정(+)적상관이 있으며, 다른 역할의 중요성과 만족과도 밀접한 관련이 있다.

⑬ 사람들은 인생의 각 시기를 통하여 서로 다른 중요성을 가지는 여러 가지 역할을 동시에 수행하고 있다.

⑭ 직업인으로서 역할에 별로 만족하지 못하지만 그 외의 다른 역할에 만족하면서 사는 사람들도 있는 것이 사실이다.

수퍼의 가정은 진로와 관련된 여러 요인을 통합한 것으로써 단순한 발달이론 이상임을 시사한다. 수퍼는 다중적인 생애역할의 발달은 진로발달에 중요하게 다루고 있으며, 자아개념은 시간이 흐름에 따라 진화되는데 이는 진로선택 과정이 연속된 과정임을 의미한다.

(3) 직업상담의 6단계

■ 진로발달 이론에서 **직업상담의 6단계**를 기술하시오.

2009년		2010년		2011년		2012년		2013년		2014년		2015년		2016년		기출 횟수
1회	2회	1회	2회	1회	2회	1회	2회	1회	2회	1회	2회	1회	2회	1회	2회	

2017년		2018년		2019년		2020년		2021년		2022년		2023년	
1회	2회	1회	2회	1회	2회	1회	2회	1회	2회	1회	2회	1회	2회

해답

수퍼의 발달적 직업상담은 지적인 면과 정의적인 면을 모두 포함하고 있다. 따라서 상담 기술이 적절하고 일관성이 있다면 다음의 표와 같은 6단계가 반복되어야 한다고 보았다.

〈표 1-2〉 수퍼의 발달적 직업상담의 6단계

구분	내용 및 상담 방법
① 문제 탐색 및 자아개념 묘사	내담자가 자기 자신의 문제를 탐색하고, 자아개념을 말할 수 있도록 인간중심적인 비지시적 상담방법을 사용한다.
② 심층적 탐색	내담자가 자신을 더 깊이 탐색할 수 있는 주제를 정할 수 있도록 특성요인적인 지시적 상담방법을 사용한다.
③ 자아수용과 통찰	내담자가 자기수용과 통찰을 하고 그러한 느낌을 반영할 수 있도록 인간중심적인 비지시적 상담방법을 사용한다.
④ 현실검증	내담자가 심리검사, 직업정보, 과외활동 경험 등의 수집된 사실적 자료에 대하여 탐색할 수 있도록 특성요인적인 지시적 상담방법을 사용한다.
⑤ 태도와 감정의 탐색과 처리	상담자는 현실검증에서 얻어진 내담자의 태도와 감정에 대해 탐색하고 처리할 수 있도록 인간중심적인 비지시적 상담방법을 사용한다.
⑥ 의사결정	직업을 결정하는 것을 돕기 위해 대안적 행동에 대해 고려해보도록 인간 중심적인 비지시적 상담방법을 사용한다.

수퍼는 지시적 상담과 비지시적인 상담을 교대로 사용하는 것이 상담의 과정이라고 보고 있다. 내담자에게 내용을 설명할 때에는 지시적 상담을 하고 감정표현에는 비지시적인 상담을 한다. 상담자는 내담자에게 요약, 명료화, 반영, 해석, 직면 등을 적절히 사용한다.

(4) 진로상담과정의 3가지 평가 유형

기출 문제

■ 수퍼의 **3가지 평가 유형**을 기술하시오(진로상담 과정에서의 평가).

	2009년		2010년		2011년		2012년		2013년		2014년		2015년		2016년		기출 횟수
	1회	2회	1회	2회	1회	2회	1회	2회	1회	2회	1회	2회	1회	2회	1회	2회	
					1												
	2017년		2018년		2019년		2020년		2021년		2022년		2023년				
	1회	2회	1회	2회	1회	2회	1회	2회	1회	2회	1회	2회	1회	2회			5
					1					1	1			1			

해답

수퍼는 진단(diagnosis)이라는 단어 대신에 평가(appraisal)라는 말을 사용하였는데, 그 이유는 평가의 개념이 진단의 개념보다 포괄적이고 긍정적이기 때문이다. 그는 진로 선택이나 의사결정의 평가만큼이나 내담자의 가능성과 잠재능력에 중점을 둔 3가지 종류의 평가에 대해 기술하고 있다.

1) 문제 평가(problem appraisal)

문제 평가는 내담자의 어려움과 진로상담의 기대에 대한 평가이다. 여기서는 내담자의 문제를 확인하고 내담자의 자아를 변화시키려는 동기와 문제를 해결하기 위한 강점과 약점이 측정된다. 예를 들어 책임감, 적응성, 융통성, 침착성, 유머감각, 구성적·통합적 행동 등이다.

2) 개인적 평가(personal appraisal)

개인적 평가는 내담자의 신체적, 심리적, 사회적 차원의 상태에 대한 평가이다. 사회적인 각종 통계자료를 통해 수집되며 임상적인 사례연구로 분석이 이루어진다. 그리고 직업적인 자산과 부채가 평가되며 규준적인 용어로 표현된다. 예를 들어 내담자의 사회적 태도, 흥미, 성격 특징, 사회경제적 상태 등 내담자의 기능과 현재 상태에 대한 평가와 내담자의 질병, 가족사항, 형제자매, 부모의 태도 등의 발달적 배경이 평가된다.

3) 예언적 평가(prognostic appraisal)

예언적 평가는 전술한 문제평가와 개인적 평가를 토대로 내담자가 어떤 직종에서 성공적으로 만족할 수 있는가에 대하여 예측하는 것이다. 진로상담이나 직장에서 미래에 발생할 수 있는 내담자의 행동에 대하여 예측하는 것을 말한다. 여기서는 면접, 상담의 목적, 그리고 계획과 관련된 진로상담에 관한 것과 그 직업에서의 성공과 만족감 등과 연관된 직업적 적응에 대하여 평가한다.

(5) 5가지 진로발달 단계별 과업

1. 수퍼의 진로발달 이론의 **5가지 발달 단계별 과업과 그에 따른 특성**을 기술하시오.

2009년		2010년		2011년		2012년		2013년		2014년		2015년		2016년		기출횟수
1회	2회	1회	2회	1회	2회	1회	2회	1회	2회	1회	2회	1회	2회	1회	2회	
								1								

2017년		2018년		2019년		2020년		2021년		2022년		2023년		기출횟수
1회	2회	1회	2회	1회	2회	1회	2회	1회	2회	1회	2회	1회	2회	1

2. 수퍼의 **5가지 발달단계 중 성장기, 탐색기, 확립기의 특징과 과업**을 기술하시오.

2009년		2010년		2011년		2012년		2013년		2014년		2015년		2016년		기출횟수
1회	2회	1회	2회	1회	2회	1회	2회	1회	2회	1회	2회	1회	2회	1회	2회	
1								1					1			

2017년		2018년		2019년		2020년		2021년		2022년		2023년		기출횟수
1회	2회	1회	2회	1회	2회	1회	2회	1회	2회	1회	2회	1회	2회	8
1					1				1				1	

해답

수퍼의 전 생애 기간의 진로발달 과정은 5단계로써 대순환(maxi-cycle)이라고 하며, 순서대로 진행되고 예측도 가능하지만 변화도 가능하다. 즉 사람들은 전형적으로 5단계를 거치지만 모든 사람이 꼭 동일한 방식으로 정해진 나이에 거친다는 말이 아니다. 5단계의 각 사이에 나타날 수 있는 전환의 과정은 소순환(mini-cycle)이라고 한다. 아래의 표와 같은 수퍼의 5가지 발달 단계별 과업과 특성을 기술하면 다음과 같다.

〈표 1-3〉 수퍼의 진로발달 과정

대순환	소순환
① 성장기(growth stage)	– 환상기(fantasy) – 흥미기(interest) – 능력기(capacity)
② 탐색기(exploration stage)	– 결정화기(crystallization) – 구체화기(specification) – 실행기(implementation)
③ 확립기(establishment stage)	– 정착(stabilizing) – 공고화(consolidating) – 발전(advancing)
④ 유지기(maintenance stage)	– 보유(holding) – 갱신(updating) – 혁신(innovating)
⑤ 쇠퇴기(disengagement stage)	– 감속(decelerating) – 은퇴 계획(retirement planning) – 은퇴 생활(retirement living)

1) 성장기: 출생 ~ 14세

성장기의 아동은 학교와 가정에서 중요한 타인과 동일시함으로써, 자아개념과 관련된 욕구의 개발, 흥미, 능력, 태도 등을 발달시킨다. 이 시기는 다음과 같은 3개의 하위 단계로 나뉜다.

환상기는 욕구와 환상이 지배적이고 아동이 접하게 되는 직업은 환상 속에

존재하는 직업이다. 환상기가 끝날 무렵 흥미기가 나타나는데 아동은 직업에 대한 구체적인 정보를 수집하고 일의 세계와 관련된 자신의 이해는 한층 깊어 지면서 능력기가 시작된다. 이 시기에 아동은 보다 풍부한 직업 정보를 축적하면서 직업 성공의 요인으로 능력의 중요성을 인식한다.

2) 탐색기: 15세 ~ 24세

진로결정을 하는 과업으로 진로의사결정을 위한 진로성숙도는 탐색기의 핵심이다. 이 시기는 다음과 같은 3개의 하위 단계로 나뉜다.

결정화기는 자신과 직업에 대한 정보가 쌓이면서 진로에 대한 선호가 점차 분명하게 나타나는 시기이다. 구체화기는 몇 가지 선호하는 직업 중에서 특정한 직업을 선호하는 시기이며, 실행기는 특정 직업에 대하여 노력을 기울이는 시기이다.

3) 확립기: 25세 ~ 44세

확립기는 취직을 한 후 자신의 진로를 확립하는 단계이다. 이 시기는 다음과 같은 3개의 하위 단계로 나뉜다.

정착은 입직과 함께 업무를 정확히 수행하기 위하여 무엇을 해야 할지 배우고 조직이 요구하는 수준으로 수행하여 자신의 직업 지위를 안정화 하는 단계이다. 공고화는 개인이 직무에서 기술을 제대로 갖추었다는 점에서 편안함을 느끼고, 상사나 동료로부터 일을 잘하고 있다는 평가를 받으며 직업인으로서 직업정체감을 공고히 하게 된다. 발전은 자신의 역할과 정체성을 확장하여 더 많은 책임을 가지게 되고 보다 높은 급여를 받을 수 있는 승진을 하며 발전한다.

4) 유지기: 45세 ~ 64세

유지기는 정해진 직업이나 직장에 정착하고 자신의 위치가 확고해지고, 안정된 환경에서 비교적 만족스러운 삶을 살아간다. 이 시기는 다음과 같은 3개의 하위 단계로 나뉜다.

보유는 지금까지 성취한 것들을 계속 유지하고, 갱신은 직업관련 기술과 지식을 새로운 내용으로 업그레이드하며, 혁신은 업무방식을 다르게 시도하고 다른 종류의 수준과 과제를 수행하여 새로운 도전과제를 성취하는 것이다.

5) 쇠퇴기: 65세 ~

이 시기는 지금까지 수행했던 일의 속도를 줄이고 심신이 쇠퇴함에 따라 은퇴 이후 새로운 계획을 하고 은퇴 생활을 찾는 시기이다.

수퍼는 각 단계마다 특정한 발달 과업을 가진다고 주장한다. 발달과업을 성공적으로 수행한다면 그 발달 단계에서는 주어진 생애역할을 잘 수행하며 그 다음단계에 대한 준비도 할 수 있다.

(6) 특성요인 이론과 진로 발달이론의 차이점

■ **특성요인 이론과 진로 발달이론의 차이점**을 기술하시오.

2009년		2010년		2011년		2012년		2013년		2014년		2015년		2016년		기출 횟수
1회	2회	1회	2회	1회	2회	1회	2회	1회	2회	1회	2회	1회	2회	1회	2회	
				1												
2017년		2018년		2019년		2020년		2021년		2022년		2023년				
1회	2회	1회	2회	1회	2회	1회	2회	1회	2회	1회	2회	1회	2회			1

 해답

특성요인 이론과 발달이론은 모두 선행연구가 많고 경험적으로 지지된 이론이지만 두 이론의 차이점은 다음과 같다.

<표 1-4> 특성요인 이론과 진로 발달이론의 차이점

구분	차이점
특성요인 이론	① 선택적 관점이며 진로 선택이나 진로의사결정과 관련된 이론이다(직업과 개인 간의 매칭). ② 개인의 특성에 관한 과학적인 자료와 직업의 특성에 관한 정보와 자료를 제시해 주어 선택의 시점에서 합리적 결정을 할 수 있도록 하는 것이 핵심이다. ③ 여성과 소수민족에 대해 대부분 지지되고 있다.
발달 이론	① 발달적 관점이며 개인과 직업의 매칭이라는 기본 관점을 문제 제기하면서, 진로발달은 한 시점이 아닌 전 생애를 걸쳐 이루어진다. 즉, 진로에 흥미를 가지고 구체적인 진로를 선택하여, 선택한 진로를 이루기 위해 몰입하는 일련의 과정이라고 본다. ② 여성과 소수민족에 대해 경험적인 연구가 더 필요하다.

2) 이론의 적용

(1) C-DAC 모형의 평가단계

기출 문제

■ Super의 C-DAC 모형에서 **4가지 평가단계**를 기술하시오.

2009년		2010년		2011년		2012년		2013년		2014년		2015년		2016년		기출 횟수
1회	2회	1회	2회	1회	2회	1회	2회	1회	2회	1회	2회	1회	2회	1회	2회	
1	1			1	1	1	1	1		1	1	1	1	1	1	
2017년		2018년		2019년		2020년		2021년		2022년		2023년				
1회	2회	1회	2회	1회	2회	1회	2회	1회	2회	1회	2회	1회	2회			24
1	1			1	1	1	1	1	1	1	1	1	1			

 해답

수퍼의 이론은 진로발달의 평가와 상담 모형(C-DAC: career development assessment and counseling model)으로 확장되었으며, C-DAC의 명칭에서 알 수 있듯이 진로발달에 대한 평가에 기초하여 상담을 진행하는 방식이다. 따라서 이 모형에 의한 상담에서 평가는 매우 핵심적인 과정이다. 이 모델은 생애구조와 직업역할의 중요성, 진로발달 수준과 자원, 흥미, 능력, 가치를 포함한 직업적 정체성, 직업적 자아개념과 생애주제 등의 4가지에 대하여 평가한다. C-DAC의 4가지 평가영역 중 1단계에서 3단계까지는 객관적인 평가이며, 4단계는 내담자의 주관적인 자아개념에 대해 평가하는 과정이다. C-DAC의 4가지 평가영역을 사례와 함께 기술하면 다음과 같다.

1) 1단계: 생애구조와 직업적 역할의 평가

내담자의 자녀, 학생, 배우자, 시민, 여가인 등 개인의 삶에서 정의되는 핵심적인 역할과 주변적 역할의 유형을 평가한다. 상담자는 상담도구를 이용하여 생애역할에 부여하는 개인적 의미를 탐색할 수 있다. '생애구조'란 개인의 생애를 중심적 역할 및 주변적 역할 모두를 이르는 총체적 구조를 말한다. 수퍼의 '생애진로무지개 작업'을 이용하여 생애구조를 구성하는 주요한 생애역할을 확인할 수 있다. 내담자는 이 작업을 하면서 다양한 생애 역할을 수행할 때 조화로운 삶을 위해 한정된 시간과 에너지를 효과적으로 사용할지에 대하여 숙고할 수 있는 기회를 갖는다. 또한 역할중요도(명확성) 검사(SI)를 이용하여 5가지 주요 생애역할인 학생(공부), 직업인(일), 시민(지역사회 봉사), 배우자(가정 및 가족) 그리고 여가인(여가)의 상대적 중요도 및 개인의 지향성을 측정할 수 있다.

2) 2단계: 진로발달 수준과 자원의 평가

상담자는 발달단계의 어떤 발달과업이 내담자와 연관이 있는지 알아야 한다. 내담자의 당면한 문제와 내담자가 가지고 있는 극복자원에 대한 평가를 통해 내담자의 문제에 보다 명확하게 접근할 수 있다. 극복자원이란 내담자가 직면한 특정한 발달과업을 다루는 태도나 역량이다. 수퍼는 성인인 내담자의 진로발달 수준을 알아보기 위하여 성인용 진로문제 검사(ACCI)를 개발했는데, 이 검사를 활용하여 가장 높은 점수를 확인하고 하위 척도를 검토해 볼 수 있다. 그리고 긍정적 태도, 분석력, 능력, 기술, 의사결정능력 등의 자원에 대한 검토를 한다. 한편, 내담자가 고등학생과 대학생일 경우에는 수퍼와 그의 동료 등이 개발한 진로발달 검사(CDI)로 학생들의 진로발달과 진로성숙도를 측정하고,

진로결정을 위한 준비도를 측정하며, 진로 및 교육 계획 수립에 도움을 줄 수 있다.

3) 3단계: 직업적 정체성의 평가

전통적인 특성-요인 이론에서도 중요시하는 내담자의 가치, 흥미, 능력의 평가를 포함한다. 이 단계의 목표는 내담자의 특성을 평가하면서 내담자의 진로 정체성을 탐색하고, 진로 정체성이 내담자의 다양한 생애 역할에 어떻게 나타나는지를 탐색하는 것이다. 심리검사 결과로 흥미, 가치관, 능력, 성격 등에 대한 정보를 통합하는 과정이다.

4) 4단계: 직업적 자아개념과 생애주제의 평가

1단계에서 3단계까지는 객관적인 평가였으나, 4단계에서는 내담자의 주관적인 자아개념에 대한 평가로 옮겨간다. C-DAC모델은 이 단계에서 직업적 자아개념과 생애주제의 평가에 초점을 맞추며, 평가 방법은 2가지가 있다. 그 하나는 횡단적인 방법으로 내담자의 현재에 나타나는 자기상에 초점을 두는 방법이며, 또 하나는 종단적인 방법으로 내담자의 생애 전체에 걸쳐 발달되어 온 주제에 초점을 두는 방법이다. 상담자는 내담자의 과거와 현재의 자신을 어떻게 묘사하는지 경청하면서 자아개념을 평가한다.

이러한 4단계의 평가 과정이 종료되면, 이 내용을 바탕으로 상담자는 '내담자의 생애사에 대한 통합적인 해석'을 통해 평가단계에서 상담단계로 전환한다. 수퍼는 지시적 상담과 비지시적인 상담을 교대로 사용하는 과정이 상담의 과정이라고 보고 있다. 내담자는 이러한 상담을 교대로 하면서 자기 자신과 진로에 대하여 객관적이고 주관적인 차원 사이의 균형을 경험할 수 있다.

3) 이론의 평가

(1) 생애진로 상담의 단점(한계점)

기출 문제

■ 수퍼의 **생애진로 상담의 단점 또는 한계점**을 기술하시오.

2009년		2010년		2011년		2012년		2013년		2014년		2015년		2016년		기출 횟수
1회	2회	1회	2회	1회	2회	1회	2회	1회	2회	1회	2회	1회	2회	1회	2회	
1																

2017년		2018년		2019년		2020년		2021년		2022년		2023년			
1회	2회	1회	2회	1회	2회	1회	2회	1회	2회	1회	2회	1회	2회		1

해답

수퍼의 진로발달 이론은 20세기 진로 이론에 가장 큰 영향을 미쳤으며, 발달 이론 중에서 가장 역동적이고 포괄적인 이론이다. 그는 실제 생활 장면의 분석 및 그 이론적 시사점의 도출, 더 나아가 상담에 적용한 과학적인 연구까지 큰 기여를 하였다. 그러나 다음과 같이 수퍼의 생애진로 상담은 단점 또는 한계점을 가지고 있다.

1) 검증문제: 수퍼의 이론은 전 생애적 관점의 통찰을 촉진하기는 했으나, 이론 자체의 포괄성 때문에 홀랜드 이론 같이 경험 연구를 통해 쉽게 검증하기가 어렵다. 즉, 경험적 연구가 충분히 이루어지지 않았다.

2) 측정문제: 진로성숙과 같은 개념조차도 하위 척도의 복잡성과 측정상의 어려움으로 홀랜드 검사 같은 단일한 검사를 통해 측정하기가 쉽지 않다.

3) 조작적 정의 문제: 수퍼는 조작적이고 정량적으로 측정할 가설적 구

성 개념을 일관성 있게 정의하지 못했다. 즉, 진로발달 이론의 핵심인 진로성숙과 진로적응성과 같은 개념에 대한 조작적 정의가 일관적이지 못하다. 이유는 특정 시기에 이러한 개념을 측정할 도구가 없었기 때문이다.

4) **맥락성과 개별성 간과:** 개인마다 서로 다른 진로발달 과정을 밟을 수 있음에도 불구하고, 수퍼의 이론은 지나치게 개인 간의 공통성을 구하고자 개인의 진로발달에 영향을 미치는 맥락성과 개별성을 간과했다.

5) 수퍼의 가정이 역동적인 상호과정이라는 점에서 개인의 진로행동을 개념화하는 데는 거의 적용하기 어렵다.

6) 자아개념, 지적인 면, 직업발달 측면만을 지나치게 강조한다.

Salomone살로몬은 수퍼가 진로의 개념을 과대하게 확장시킨 나머지 지나치게 포괄적으로 정의했다고 주장했다. 그러나 수퍼의 진로발달 이론에 여러 가지 제한점이 있음에도 불구하고 살로몬은 수퍼가 진로발달에 역사적인 기여를 했다고 인정했다.

4) C-DAC 모형을 적용한 상담 사례

1. 다음의 상담사례를 C-DAC 모형을 적용하여 검사 결과를 해석하고 상담을 개입하시오(각 도구의 영역별 점수 제시됨). ☞ 1번 문제는 '2장. 직업심리 검사'의 각 검사도구 기술 부분에서 기술함.

○○세 A씨는 가정에서는 장남으로 학업성적은 중간 정도로 고등학교 대학 진학반에 있으며 야구부 활동을 하고 있다. A씨는 4년제 대학에 진학하고 싶고 프로야구 선수가 꿈이다. A씨는 현재 아르바이트를 하지 않지만, 예전에는 케이블 TV에서 아르바이트 한 경험이 있다. 그의 아버지는 자동차 수리공이며 A씨가 프로야구 선수가 되길 원하고, 어머니는 전업주부이며 A씨가 평범한 회사원이 되길 원한다.

2. A씨의 상담사례를 C-DAC 모형으로 상담을 할 때 다루어야 할 주제와 이슈를 기술하시오.

2009년		2010년		2011년		2012년		2013년		2014년		2015년		2016년		기출 횟수
1회	2회	1회	2회	1회	2회	1회	2회	1회	2회	1회	2회	1회	2회	1회	2회	
					1			1			1			1		

2017년		2018년		2019년		2020년		2021년		2022년		2023년			
1회	2회	1회	2회	1회	2회	1회	2회	1회	2회	1회	2회	1회	2회		6
1						1									

① 진로발달 검사(CDI: Career Development Inventory)

기본 척도				복합 척도		
진로계획	진로탐색	의사결정	일의 세계에 대한 정보	진로발달 - 태도	진로발달 - 지식및기술	총체적 진로성향
72	18	99	57	40	90	75

② 스트롱흥미도 검사(SII: Strong Interest Inventory)

상위척도 (GOT)	현실형(R)	탐구형(I)		예술형(A)	사회형(S)	기업형(E)		관습형(C)
	57	62		56	59	53		52
하위척도 (BIS)	자연농업	시각예술/ 디자인	과학	교육	사무관리	기계/건설	관리	수학
	67	61	59	58	57	55	54	54
직업척도 (OS)	직업A	직업B		직업C	직업D	직업E		직업F
	42	41		39	35	34		29

③ 미네소타직업가치 검사(MIQ: Minnesota Importance Questionnaire)

상위 척도 (직업 가치)	성취	편안함	지위	이타심	안전	자율성
	1.9	1.3	1.3	.8	.5	2.1
하위 척도 (직업 욕구)	능력	성취감	활동성		독립성	다양성
	1.4	2.4	1.4		.6	1.4
	보상	안정성	근무환경		발전가능성	인정
	2.2	1.0	1.3		2.7	2.4
	지휘권	사회적 지위	동료		사회봉사	도덕성
	.8	-.8	.8		0.0	1.6
	공정성	업무지원	직무교육		창의성	책임성
	.7	.7	.2		1.7	2.4

④ 역할중요도(명확성) 검사(SI: Salience Inventory)

척도	학생 (공부)	직업인 (일)	시민 (지역사회 봉사)	배우자 (가족 및 가정)	여가인 (여가)
참여(participation)	3.5	3.4	2.1	3.3	2.5
몰입(commitment)	3.2	3.0	2.2	3.0	2.4
가치 기대 (value expectations)	3.9	3.8	2.3	3.1	2.1

※ 저자가 임의의 점수를 영역별로 기입함. 매 시험마다 점수가 다르므로 검사 도구 해석 방법을 정확히 숙지하고 있어야 함.

✎ 해답

　수퍼의 이론은 진로발달의 평가와 상담 모형(C-DAC)으로 확장되었으며, C-DAC의 명칭에서 알 수 있듯이 진로발달에 대한 평가에 기초하여 상담을 진행하는 방식이다. 따라서 이 모형에 의한 상담에서 평가는 매우 핵심적인 과정이다. 이 모델은 생애구조와 직업역할의 중요성, 진로발달 수준과 자원, 흥미, 능력, 가치를 포함한 직업적 정체성, 직업적 자아개념과 생애주제 등의 4가지에 대하여 평가한다. C-DAC의 4가지 평가영역 중 1단계에서 3단계까지는 객관적인 평가이며, 4단계는 내담자의 주관적인 자아개념에 대해 평가하는 과정이다. A씨의 상담사례를 C-DAC 모형으로 상담을 할 때 다루어야 할 주제와 이슈를 기술하면 다음과 같다.

1) 1단계: 생애구조와 직업적 역할의 평가 및 상담 개입

A씨의 다양한 역할은 삶을 풍부하게 할 수 있고 고되게도 할 수도 있다. 고등학생이자 집안의 장남인 A씨의 중요한 진로 선택은 삶에서 어떠한 역할이 변화되거나 역할 간의 상호작용이 확대되거나 축소될 수도 있다. 이 단계에서 상담자는 A씨의 다양한 역할과 각 역할의 중요성부터 명료화하는 작업부터 시작한다. 현재 여러 역할 사이의 균형이 맞는지, 이상적인 균형이 무엇인지, 그리고 현재의 균형과 이상적인 균형 사이의 불일치는 얼마나 되는지 확인해야 한다.

A씨의 역할중요도(명확성) 검사(SI) 결과를 살펴보면, 학생, 직업인, 배우자(가족 및 가정) 순 등으로 그 역할을 중요하게 생각하면서 이를 동시에 수행하고 있다. A씨는 지금 상대적으로 다른 역할과 차이점을 비교 분석하는 과정이라고도 볼 수 있다. 상담자는 A씨의 다양한 역할과 각 역할의 중요성부터 명료화하기 위해서, 우선 A씨가 수행하고 있는 생애역할에 대한 목록을 작성하고, 그 역할에 대한 시간과 에너지 투자를 얼마나 하고 있는지 평가한다. 그리고 자신의 가치관을 토대로 생애역할에 대한 우선순위를 정한다. 마지막으로 A씨가 서로 갈등하는 역할이 무엇이며 보완해 주는 역할이 무엇인지 확인해야 한다. 상담자는 A씨와 상담 시 학생, 직업인, 배우자(가족 및 가정)에 대한 주제로 몇 회기 진행하면서 A씨가 현명한 진로를 선택하도록 조력해야 한다.

2) 2단계: 진로발달 수준과 자원의 평가 및 상담 개입

내담자가 고등학생과 대학생일 경우에 진로발달 검사(CDI)로 학생들의 문제와 진로발달과 진로성숙도를 측정하고, 진로결정을 위한 준비도를 측정하며, 진로 및 교육 계획 수립에 도움을 줄 수 있다.

A씨의 진로발달 검사(CDI) 결과, 교육과 직업에 대한 결정을 충분히 할 수 있는 개인의 진로발달 태도(CDA) 점수는 다소 낮으며, 진로발달 지식 및 기술(CDK) 즉 역량 점수는 매우 높게 나타났으며 총체적인 진로성향(COT) 점수는 다

소 높게 나타났다. 이러한 결과를 볼 때 A씨의 진로성숙도가 완전히 성숙되었다고 보기에는 어려워 보이며, 이로 인해 A씨는 불안감을 느낄 수 있다. 상담자는 A씨의 진로문제가 정리되면 A씨의 극복자원을 검토해야 한다.

먼저, A씨의 진로계획(CP)의 점수가 높게 나온 것은 중요한 극복자원이다. 이러한 진로계획에 높은 점수가 나온 것은 예전에 진로 탐색에 성공적인 경험이 긍정적인 자아개념에 영향을 미쳤고, 장래 진로 계획도 충분히 검토한 것으로 보인다.

둘째, 진로탐색(CE) 점수가 아주 낮게 나타났으므로 면밀히 평가해야 한다. 이는 A씨가 이용할 수 있는 진로에 관한 양질의 정보에 대한 원천을 아직 충분히 탐구하지 않았음을 나타낸다. 상담자는 상담으로 탐색 방법과 자원 등을 확인하고 후속조치 해야 한다.

셋째, 의사결정(DM) 점수가 아주 높게 나온 것도 중요한 극복자원으로 볼 수 있다. 이 또한 과거 성공한 사례가 있을 것으로 보이며, 자신의 능력과 흥미를 다양한 교육 전공과 직업의 요구사항과 보상에 맞출 준비가 되어 있을 것으로 판단된다.

넷째, 일의 세계에 대한 정보(WW) 점수는 평균 수준의 높은 점수로 나타나 평가를 고려해 봐야 한다. 이는 진로 결정을 지원하기 위한 정보를 획득할 수 있는 방법을 제공하고 과제로 제시해 줄 수도 있다.

마지막으로 선호하는 직업군에 대한 지식(PO) 점수는 아주 높게 나타났다. 이는 A씨가 선호하는 직업에 대한 자세한 정보를 수집했음을 나타낸다. 이는 A씨가 몇 개의 직업 분야로 선택의 폭을 좁힐 준비가 되었다는 것을 알 수 있다.

3) 3단계: 직업적 정체성의 평가 및 상담 개입

이 단계는 A씨의 스트롱흥미도 검사(SII)와 미네소타직업가치 검사(MIQ) 결과에 대한 정보를 통합하는 과정이다.

① 스트롱흥미도 검사 결과를 볼 때, A씨의 일반직업 분류(GOT) 결과유형은

ISR(탐구형, 사회형, 현장형), 기본흥미척도(BIS)는 자연/농업, 시각예술/디자인, 과학, 교육, 사무관리 순이다. 직업척도(OS)에서는 버스 기사 및 농부, 전기공, 컴퓨터 프로그래머, 식당 매니저 순으로 나타났다. 이와 같이 일반직업 분류(GOT), 기본흥미척도(BIS), 직업척도(OS) 결과가 정확하게 일치하지 않게 나타났다.

A씨는 현재 야구를 하고 미래 야구선수를 꿈꾸고 있다면 현장형이 1순위로 나타나야 하나, 오히려 탐구형이 1순위로 나타났다. 이는 미래 프로야구 선수를 희망하는 아버지의 지지와 영향, A씨의 과거 케이블 TV에서 아르바이트 한 경험보다, A씨가 대학 진학 시 잠정적으로 정한 전공(탐구형 영역), 또는 어머니가 원하는 평범한 회사원 중에 탐구형과 가까운 직업이 더 큰 영향을 미쳤을 것이라고 예상한다. 그러나 기본흥미척도(BIS)에서는 운동선수가 포함되어 있는 현장형의 자연/농업으로 나타난 것을 볼 때, 신체활동에 높은 흥미를 나타내어 어느 정도 야구에 흥미를 가지고 있다는 것을 추측할 수 있다. 직업척도(OS)에서도 현장형에 해당하는 버스 기사가 가장 높은 점수를 나타낸 점은 A씨가 야구와 같은 신체활동을 선호 하는 것을 상당히 지지하고 있으며, 자동차 수리공인 아버지의 영향도 중요한 요인이 되었다고 고려할 수 있다.

② 미네소타직업가치 검사 결과를 살펴보면, 먼저, 6개의 직업 가치 영역에서 A씨는 자율성, 성취, 편안함과 지위, 이타심 순으로 6가지 모든 가치가 모두 중요하게 나타났으며, 가장 낮은 점수는 안전이다. 이러한 결과를 볼 때, A씨는 자신이 혼자 결정하는 것을 가장 중요하게 생각하고, 일을 하면서 성취감을 느낄 수 있는 것을 중요하게 생각한다. 반면, 윗사람이 자신의 일에 대하여 교육 또는 훈련시키는 것을 피하고 싶어 한다.

둘째, 20가지 직업 욕구 영역에서는 가장 중요시 하는 욕구는 발전가능성이며, 다음으로 성취감, 인정, 책임감, 보상 등의 순으로 나타났다. 중요하게 생각하지 않는 욕구는 사회봉사이며, 가장 중요하게 생각하지 않는 욕구는 사회적 지위로 나타났다. A씨는 일이 출세의 기회를 제공할 것이라는 욕구가 가장 강하다. 그리고 일이 본인에게 성취감을 주고, 일에 있어서 인정을 받고, 혼자 결정하고 타인보다 급여를 많이 받고 싶어 하는 것 등을 중요하게 생각한다.

셋째, 6개의 직업 가치 영역과 20가지 직업 욕구 영역의 일치 또는 불일치 정도 이다. A씨는 6가지 직업 가치를 모두 중요하게 생각하고 있으나, 20가지 직업 욕구 에서 사회적 지위와 사회봉사는 중요하게 생각하지 않는 것으로 나타났다. 그리고 A씨는 6가지 직업 가치 중 가장 중요하게 생각하는 것은 자율성인데, 하위척도인 20가지 직업 욕구에서는 다른 영역인 지위의 발전 가능성으로 나타나 일치하지 않으며, 20가지 직업 욕구에서 대수롭지 않은 욕구나 피하고 싶은 욕구는 사회적 지위로 나타났으나, 사회적 지위의 상위 척도인 지위는 6개의 직업 가치 영역 중 3 번째로 중요하게 생각하는 욕구로 나타나 불일치를 나타내고 있다.

지금까지 A씨의 스트롱흥미도 검사와 미네소타직업가치 검사 결과를 살펴본 바와 같이 각 검사의 척도 결과가 완전하게는 일치하지 않는다는 것을 알 수 있다. 상담자는 상담을 통해 각 검사 결과를 토대로 A씨의 특성을 평가하면서 본인이 진로정체성을 탐색하고 발견할 수 있도록 조력할 필요성이 있다.

4) 4단계: 직업적 자아개념과 생애주제의 평가 및 상담 개입

마지막 4단계에서는 내담자의 주관적인 자아개념을 탐색하며 자신과 세상을 어떻게 생각하는지 A씨의 자기상을 진단하는 과정이다. 상담자는 과거와 현재 의 A씨 본인을 어떻게 이야기하는지 경청하면서 내담자의 자아개념을 평가한 다. 상담자는 상담 시 A씨의 현재 역할 또는 원하는 역할에 대한 구체적인 자아 개념의 근거와 단서를 찾아 긍정적인 자아개념이 형성될 수 있도록 격려하고 칭 찬해야 한다.

A씨의 희망 진로와 부모님의 희망 진로와 충돌로 인한 갈등으로 부정적인 자아개념이 형성되어 있다면, 그 근거가 어디서 무슨 사유로 비롯되었는지, 개 선의 여지가 있는지, 또는 대안이 있는지 등등의 질문을 통해 부정적인 자아개 념을 긍정적인 자아개념으로 바꾸어 나갈 수 있도록 조력할 필요가 있다.

이러한 4단계의 평가 과정이 종료되면, 이 내용을 바탕으로 상담자는 '내담 자의 생애사에 대한 통합적인 해석'을 통해 평가단계에서 상담단계로 전환한다.

수퍼는 지시적 상담과 비지시적인 상담을 교대로 사용하는 과정이 상담의 과정이라고 보고 있다. 내담자는 이러한 상담을 교대로 하면서 자기 자신과 진로에 대하여 객관적이고 주관적인 차원 사이의 균형을 경험할 수 있다.

제한·타협 이론은 Gottfredson갓프레드슨이 창안했으며 수퍼의 진로발달 이론과 맥락을 같이하는 발달이론이다. 이 이론은 2가지 중요한 내용으로 구성되어 있다. 하나는 Super수퍼의 진로발달 이론처럼 각 발달 단계별 과업을 어떻게 수행해야 하는지의 발달 단계이론으로 제한(circumscription)이론에 해당되며, 다른 하나는 취업가능성과 같은 제한 요인을 근거로 진로 선택을 조정하는 과정에 관한 내용의 타협(compromise)이론이다. 이 이론은 수퍼의 전 생애적 발달 단계를 주장하는 것과는 달리 개인이 첫 입직 할 때까지 아동기와 청소년기에 어떻게 진로포부가 축소되고 조정되는가에 초점을 두고 있다.

1) 이론의 내용

(1) 진로포부의 발달 단계 및 영향요인

■ Gottfredson의 제한 · 타협 이론에서 **진로포부의 발달 단계 및 영향요인 4가지**를 기술하시오.

2009년		2010년		2011년		2012년		2013년		2014년		2015년		2016년		기출 횟수
1회	2회	1회	2회	1회	2회	1회	2회	1회	2회	1회	2회	1회	2회	1회	2회	
							1				1		1		1	
2017년		2018년		2019년		2020년		2021년		2022년		2023년				
1회	2회	1회	2회	1회	2회	1회	2회	1회	2회	1회	2회	1회	2회			7
			1						1				1			

 해답

갓프레드슨이 창안한 제한·타협 이론은 사람들의 진로에 대한 기대가 어릴 때부터 성별, 인종별 그리고 사회 계층별로 차이가 나는 이유를 설명하였다. 진로선택을 일차적으로 사회적 자아의 실현으로 보고, 이차적으로는 심리적 자아의 실현으로 본다. 다음 그림과 같이 제한은 자신에게 적합하지 않은 진로대안을 제외시키는 과정을 통해 자신이 수용 가능한 진로 대안의 영역을 점진적으로 줄여나가는 과정이다.

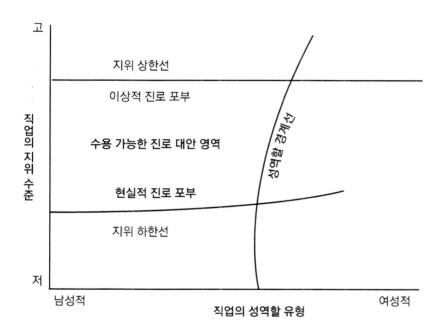

[그림 1-10] 제한·타협 모델

이 이론은 직업과 관련한 개인의 발달을 다음 그림과 같이 4단계로 구분하고 있으며 그 내용을 살펴보면 다음과 같다.

1단계:
크기와 힘 지향성
(3세~5세, 취학 전)

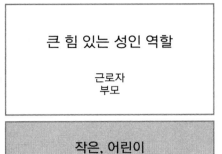

큰 힘 있는 성인 역할

근로자
부모

작은, 어린이

2단계:
성역할 지향성
(6세~8세, 초등학생)

남성 역할

소방관
트럭 운전수
의사

여성 역할

간호사
교사
비서

3단계:
사회적 가치 지향성
(9세~13세, 중학생)

높은 명성

의사

교사
간호사
비서

소방관

트럭 운전수

낮은 명성

남성　　중립　　여성

4단계:
내적 고유한 자아 지향성
(14세 이후, 고등학생 그리고 그 이상)

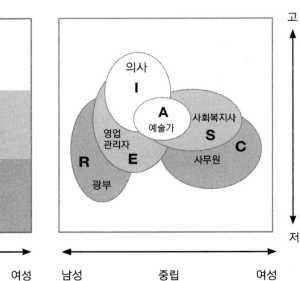

고

저

남성　　중립　　여성

[그림 1-11] 갓프레드슨의 진로 발달 단계

1) 제한 단계의 영향요인(1단계 ~ 3단계)

[1단계] 크기와 힘 지향성(orientation to size and power) - 3세~5세, 취학 전

이 시기의 아동은 인지발달적인 측면에서 대상 영속성(object permanence)을 습득한다. 이때 아동은 힘과 크기에 대한 개념을 발달시켜 '크다'와 '작다'와 같이 단순한 용어와 방법으로 사람을 분류하기 시작한다. 자신과 성인의 차이를 크기로 분류하고 인식한다. 아직 성이나 성역할에 대해서 모르지만 여성과 남성이 다르다는 것은 알고, 성인의 역할을 통해 직업을 인식한다.

[2단계] 성역할 지향성(orientation to sex role) - 6세~8세, 초등학생

이 시기에는 성에 대한 인식이 생기고 성역할에 대한 개념을 습득한다. 그리고 '좋다-나쁘다', '크다-작다'와 같이 이분법적 사고를 하는 경향이 있다. 그리고 관찰 가능하고 구체적인 특징에 의해 사람이나 직업을 단순한 수준에서 인식한다. 자신의 성이 반대의 성보다 우월하다고 지각하면서 진로포부에도 성역할에 적합한 직업인지의 여부가 중요하게 작용하며 성역할 경계선이 이 시기에 형성된다.

[3단계] 사회적 가치 지향성(orientation to social valuation) - 9세~13세, 중학생

이 시기는 사회적 지위나 가치에 대한 개념을 습득하고 형성하는데, 또래나 다른 집단에서 명성과 지위에 민감해진다. 이 시기에 너무 많은 노력을 해야 하는 지위 상한선과 지위가 너무 낮아 받아들일 수 없는 지위 하한선을 형성하게 된다. 이 상한선과 하한선 수준 사이에 존재하는 직업을 수용 가능하다고 여기는 직업영역이라고 생각한다. 자신의 능력 밖의 직업을 배제하고 사회적 통념상 수용되지 않는 직업 또한 배제한다.

2) 타협 단계의 영향요인(4단계)

4단계 내적 고유한 자아 지향성(orientation of the internal, unique self) – 14세 이후, 고등학생 그리고 그 이상

이 시기는 고유한 내적 자아의 특성에 대한 개념을 갖게 되며 타인에 대한 개념이 생겨난다. 자기 자신의 흥미, 가치, 능력을 보다 더 잘 알게 되고 내적인 반성 능력이 향상된다. 인지발달 측면에서 이전 단계에 비해 형식적사고 능력이 향상되고, 삶의 목표와 자기개념을 규정하기 시작하고 직업을 탐색하기 시작한다. 앞 단계에서는 수용되지 않는 직업을 제거했다면, 이 단계에서는 수용 가능한 진로대안 영역 안에서 진로탐색을 하는 타협과정을 시작한다.

갓프레드슨은 타협과정에서 중요하게 고려되는 세 가지 측면으로 성역할, 지위, 흥미 영역을 제시하였다. 이 가운데 성역할은 타협하기 가장 어려운 측면이며, 흥미는 가장 쉽게 타협할 수 있는 측면이라고 주장한다. 대부분의 사람들은 최고의 선택보다 최선의 선택에 만족하게 된다고 본다.

2) 이론의 적용

■ 제한·타협 **이론의 적용**에 대하여 기술하시오.

	2009년		2010년		2011년		2012년		2013년		2014년		2015년		2016년		기출 횟수
	1회	2회	1회	2회	1회	2회	1회	2회	1회	2회	1회	2회	1회	2회	1회	2회	
	2017년		2018년		2019년		2020년		2021년		2022년		2023년				
	1회	2회	1회	2회	1회	2회	1회	2회	1회	2회	1회	2회	1회	2회			

갓프레드슨은 진로발달을 위한 일반적인 프로그램이 보통 진로와 관련된 자기개념이 구체화되고 결정이 될 시기에 이루어져 효과가 덜하다고 지적하면서, 보다 효과적인 진로발달을 촉진시키기 위해서는 자기개념이 구체화되고 결정화되기 이전 단계에 진로발달 개입 프로그램을 적용해야 된다고 보았다. 다시 말해서, 청소년들이 사회적 지위와 성별 등에 따라 제외했던 진로 프로그램들을 새로이 검토하는 의식적인 절차가 필요하다고 본 것이다. 또한 갓프레드슨은 진로상담 과정 중에서 내담자 자신이 부적절하다고 제한했던 이전의 진로 선택지들을 다시 점검할 수 있도록 다음과 같은 준거를 제안했다.

1) 내담자는 자신의 진로 선택지를 하나 이상 말할 수 있는가?
2) 내담자의 흥미와 능력은 자신이 선택한 직업에 적합한가?
3) 내담자는 자신의 구체화된 진로대안에 대하여 만족하는가?
4) 내담자는 본인의 진로대안을 부적절하게 제한하지 않는가?
5) 내담자는 자신이 선택한 직업을 수행하는 중에 장애물에 대한 현실적인 인식을 하고 있는가?

내담자는 상담자와 진로 탐색을 하는 과정에서 이와 같은 준거들을 염두에 두고 자신이 수용 가능한 진로 포부의 하한선과 노력의 상하선을 탐색할 수 있게 된다. 그리고 내담자의 진로탐색 과정에서 발생할 수 있는 진로 장벽과 맥락적인 주요 원인에 대해서도 현실적으로 인지할 수 있다.

Bandura반두라의 사회학습 이론을 진로상담에 적용한 Krumboltz크롬볼츠의 진로선택 사회학습 이론은 진로의사결정에서의 사회학습 이론(social learning theory of career decision making)에서 시작하여 계획된 우연이론(planned happenstance theory)을 거쳐 우연학습 이론(happenstance learning theory)에 이르렀다. 진로선택 사회학습 이론은 진로 선택 과정에서 개인과 환경의 상호작용에 초점을 두고 있으며, 특히 개인이 환경과 상호작용을 하면서 무엇을 학습했는가에 초점을 두고 있다. 진로신념 검사(CBI)는 진로선택 사회학습 이론을 기초로 하고 있다.

1) 이론의 내용

(1) 진로(직업) 결정 요인

기출 문제

- Krumboltz크롬볼츠의 진로선택 사회학습 이론에서 **직업결정의 4가지 요인**을 기술하시오.

2009년		2010년		2011년		2012년		2013년		2014년		2015년		2016년		기출 횟수
1회	2회	1회	2회	1회	2회	1회	2회	1회	2회	1회	2회	1회	2회	1회	2회	
				1												
2017년		2018년		2019년		2020년		2021년		2022년		2023년				
1회	2회	1회	2회	1회	2회	1회	2회	1회	2회	1회	2회	1회	2회			5
					1				1	1			1			

 해답

크롬볼츠의 진로선택 사회학습 이론은 학습이론의 원리를 직업선택의 문제에 적용하여, 개인이 환경과의 상호 작용을 통해 무엇을 학습했는가를 강조하고 있다. 따라서 상담과정에서 진로신념 검사(CBI)를 통하여 내담자의 진

로선택에 방해가 되는 생각이 무엇인지를 밝혀내는 것이 중요하다고 강조한
다. 진로선택 사회학습 이론에서 직업결정에 영향을 미치는 4가지 요인은 다
음과 같다.

1) 유전적 재능(genetic endowments)

이 이론에서 유전이 인간의 특성에 얼마나 영향을 미치는가에 대하여 정
확하게 언급은 하고 있지 않지만, 능력의 개인차에 관하여 유전이 작용할 가
능성이 있다는 것을 인정하고 있다. 어떠한 특정 능력이든 부모로부터 물려
받는 것이 있는데, 특히 예체능의 능력은 유전적 요인을 포함한다고 주장하
고 있다.

2) 환경적 조건과 사건(environmental conditions and events)

환경적 사건들은 개인이 통제할 수 있는 것도 있고 통제할 수 없는 것도 있
을 수 있으며, 계획된 것일 수도 있고 계획하지 않은 것도 있다. 환경적 사건에
영향을 미치는 12가지 환경 조건은 노동법, 사회정책, 기술의 발전, 자연환경, 사
회조직의 변화, 일의 기회, 직업에서 제공하는 보상, 물리적 요건, 가족자원, 교
육체제, 그리고 공동체 및 지역사회 영향 등이다.

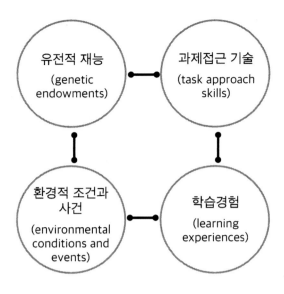

[그림 1-12] 진로(직업) 결정 4가지 요인

3) 학습경험(learning experiences)

학습경험은 이 이론의 핵심이며 진로상담 과정에서 학습의 측면을 강조한다. 개인이 과거에 학습한 경험은 현재나 미래에 대한 교육적, 직업적 의사결정에 영향을 미치며, 아래와 같은 두 가지 유형의 학습경험을 가정한다.

(1) 도구적(조작적) 학습경험(instrumental learning experiences): 개인은 자신의 행동의 결과로 강화를 받기도 하고 벌을 받기도 한다. 상과 같은 긍정적인 강화를 받을 때 행동은 반복적으로 일어나게 되고, 벌을 받은 행동은 점점 감소한다는 것이다. 도구적 학습경험은 A-B-C의 과정으로 이루어진다. 즉, 선행조건(Antecedents)은 → 행동(Behavior)을 하게하고 → 행동은 결과(Consequences)로 이끈다.

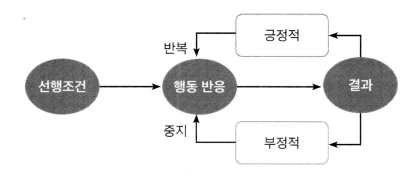

[그림 1-13] 도구적(조작적) 학습경험의 과정

(2) **연상적(연합적) 학습경험**(associate learning experiences): 중립적인 경험이
새로운 행동을 습득하도록 하는 과정이다. 연상적 학습의 결과 중립적인
자극은 긍정적 또는 부정적 자극이 된다. 대리경험이나 간접경험이 연상
적 학습의 일종이다. 개인이 어떠한 직업에 대하여 긍정적이거나 부정적
인 이야기를 접했을 때부터 그 직업을 갖느냐와 상관없이 그 직업에 대하
여 긍정적 또는 부정적인 생각을 하면서 대한다.

4) 과제접근 기술(task approach skills)

과제접근 기술은 전술한 유전적 재능, 환경적 조건과 사건 그리고 학습 경험
이 상호작용한 결과 습득되는 것이다. 과제접근 기술은 개인이 어떤 과제를 성
취하기 위해 동원되는 기술이다. 예를 들어, 인지적 과정, 정서적 반응, 정보수
집 능력 그리고 문제해결 기술 등이다.

크룸볼츠는 직업결정의 4가지 요인 중에서 유전적 재능과 환경적 조건 및 사
건을 환경적 요인이라 했으며, 학습경험과 과제접근기술을 심리적 요인이라고
정의했다. 환경적 요인은 개인에게 영향을 미치고 있으나 보통 개인이 통제할
수 없는 영역으로 상담으로 변화시키기 불가능하다. 반면, 심리적 요인은 개인
의 생각, 감정과 행동을 결정하게 하는데, 상담자는 내담자의 이러한 심리적 요
인을 이해하고 조력해야 한다.

(2) 진로(직업)결정 요인의 결과

예상 문제

■ 진로선택 사회학습 이론의 **진로(직업)결정 요인의 결과**에 대하여 기술하시오.

2009년		2010년		2011년		2012년		2013년		2014년		2015년		2016년		기출 횟수
1회	2회	1회	2회	1회	2회	1회	2회	1회	2회	1회	2회	1회	2회	1회	2회	

2017년		2018년		2019년		2020년		2021년		2022년		2023년	
1회	2회	1회	2회	1회	2회	1회	2회	1회	2회	1회	2회	1회	2회

✎ 해답

크룸볼츠의 진로선택 사회학습 이론에서 직업결정 4가지 요인은 상호 영향을 주고받으며 한 개인에게 '나는 이런 사람이구나', '세상은 이렇구나' 하며 결과적으로 자신에 대한 일반화와 세계에 대한 일반화를 형성하게 한다. 크룸볼츠의 진로선택 사회학습 이론의 직업결정 4가지 요인에 따른 결과는 다음과 같다.

1) 자기관찰 일반화(self-observation generalization)

자기관찰 일반화는 자신에 대한 관찰 결과로 얻어지는 것으로써 겉으로 표현되기도 하고 내면 과정에서 잘 드러나지 않기도 한다. 이것은 자신의 태도, 업무습관, 가치관, 흥미, 능력 수준에 대한 일반화이다. 이는 학습경험과 상호작용하는 관계이기 때문에 일반화는 학습경험의 산물이며, 학습경험에 영향을 미치기도 하고 학습경험이 또 다시 일반화에 영향을 미치기도 한다. 일례로 1급 직업상담사 자격을 취득한(학습경험) A씨는 본인이 직업 상담을 아주 잘한다고 생각할 것이다(일반화). A씨의 이러한 생각은 직업 상담과 관련된 공부와 훈련을 더 열심히 하게끔 한다.

2) 세계관 일반화(world-view generalization)

세계관 일반화는 자신을 둘러싸고 있는 환경에 대한 일반화를 말하며, 개인의 학습경험으로 형성된다. 자신이 처한 환경에 대한 관찰 결과 얻어진 것으로써 세상에 대하여 이해하고 환경에서 일어날 결과를 예측한다. 즉, 특정한 상황에서 차별을 받은 사람은 비슷한 상황이나 다른 상황에서도 차별을 받을 것이라고 예상하게 된다. 마찬가지로 자신의 높은 지위로 특별한 대우를 받았던 사람은 모든 상황에서도 특별한 대우를 받는 것이 당연하다고 여긴다.

이러한 일반화된 생각은 경험으로부터 나온 것이며, 그 경험은 제한적일 수밖에 없으므로 일반화된 생각은 오류를 어느 정도 내포한다고 볼 수 있다는 것이다. 사람은 제한된 경험으로부터 자신과 세상에 대하여 일반화된 생각을 하고, 이 생각 중 진로발달과 선택을 방해하는 잘못된 생각이 있다는 것이다. 따라서 진로선택 사회학습 이론에서는 진로발달과 선택을 방해하는 것이 무엇인지 알아내는 데 관심을 가지고 있다.

(3) 진로상담의 기본 가정

■ 진로선택 사회학습 이론에서 **진로상담의 기본 가정**을 기술하시오.

	2009년		2010년		2011년		2012년		2013년		2014년		2015년		2016년		기출 횟수
	1회	2회	1회	2회	1회	2회	1회	2회	1회	2회	1회	2회	1회	2회	1회	2회	

	2017년		2018년		2019년		2020년		2021년		2022년		2023년		
	1회	2회	1회	2회	1회	2회	1회	2회	1회	2회	1회	2회	1회	2회	

 해답

크룸볼츠는 개인이 생활하면서 접하는 우연한 사건이 진로에 영향을 미치는 것을 주목하면서, 그 우연한 사건이 진로에 긍정적인 영향을 미칠 수도 있으며, 부정적인 영향을 미칠 수도 있다고 한다. 진로에 긍정적인 영향을 미치는 경우가 '계획된 우연'이며 진로 상담자는 이것을 촉진해야 하며, 진로상담의 4가지 기본 가정을 다음과 같이 제시했다.

1) 진로상담 목표는 내담자가 하나의 진로의사결정을 하는 것을 돕는 것이 아니라, 삶을 가장 만족하며 살 수 있도록 행동하는 것을 배우도록 도와주는 것이다. 진로 상담자는 내담자의 삶에서 우연하게 일어나는 일들을 자신의 진로에 유리하게 적용할 수 있도록 도와야 하는 기술은 다음과 같다.
① 호기심(curiosity): 새로운 학습기회를 탐색하는 것이다.
② 인내심(persistence): 좌절에도 불구하고 지속적으로 노력하는 것이다.
③ 유연성(flexibility): 태도와 상황을 변화시키는 것이다.
④ 낙관성(optimism): 새로운 기회를 긍정적으로 보는 것이다.
⑤ 위험감수(risk taking): 불확실한 결과를 감수하고 행동하는 것이다.

2) 개인의 특성에 맞는 구직을 하기 위해서가 아니라, 내담자의 새로운 학습을 촉진하기 위하여 진로와 관련된 심리검사를 사용한다. 진로선택 사회학습 이론이 기초가 된 진로신념 검사(CBI)는 크룸볼츠가 개발한 검사로써 진로결정과정에서 개인이 사용하는 비합리적, 비논리적인 신념을 확인하고 자기 지각관과 세계관의 문제점을 파악하기 위하여 개발되었다. 즉, 장애와 인지적 왜곡을 밝혀주는 검사이다. 또한 진로 목표를 성취하기 위한 새로운 선택사항들과 대안적인 방법들을 발견하도록 한다.

3) 탐색적 활동에 집중하면서 우연한 사건을 유용하게 활용할 수 있다는 것을 알게 된다. 삶에서 계획하지 않았던 일은 피할 수도 없고 위험이 따르기도 한다. 한편 실수는 어쩔 수 없지만 다른 또 하나의 학습 기회가 되기도 한다. 따라서 크룸볼츠는 새로운 취미 찾기, 인턴십 지원하기, 지도자에

자원하기 등의 무슨 활동이나 일에든 적극적으로 할 것을 권장하고 있다. 그리고 계획하지 않은 일을 잘 관리하기 위해서 다음과 같은 세 가지 단계를 밟아야 한다고 제안한다.

1단계는 예상 밖의 일이 발생 전에 미리 그 일을 경험할 수 있도록 조치를 취한다. 2단계는 그 일이 발생 중에는 가능한 기회가 무엇인지 모색한다. 3단계는 그 일의 발생 후에는 그것이 본인에게 유리하게 작용할 수 있는 활동을 취한다.

4) 상담의 성공 여부는 내담자가 상담실 밖의 현실에서 무엇을 성취했는가에 달렸다. 상담자들이 내담자와 상담 시 적극적 경청을 하는 것은 내담자가 자신의 현실 세계에서 만족하는 궁극적인 목적을 성취하기 위한 것이다. 따라서 상담자는 내담자와 같이 내담자의 상담실 밖 현실 세계에서 어떤 학습 활동을 할 것인가에 대한 계획을 수립하는 것이다.

Lent렌트, Brown브라운, Hackett헤켓의 사회인지진로 이론은 크룸볼츠의 진로선택 사회학습 이론과 같이 반두라의 사회학습 이론을 진로상담에 적용한 대표적인 이론이다. 이 이론은 학습과정과 신념이 진로의사결정 과정과 진로준비행동을 하는 데 미치는 영향을 밝히는 데 초점을 두고 있다. 그리고 진로발달과정에서는 타고난 능력, 환경적 상황과 사건 그리고 학습경험 등의 객관적인 요소와 더불어 이에 대한 개인의 인지적 해석을 중요하게 여기고 있다. 이 이론은 진로선택과 진로준비행동 과정을 가장 광범위하게 보여주는 진로발달 모형이다.

1) 이론의 내용

(1) 기본 가정과 상담목표

기출 문제

■ 사회인지진로 이론(SCCT)의 **3가지 기본 가정과 상담 목표**, 그리고 진로발달이론의 기본 가정과 상담목표를 기술하시오('4. 진로발달 이론' 문제 참조).

2009년		2010년		2011년		2012년		2013년		2014년		2015년		2016년		기출 횟수
1회	2회	1회	2회	1회	2회	1회	2회	1회	2회	1회	2회	1회	2회	1회	2회	
	1			1												

2017년		2018년		2019년		2020년		2021년		2022년		2023년			
1회	2회	1회	2회	1회	2회	1회	2회	1회	2회	1회	2회	1회	2회		10
	1				1	1		1	1	1			1	1	

 해답

사회인지진로 이론(SCCT)은 진로상담은 능력, 가치관, 흥미뿐만 아니라 진로발달과 선택의 주요 결정요인인 자기효능감, 결과 기대, 목표 등의 3가지 변인의 중요성을 강조하며, 이 3가지 변인을 바람직하게 변화시킬 수 있는 경험을 제공하는 데 초점을 맞춘다. 즉, 내담자 자신이 부적절한 자기효능감을 발견할 수 있도록 하고, 잘못된 진로결정을 할 수 있는 결과에 대한 비현실적인 기대를 확인하도록 조력하는 것이다.

1) 사회인지진로 이론의 진로상담의 3가지 가정

이 이론의 진로상담 모형은 다음과 같은 3가지 기본 가정(지침, 원리)을 제시하고 있다.

① 내담자가 비현실적이라고 느꼈거나 부적절한 자기효능감이나 결과 기대 때문에 배제한 대안에 대하여 확인한다.
② 내담자가 가능성 있는 대안을 배제하게 한 진로장벽에 대하여 확인하고 평가한다.
③ 내담자의 잘못된 직업정보와 적절하지 못한 자기효능감을 수정한다.

사회인지진로 이론의 진로상담은 낮은 자기효능감과 결과 기대가 진로 미결정의 주원인으로 판단하고 자기효능감과 결과 기대를 현실화하여 확장된 진로의 대안에서 선택할 수 있도록 돕는 것이다.

2) 사회인지진로 이론의 상담 목표

이 이론의 상담 목표는 다른 상담과 마찬가지로 내담자가 직업 성격의 중요한 측면과 일치하는 진로 선택을 하도록 조력하는 것이다. 즉, 진로상담의 최종 목표는 내담자가 능력, 흥미 그리고 가치관과 일치하는 직업을 찾도록 돕는 것이다. 이 이론의 구체적인 상담 목표는 다음과 같다.

① 1차 목표

첫째, 자기효능감을 높이는 것이다. 진로상담 과정에서 내담자가 당면한 객관적인 현실 자체보다는, 객관적 현실에 대한 내담자의 인지적 판단을 중요하게 생각하기 때문에 내담자의 자기효능감을 점검하고 강화해야 한다. 진로상담 과정에서 내담자의 진로결정에 대한 자기효능감, 구직준비 행동과 직무수행에 대한 자기효능감 등을 다각도로 탐색할 필요성이 있다. 자기효능감을 강화하는 요인으로는 성공적인 경험, 대리학습, 언어적 설득 그리고 정서·생리적인 경험을 들 수 있다. 내담자가 스스로 특정 영역에서 무엇을 이루어 낼 수 있는 사람이라고 믿게 하는 것이다.

둘째, 긍정적이고 현실적인 결과 기대를 갖는 것이다. 결과 기대는 자신이 어떠한 일을 했을 때 그 결과가 자신에게 얼마나 만족스러운지에 대한 예측이다. 즉 자신의 성공적인 수행에 대한 자신에게 다가올 보상에 대한 기대이다. 직업 선택에 있어 현실적으로 내담자가 긍정적인 결과가 기대되는 직업 영역을 탐색하는 것이다. 결과 기대를 하기 위해서는 구인동향, 직무 내용, 안정성, 연봉, 복리후생 등등의 구체적인 근무조건을 파악하고 분석해야 한다.

셋째, 목표를 수립하는 것이다. 자기효능감이 높고, 결과 기대도 긍정적인 영역의 진로를 목표로 설정하는 것이다. 목표 수립은 단시간에 성과가 나타나지 않지만 장기간 동안 필요한 행동을 조직, 실행하고 유지하는 데 도움이 된다.

② 2차 목표

넷째, 진로 장벽을 인식하며 제거하는 것이다. 1차 목표가 달성되면 진로준비 행동도 활성화되겠지만, 내담자의 자기효능감 부족, 부정적인 결과 기대, 비능률적인 구직활동 등등의 환경적 조건이 장벽으로 작용할 수 있다. 따라서 상담자는 내담자가 진로준비행동에 대한 구체적인 계획을 수립할 수 있도록 하고, 그 실행 과정을 저해하는 진로장벽을 인식하여 여러 상담기법을 동원하여 이를 제거하는 방안을 모색하고 도와야 한다.

이와 같이 사회인지진로 이론의 진로상담은 3가지 가정을 기본으로 내담자에게 구체적으로 상담 목표를 설정한다고 볼 수 있다.

사회인지진로 이론의 진로상담에서는 결과 기대와 같은 가치평가와 욕구를 고려하고, 내담자가 직업에 대한 결과 기대와 연관된 정보를 제공하는 미네소타 직업가치 검사를 고려하는 것도 중요하다.

(2) 진로발달과 선택의 결정요인

■ 사회인지진로 이론(SCCT)에서 **진로의사결정 과정과 관련하여 3가지 영역으로 구분하고(진로선택 결정 요인 3가지)**, 3가지 기본 모델에 대하여 기술하시오.

2009년		2010년		2011년		2012년		2013년		2014년		2015년		2016년		기출 횟수
1회	2회	1회	2회	1회	2회	1회	2회	1회	2회	1회	2회	1회	2회	1회	2회	
	1															
2017년		2018년		2019년		2020년		2021년		2022년		2023년				
1회	2회	1회	2회	1회	2회	1회	2회	1회	2회	1회	2회	1회	2회			1

해답

사회인지진로 이론의 경험과 환경에 대한 개인의 인지적 결정이 진로발달과 선택에 중요한 역할을 한다는 것이 가장 큰 차별성이라고 볼 수 있다. 이때 진로발달과 진로선택의 결정요인은 자기효능감, 결과 기대, 목표 등의 3가지가 있다. 이 중에서 자기효능감은 이 이론이 태동할 때부터 가장 관심을 많이 받은 개념이다.

1) 자기효능감(self-efficacy)

자기효능감은 반두라가 처음 사용한 용어로써 자신이 계획한 일을 수행하기 위하여 요구되는 행동을 조직하고 실행하는 자신의 능력에 대한 굳은 신념을 말한다. 반두라는 개인이 행동을 실행하기 위해서는 무엇을 할 수 있는지가 아니라, 무엇을 해낼 수 있다는 자신감이 행동의 실행을 결정한다고 가정한다. 특정 영역에 대하여 자기효능감이 높으면 그 영역에 계속 몰입할 가능성이 높아진다. 자기효능감은 주로 개인의 과거 성공 경험, 대리학습, 언어적 설득, 그리고 생리적 반응에 의해 영향을 받아 형성되고 변화된다. 이 요인 중에서도 가장 영향력 있는 요인은 개인의 과거 성공 경험으로 알려져 있다.

사회인지진로 이론은 진로선택이 개인과 환경 변인 사이의 단순한 조합의 결과가 아니라고 보고, 자기효능감이라는 인지적 개념을 도입하여 개인의 진로선택에 대한 요인을 충분하게 탐색하는 데 공헌하였다.

2) 결과 기대(outcome expectations)

반두라는 어떤 행동으로 인해 어떤 결과를 가져올지를 알면서도 스스로 그 행동을 성공적으로 해낼 수 있다는 확신을 못하면 그 기대에 따라 행동하지 않기 때문에 결과 기대는 자기효능감과 구분되어야 한다고 했다. 결과 기대는 특정한 행동을 수행함으로써 얻어질 성과에 대한 개인적인 예측을 말하며, 그러한 신념은 다양한 학습경험을 통해서 얻어진다. 진로 관련 행동을 하면서 직접 경험, 타인의 성과 관찰, 매스컴이나 사회적인 인식 등을 참고하여 특정 진로에 대한 성과를 예측하고, 그러한 성과 예측의 결과를 진로선택에 반영한다. 진로 발달과 관련해서 결과 기대는 자기효능감과 독립적으로 역할을 하는 것이 주를 이룬다.

3) 목표(personal goals)

개인적인 목표는 어떤 활동에 몰두하려는 결심 또는 미래의 성과에 영향을 미치려는 결심을 말한다. 즉, 내담자는 미래의 행동을 조직하고 방향을 정하기 위해 목표를 활용한다. 목표가 분명하고 확고하게 설정되어 있으면 진로발달 및 선택과 같은 복합적이고 장기적인 과제에 지속적으로 몰입하는 데 큰 도움이 된다. 진로에서 목표는 진로선택과 의사결정이론에서 일반적으로 널리 사용되고 있는데, 진로계획, 진로포부, 의사결정, 진로선택 등이 모두 목표에 해당된다고 볼 수 있다.

자기효능감, 결과 기대, 그리고 목표는 서로 상호작용하면서 내담자의 진로의사결정에 영향을 미친다. 즉, 자기효능감이 높고 긍정적인 결과 기대의 목표 설정 ➡ 목표에 대한 확신성 높음 ➡ 목표를 성취할 적극적 행동 ➡ 목표 성공 가능성 높임 ➡ 특정영역에서 성공 ➡ 특정 영역에 대한 자기효능감과 결과 기대를 높일 수 있다.

(3) 3가지 기본모델

■ 사회인지진로 이론(SCCT)에서 진로의사결정 과정과 관련하여 3가지 영역으로 구분하고(진로선택 결정 요인 3가지), **3가지 기본 모델**에 대하여 기술하시오.

2009년		2010년		2011년		2012년		2013년		2014년		2015년		2016년		기출 횟수
1회	2회	1회	2회	1회	2회	1회	2회	1회	2회	1회	2회	1회	2회	1회	2회	
	1															
2017년		2018년		2019년		2020년		2021년		2022년		2023년				
1회	2회	1회	2회	1회	2회	1회	2회	1회	2회	1회	2회	1회	2회			1

해답

렌트 등의 사회인지진로 이론의 기본 모델은 반두라의 사회학습이론(사회인지이론)에 기초하고 있으며, 진로발달과 관련하여 흥미발달 모형, 선택 모형, 수행 모형 등 3가지 진로모형을 명명하면서 제시하였다. 렌트 등은 이 진로 모형은 학업에서의 흥미 발달, 선택, 수행 과정도 포함한다고 강조한다. 이 3가지 기본모델을 각각 살펴보면 다음과 같다.

1) 사회인지진로 이론의 흥미 발달 모형(SCCT's interests model)

① 자기효능감과 결과 기대는 개인의 흥미 발달에 직접적인 영향을 미친다. 사람들은 어떠한 일을 수행할 때 자신은 충분히 할 수 있다는 능력이 있거나, 결과 기대가 가치 있다고 생각할 때 흥미가 계속 유지되는 반면, 능력이 부족하거나 결과 기대가 긍정적이지 못할 경우에는 흥미가 점차 낮아지는 경우가 많다. 즉, 흥미는 자기효능감과 결과 기대로 인해 형성되고 예측된다.

② 아래 그림과 같이 흥미 발달 모형은 자기효능감과 결과 기대는 ➡ 흥미에 영향을 미치고 ➡ 흥미는 활동의 목표에 영향을 미치며 ➡ 목표는 활동 선택 및 실행을 하게 되어 ➡ 결국 수행결과에 차례대로 영향을 미친다.

③ 개인은 어떤 분야에 흥미를 가지게 되는 경우, 그 특정 활동을 수행하기 위해 지속적으로 열의를 가지고 노력하게 된다.

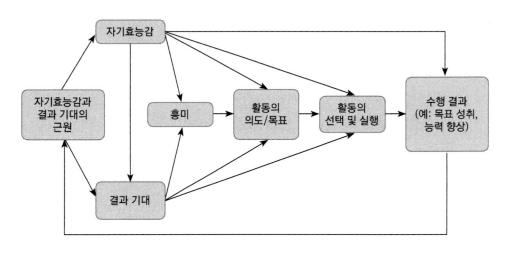

[그림 1-14] 사회인지진로 이론의 흥미 발달 모형

2) 사회인지진로 이론의 선택 모형(SCCT's choice model)

다음의 선택 모형은 흥미 발달 모형과 수행 모형을 내포한 포괄적인 모형이다.

① 아래 그림과 같이 선택 모형은 개인적 배경(성격, 성별, 인종, 장애, 건강상태
등)과 그를 둘러싼 환경적 배경이 ➡ 학습경험에 영향을 미치고 ➡ 이
학습 경험은 자기효능감과 결과 기대에 영향을 미친다. 흥미 발달 모형에
서 전술했듯이 자기효능감과 결과 기대는 ➡ 흥미에 영향을 미치고 ➡
흥미는 활동의 목표에 영향을 미치며 ➡ 목표는 활동 선택 및 실행을 하
게 되어 ➡ 결국 수행결과에 차례대로 영향을 미친다.

② 따라서 흥미는 단순히 자기효능감이나 결과 기대에 의해서 형성되는 것이
아니다.

③ 렌트 등은 진로를 선택하는 과정에서는 목표선택, 목표성취를 위한 활동
그리고 활동의 결과 등이 모두 포함되어야 된다고 주장한다.

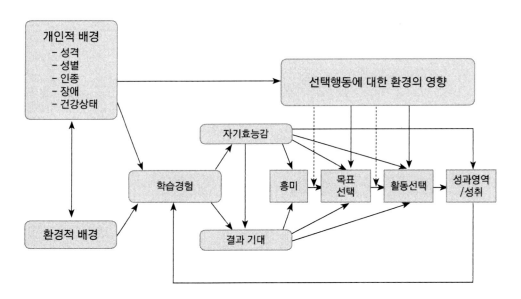

[그림 1-15] 사회인지진로 이론의 선택 모형

3) 사회인지진로 이론의 수행 모형(SCCT's performance model)

수행 모형은 개인의 능력과 과거수행 성취도가 ➡ 자기효능감과 결과 기대에 영향을 미치고 ➡ 이것이 수행 목표에 영향을 주면서 ➡ 성취수준으로 연결된다. 즉, 과거의 행동이 미래 행동의 자기효능감과 결과 기대에 영향을 미친다는 것이다. 이러한 기대가 개인이 스스로 결정하는 수행목표에 영향을 미치고 이 수행목표는 성취수준에 영향을 미친다.

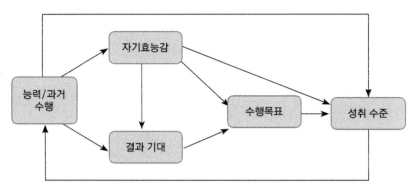

[그림 1-16] 사회인지진로 이론의 수행 모형

선택 모형과 흥미 발달 모형은 개인이 근무하고 싶어 하는 영역 또는 구체적인 직업과 같은 진로 선택의 내용을 포함한다. 수행 모형은 이미 개인이 선택한 영역에서 요구하는 수행의 수준을 예측한다.

2) 이론의 적용

예상 문제

■ 사회인지진로 **이론의 적용**에 대하여 기술하시오.

2009년		2010년		2011년		2012년		2013년		2014년		2015년		2016년		기출 횟수
1회	2회	1회	2회	1회	2회	1회	2회	1회	2회	1회	2회	1회	2회	1회	2회	

2017년		2018년		2019년		2020년		2021년		2022년		2023년	
1회	2회	1회	2회	1회	2회	1회	2회	1회	2회	1회	2회	1회	2회

진로상담에서 사회인지진로 이론의 실질적인 적용은 다음과 같다.

1) 상담자는 현재 진로 상태를 형성하는 데 도움이 된 내담자의 학습경험 및 과정의 중요성을 검토하도록 조력해야 한다.

2) 내담자의 학습경험이 진로계획에 대한 자기효능감과 자기 확신을 형성하는 데 어떠한 도움이 되었으며, 이 학습경험이 내담자의 결과 기대와 진로 흥미를 형성할 수 있는가에 대하여 확인해야 한다.

3) 내담자의 진로와 관련된 자기효능감이 어떻게 발달했으며, 그 발달과정에서 어떠한 진로장벽을 경험했는가에 대하여 검토하는 것이 유용하다.

4) 내담자의 자기효능감 형성 시 개인적인 배경을 신중하게 검토해야 한다.

5) 내담자의 과거 수행과 수행 목표에 대한 인식을 검토하는 것이 유용하다. 내담자의 자기 효능감과 미래 성취 수준과 관련하여 결과 기대를 확인해야 한다.

6) 상담자는 내담자가 긍정적이며 현실적인 기대를 검토하도록 조력하는 것이 주요 역할이다. 그리고 상담자는 자신의 기대를 충족시키기 위한 내담자의 구체적인 목표를 발달시킬 수 있도록 조력해야 한다.

Cheer Up

여러분은 이제 본 책의 제1장을 마치면서 직업상담사 1급 2차 실기 시험을 준비하기 위해 심리적 기준으로 봤을 때 얼추 절반의 분량을 마쳤다. 저자가 2009년부터 2023년까지의 기출 문제 분석 결과를 토대로 엮은 책이기에 본 책의 내용만으로도 시험 준비에는 충분하다. 하지만 직업상담 이론을 더 학습하고픈 분에게는 참고 문헌에 있는 다음과 같은 책을 적극 추천한다.

• Swanson과 Frouad(2005)의 『사례로 배우는 진로 및 직업상담』
• 김봉환 외(2023)의 『진로상담 2판』
• 황매향 외(2013)의 『심층 직업상담』

직업상담사 1급 자격 취득 자기효능감을 가져라. Cheer Up!

1. 스트롱흥미도 검사(SII: Strong Interest Inventory)

 기출 문제

- 스트롱흥미도 검사(SII)의 의미, 해석과정과 척도를 기술하시오.

	2009년		2010년		2011년		2012년		2013년		2014년		2015년		2016년		기출 횟수
	1회	2회	1회	2회	1회	2회	1회	2회	1회	2회	1회	2회	1회	2회	1회	2회	
	1	1		1	1	1	1	1	1	1	1	1	1	1	1	1	
	2017년		2018년		2019년		2020년		2021년		2022년		2023년				
	1회	2회	1회	2회	1회	2회	1회	2회	1회	2회	1회	2회	1회	2회			28
	1	1	1		1	1	1	1	1	1	1	1	1	1			

 해답

1) 스트롱흥미도 검사(SII)의 의미

홀랜드 이론을 기초로 한 스트롱흥미도 검사(SII)는 Harmon하몬 등에 의해 개발되었으며 역사가 가장 길다. 이 검사는 1927년 10개의 직업척도를 시작으로, 1985년 Campbell캠벨과 공동 작업으로 직업척도 외에 일반직업 분류(GOT)와 그 하위 척도인 기본흥미 척도(BIS) 그리고 특수 척도(SS)를 추가로 구성하여 검사 이름을 SCII(Strong-Campbell Interest Inventory)로 개칭했다가, 1994년도에 대폭 개정 작업을 하여 개인특성 척도(PSS)를 추가해 현재 사용하고 있는 스트롱흥미도 검사가 되었다.

이 검사는 흥미가 비교적 항상적이며 특정 직업에 업무하고 있는 사람은 거의 유사한 흥미를 가진다는 전제하에 개발되었다. 직업적 활동에 대한 개인의 반응을 선택하게 한 후, 직업영역 및 그 이외 영역의 흥미를 측정하는 검사이다.

2) 척도

스트롱흥미도 검사의 세부적인 검사 척도는 다음의 표와 같다. 스트롱흥미도 검사는 일반직업 분류 6개(GOT: general occupational themes)와 그 하위 척도인 기본흥미 척도 25개(BIS: basic interest scales), 211개의 직업척도(OS: occupational scales) 그리고 개인특성 척도 4개(PSS: personal style scales)로 구성되어 있으며, 총 317문항에 '좋아한다-모른다-싫어한다' 또는 '예-아니오'로 응답한다.

〈표 2-1〉 스트롱흥미도 검사의 척도

상위척도 (GOT)	하위척도(BIS): 25개	직업척도 (OS)	개인특성 척도(PSS)
현실형(R)	농업, 자연, 군사 활동, 운동경기, 기계관련 활동	211개	업무유형 학습유형 리더십유형 모험심유형
탐구형(I)	과학, 수학, 의학		
예술형(A)	음악/드라마, 미술, 응용수학, 글쓰기, 가정/가사		
사회형(S)	교육, 사회봉사, 의료봉사, 종교 활동		
기업형(E)	대중연설, 법/정치, 상품유통, 판매, 조직관리		
관습형(C)	자료관리, 컴퓨터 활동, 사무활동		

cf: 한국어판 스트롱 흥미도 검사는 직업척도(OS)가 없음.

① 일반직업 분류(GOT)

홀랜드의 직업선택 이론이 반영되어 흥미에 대한 가장 포괄적인 척도로 다음 그림과 같이 6가지의 직업적 성격유형인 현실형(R: realistic), 탐구형(I: investigative), 예술형(A: artistic), 사회형(S: social), 기업형(E: enterprising), 관습형(C: conventional)을 성별 표준점수로 나타낸다. 일반직업 분류는 자신의 보편적인 흥미 패턴이다.

상위 척도(GOT)의 의미(특성)는 다음과 같다.
- 현실형(R): 기계, 도구, 동물 등에 관한 체계적인 조작활동을 좋아하나 대부분 사회적 기술이 부족하다. 이 유형에 속하는 대표적인 직업은 기술자이다.
- 탐구형(I): 분석적이고 호기심이 많으며 조직적이고 정확하나 대부분 리더십이 부족하다. 이 유형에 속하는 대표적인 직업은 과학자이다.
- 예술형(A): 독창적이고 표현이 풍부하나 비순응적이고 규범적인 기술이 부족하다. 이 유형에 속하는 대표적인 직업은 음악가와 미술가이다.
- 사회형(S): 다른 사람과 함께 일하고 사람을 돕는 것을 좋아하나 질서정연하고 조직 활동을 싫어하고 기계적이고 과학적인 능력이 부족하다. 이 유형에 속하는 대표적인 직업은 사회복지사, 교육자, 상담사이다.
- 기업형(E): 조직이나 단체 목표를 달성하기 위해 타인을 설득하는 것을 좋아하나 상징적이고 체계적인 활동은 싫어하며 과학적인 능력이 부족하다. 이 유형에 속하는 대표적인 직업은 기업경영인, 정치가이다.
- 관습형(C): 자료와 기록을 체계적으로 잘 정리하고 자료를 재생산하는 것을 좋아하나 심미적 활동은 싫어한다. 이 유형에 속하는 대표적인 직업은 경리, 사서이다.

[그림 2-1] 스트롱흥미도 검사의 일반직업 분류

② 기본흥미 척도(BIS)

일반직업 분류의 하위 척도이며 특정한 흥미들로 세분화 한 것이다. 실제로 상관이 높은 문항끼리 집단화시켜 특정 활동 및 주제에 대한 25개의 세부척도로 구성되어 성별 표준점수로 나타낸다. 기본흥미 척도 항목에 대한 응답점수를 비교함으로써 6가지 흥미유형 점수에 대하여 보다 구체적인 정보를 얻는다.

③ 직업척도(OS)

이 척도는 다른 직업에 종사하는 사람의 흥미 특징과 자신과의 유사성 정도를 나타내며, 유사성이 높을수록 직무만족이 높을 것이라는 가정을 둔다. 프로파일은 6개의 일반직업 분류 유형과 관련성 있게 유형화했으며, 100여 개의 직업에 대한 자신의 점수를 나타낸다. 자신의 점수가 40점 이상이면 그 직업에 종사하는 사람과 유사한 흥미가 있어 그 일을 즐길 것이고(similar results: interests), 30~39점이면 약각 흥미가 있어 그 일을 조금 즐길 것이며(midrange results: some interests), 29점 이하면 거의 흥미가 없어 그 일을 즐기지 않을 것(dissimilar results: few interests)을 나타낸다.

④ 개인특성 척도(PSS)

일상생활과 일의 세계와 관련된 광범위한 특성에 대하여 개인이 선호하고 편안한 느낌을 측정하며 다음과 같이 4개의 척도로 구성되었다.

- 업무유형(work style): 사람들과 함께 일하는 것을 어느 정도 선호하는지 나타낸다.
- 학습유형(learning style): 실습으로 직접 배우는 것을 선호하는지, 책이나 전통적인 수업 방법을 통해 배우는 것을 좋아하는지를 측정한다.
- 리더십유형(leadership style): 리더로서 다른 사람을 이끄는 것을 선호하는 정도를 측정한다.
- 모험심유형(risk taking/adventure): 위험을 감수하는 활동에 대한 흥미 정도를 측정한다.

개인특성 척도는 일반직업 분류나 기본흥미 척도로 측정된 개인의 직업흥미에 대해 보완하고 설명해 주는 기능을 갖는다.

3) 해석

스트롱흥미도 검사의 해석은 다음과 같은 순서로 한다.

① 검사의 타당도를 확인하기 위하여 타당도 지수를 검토해야 한다. 타당도 지수에는 문항반응백분율 지수(LID: like, indifferent, dislike), 총 응답지수(TR: total response), 희귀응답지수(IR: infrequent response) 등이 있다. 문항반응 백분율 지수(LID)는 8개 응답지표에 대한 응답자의 선택 비율을 나타낸다. 8개 응답지표는 직업, 교과목, 활동, 여가활동, 사람들 유형, 특성, 선호활동, 일의 세계 등이 있다. 총 응답지수(TR)는 전체 317개 문항 중 실제 응답한 문항 수를 의미하며, 300 이하인 경우 검사를 해석하지 않는 것이 바람직하다. 희귀응답지수(IR)는 검사의 신뢰도 문제로써 남성의 경우 7점 이하, 여성의 경우 5점 이하일 경우 정상적인 검사 결과로 보기 어려우며, 음수가 나왔을 때는 문제 있는 검사 결과로 간주해야 한다.

② 일반직업 분류(GOT): 높은 점수를 받은 3개 코드와 점수를 검토한다.

③ 기본흥미 척도(BIS): 높은 점수를 받은 5개 명칭과 점수를 검토한다.

④ 직업척도(OS): 높은 점수를 받은 직업의 명칭과 점수를 검토한다.

⑤ 개인특성 척도(PSS): 4개의 척도결과를 검토한다.

⑥ 기타 고려 사항을 검토한다(전공, 희망직업, 현실적인 고려 사항 등).

⑦ 앞의 ②~⑤를 포괄하여 통찰하고 자신의 일반직업 분류(GOT) 코드를 확정한다.

⑧ 일반직업 분류(GOT) 코드와 관련된 직업정보를 탐색한다.

⑨ 직업과 관련된 추후 실천계획을 수립한다.

 기출 문제

---

1. 다음의 상담사례를 C-DAC 모형을 적용하여 스트롱흥미도 검사(SII) 결과를 해석하고 상담을 개입하시오(각 도구의 영역별 점수 제시됨).

○○세 A씨는 가정에서는 장남으로 학업성적은 중간 정도로 고등학교 대학 진학반에 있으며 야구부 활동을 하고 있다. A씨는 4년제 대학에 진학하고 싶고 프로야구 선수가 꿈이다. A씨는 현재 아르바이트를 하지 않지만, 예전에는 케이블 TV에서 아르바이트 한 경험이 있다. 그의 아버지는 자동차 수리공이며 A씨가 프로야구 선수가 되길 원하고, 어머니는 전업주부이며 A씨가 평범한 회사원이 되길 원한다.

2. A씨의 상담사례를 C-DAC 모형으로 상담을 할 때 다루어야 할 주제와 이슈를 기술하시오. ☞ 2번 문제는 '1장. 진로 이론'의 '4. 진로발달 이론' 부분에서 기술함.

2009년		2010년		2011년		2012년		2013년		2014년		2015년		2016년		기출 횟수
1회	2회	1회	2회	1회	2회	1회	2회	1회	2회	1회	2회	1회	2회	1회	2회	
					1				1				1		1	
2017년		2018년		2019년		2020년		2021년		2022년		2023년				
1회	2회	1회	2회	1회	2회	1회	2회	1회	2회	1회	2회	1회	2회			6
1					1											

상위척도 (GOT)	현실형(R)		탐구형(I)	예술형(A)	사회형(S)		기업형(E)	관습형(C)
	57		62	56	59		53	52
하위척도 (BIS)	자연 농업	시각 예술/ 디자인	과학	교육	사무 관리	기계/ 건설	관리	수학
	67	61	59	58	57	55	54	54
직업척도 (OS)	버스 기사		농부	전기공	컴퓨터 프로그래머		식당 매니저	기계 제작자
	42		41	39	35		34	29

※ 저자가 임의의 점수를 영역별로 기입함.

 해답

C-DAC 모형을 적용하여 스트롱흥미도 검사(SII) 결과를 해석하고 상담을 개입하시오[C-DAC 모형 3단계: 직업적 정체성 평가 부분 중의 일부분임(흥미)].

1) 일반직업 분류(GOT) 결과

GOT 결과유형은 ISR로써 탐구형, 사회형, 현장형 순으로 나타났다.

① 탐구형(Investigative)

탐구형의 사람은 호기심이 많으며 이해가 안 되면 이해될 때까지 관찰하고 실험하며 분석하는 것을 좋아한다. 권력 추구나 남을 설득하기보다는 혼자 관심 있는 분야에 몰두하기 때문에 비사교적으로 보일 수 있다. 이들은 자신의 커리어 선택에 독립적인 경향이 있고, 학문과 연구 환경을 가장 편안하게 느낀다. 이들은 발견, 분석, 연구, 문제를 해결하며 자신의 호기심을 충족시키는 것과 심사숙고하기를 좋아하는 사상가이다. 또한, 스스로 지적, 창조적, 학구적, 비판적, 수학이나 과학에 능력이 있다고 생각한다.

② 사회형(Social)

사회형의 사람은 다른 사람과 지내는 것을 좋아하고, 남을 돕고 서비스하면서 사람들과 관계 맺는 것을 좋아하며 남의 행복과 발전에 관심이 많다. 대부분 혼자보다는 단체 활동을 하고, 책임을 공유하며 관심이 집중되는 것을 즐긴다. 타인과 의견을 상호교류하며 문제해결을 하고자 하고, 친절, 협동적, 활발하며 이해심이 많고 다정한 성격이다. 이들은 논리나 분석을 하는 활동, 경쟁 상황, 사물만을 대상으로 하는 활동을 꺼리는 경향이 있다.

③ 현장형(Realistic)

현장형의 사람은 보통 신체가 강인하고 실질적이며 솔직하고 끈기가 있다. 신체능력은 뛰어나지만 생각이나 감정을 언어로 표현하는 것을 어려워해 친밀한 대인관계를 요구하는 상황에서 힘들 수도 있다. 이들은 매우 검소하고 독립적이다. 추상적, 개념적인 것보다는 실용적이고 실제적인 데에 더 많은 관심을 갖고 있다. 어떤 문제를 해결할 때 변화보다는 전통적인 가치를 더 소중히 여기는 경향이 있다. 현장형의 사람은 사교생활과 책상에 앉아 있는 것은 별로 좋아하지 않을 수 있고, 단체생활보다는 소수 또는 혼자 일하는 것을 더 선호한다.

2) 기본흥미척도(BIS) 결과

기본흥미척도는 피험자의 흥미 패턴에 대한 보다 더 구체적인 정보로써 A씨가 어떤 활동이나 주제를 좋아하는지에 대해 상세한 정보를 제공해 준다. 기본흥미척도에서 가장 높은 점수를 받은 5개는 다음과 같다.

① 자연/농업

매우 높은 흥미로 나타났으며 전형적인 흥미 분야는 농업, 자연감상, 신체활동에 대한 흥미이다.

좋아하는 학습 활동	일하고 싶은 곳	좋아하는 활동
농업 축산학 생태학 원예학 산림학	농장, 목장 농촌진흥청 자연보호구역 온실, 묘목장 환경단체	환경 정책 홍보하기 동물 기르기/분양하기 농장/목장 경영하기 화초/채소 재배하기 산책하기

② 시각예술/디자인

높은 흥미로 나타났으며 전형적인 흥미 분야는 시각 및 공간적 예술에 대한 흥미이다.

좋아하는 학습 활동	일하고 싶은 곳	좋아하는 활동
건축 사진 제도 만화 회화/소묘	건축회사 사진 스튜디오 삽화 디자인 부서 상업미술, 디자인 회사	건축 설계하기 홍보물 장착하기 삽화/도식 그리기 실내 공간 디자인하기

③ 과학

높은 흥미로 나타났으며 전형적인 흥미 분야는 자연과학에 대한 흥미이다.

좋아하는 학습 활동	일하고 싶은 곳	좋아하는 활동
물리학 화학 생물학 지질학 해양학	대학교 과학재단 실험실 박물관 연구소	실험하기 원리에 대한 탐구하기 과학 장비 다루기 과학 수업 가르치기 과학적 이론 탐구하기

④ 교육

높은 흥미로 나타났으며 전형적인 흥미 분야는 아동이나 청소년들을 지도하는 것에 대한 흥미이다.

좋아하는 학습 활동	일하고 싶은 곳	좋아하는 활동
다양한 학문 분야 인간발달 아동 보육학 교육학 사회과학	유치원/초등학교 중학교/고등학교 전문대학	청소년 가르치기 설명하기 동기 부여하기 교육과정 계획하기

⑤ 사무관리

높은 흥미로 나타났으며 전형적인 흥미 분야는 사무활동이나 관리에 대한 흥미이다.

좋아하는 학습 활동	일하고 싶은 곳	좋아하는 활동
상업교육 행정/관리 시간 관리 회계 문서 작성 장부정리	은행 병원 접수대 인사관리부서 데이터 입력 센터 구매부서	사무 기록 정리하기 사무기기 다루기 재고 조사/관리하기 청구서 결산하기 회의 아젠다/일정 준비하기 직원 고용/감독하기 예산 계획하기

3) 직업척도(OS) 결과

직업척도에서 높은 점수를 받은 직업의 명칭과 점수를 검토하면, 버스 기사, 농부에 종사하는 사람과 자신은 유사한 흥미가 있어 그 일을 즐길 것이며 맨 먼저 탐색해야 할 대상이다. 전기공, 컴퓨터 프로그래머, 식당 매니저도 물론 탐색 고려 대상이다. 그 일에 종사하는 사람과 약간 흥미가 있어 그 일을 조금 즐길 것이다. 기계 제작자에 종사하는 사람과 거의 흥미가 없어 그 일을 즐기지 않을 것이다. 이 직업도 탐색을 고려해야 하지만 아마도 그 일에 종사하는 사람의 흥미와 타입의 공통점이 적을 것이다.

A씨의 일반직업 분류(GOT) 결과유형은 ISR로, 3개 코드는 탐구형, 사회형, 현장형으로 나타났다. 기본흥미척도(BIS)는 자연/농업에 매우 높은 흥미를 보이고

있으며, 그 다음으로 시각예술/디자인, 과학, 교육, 사무관리 순이다. 직업척도 (OS)에서는 자신의 점수가 40점 이상인 직업은 버스 기사, 농부로 나타나 그 직업에 종사하는 사람과 유사한 흥미가 있어 그 일을 즐길 것으로 나타났다. 그 다음으로 30~39점으로 나타난 전기공, 컴퓨터 프로그래머, 식당 매니저 순이며, 흥미가 약간 있어 그 일을 조금 즐길 것으로 나타났다.

이와 같이 일반직업 분류(GOT), 기본흥미척도(BIS), 직업척도(OS)를 종합적으로 살펴볼 때 A씨의 흥미가 정확하게 일치하지는 않는 것으로 보인다. 상담사는 이 결과를 A씨에게 진로와 직업 선택 시 어떻게 유용하게 활용할지 적합한 직업 환경에 대한 정보를 제공해 줄 필요성이 있다.

A씨는 현재 야구를 하고 미래 야구선수를 꿈꾸고 있는데, 일반직업 분류 (GOT)에서 야구선수가 속해 있는 현장형이 3순위로 나타나 진로 선택을 하기 전에 다시 한번 A씨의 흥미를 재 검정 할 필요성이 있어 보인다. A씨가 현재 야구를 하고 미래 프로야구 선수를 꿈꾸는 것은 아버지의 지지와 영향이 있어 그러한 결과가 나왔을 수도 있다. 그러나 기본흥미척도(BIS)에서는 현장형의 자연/농업으로 나타나 신체활동에 높은 흥미를 나타내 어느 정도 야구에 흥미를 가지고 있는 것으로 유추할 수는 있다. 그리고 직업척도(OS)에서도 버스 기사가 가장 높은 점수를 나타낸 점은 A씨가 신체활동을 선호는 하는 것을 어느 정도 지지를 하고 있다. 버스 기사에 가장 높은 점수로 나타난 이유는 아마 자동차 수리공인 아버지의 영향이 있는 것으로 생각할 수 있다.

A씨가 야구가 정말 좋아서 프로야구 선수가 꿈인지, 아니면 대학의 일반 학과 (전공)에 진학해 어머니가 원하는 평범한 회사원을 선택할 것인지에 대해서는 상담자와 다각도로 상담해 볼 필요성이 있다. 현장형보다 더 선호하는 것으로 나타난 탐구형과 사회형과 관련된 진로나 직업에 대해서도 충분히 검토하고 상담해 A씨가 최종적으로 진로를 현명하게 결정할 수 있도록 조력할 필요성이 있다.

※ 참조
- Assesta 온라인 심리검사(https://www.career4u.net)
- CPP의 온라인 평가 시스템 Skills One(https://www.skillsone.com)

MEMO

■ 기술확신 척도(SCI)의 의미, 해석과정과 척도를 기술하시오.

2009년		2010년		2011년		2012년		2013년		2014년		2015년		2016년		기출 횟수
1회	2회	1회	2회	1회	2회	1회	2회	1회	2회	1회	2회	1회	2회	1회	2회	
					1			1			1			1		

2017년		2018년		2019년		2020년		2021년		2022년		2023년				
1회	2회	1회	2회	1회	2회	1회	2회	1회	2회	1회	2회	1회	2회			6
1						1										

 해답

1) 기술확신 척도(SCI)의 의미

홀랜드 이론을 기초로 한 기술확신 척도는 Betz베츠 등에 의해 개발되었으며 스트롱흥미도 검사와 함께 사용되도록 개발되었다. 이 검사는 홀랜드 6각형 모델의 여섯 가지 일반직업 분류의 주제에 따라 일을 해낼 수 있는 능력에 대한 자신의 확신감 수준과 흥미를 측정하는 도구이다. 그리고 스트롱흥미도 검사에서 나타난 세 문자 코드를 지지하며 수검자가 고려할 만한 직업 분야를 알려 준다.

2) 척도

기술확신 척도는 다음의 그림과 같이 스트롱흥미도 검사의 6개 척도가 똑같이 구성되어 있으며, 각 척도에 10개의 문항, 총 60문항에 5점 리커트 척도로 응답한다. 5점(very high)은 매우 높은 수준의 확신이 있음을 의미하며, 1점(very little)은 매우 적은 수준의 확신이 있음을 의미한다.

3) 해석

이 검사는 개인이 관심을 가지고 있는 특정 분야의 기술에 대한 확신과 흥미를 비교해 보는 것이 중요하다. 확신은 경력 성공에 중요한 역할을 하고 흥미는 직업 만족에 중요한 기능을 하기 때문이다.

① 기술확신 주제 코드(SEC): 검사 결과 첫 번째 차트

기술확신 척도 결과는 아래와 같이 6개 영역 중에서 기술확신 주제 코드를 나타낸다. 그리고 가장 자신 있게 성과를 낼 수 있는 활동 영역을 나타내는 전형적인 기술 영역을 요약해서 알려 준다.

TIMES	CODE	CONFIDE SCORE & LEVEL 1 2 3 4 5	SCORE (1-5)	전형적인 기술 영역
Social	S	VERY HIGH	5	교육, 상담, 사회적 서비스
Enterprising	E	VERY HIGH	4.8	판매, 대화, 관리
Conventional	C	HIGH	3.5	재무, 컴퓨터, 조직화
Investigative	I	MODERATE	3.2	연구, 수학, 과학
Artistic	A	LITTLE	2.4	창의력, 음악, 디자인
Realistic	R	VERY LITTLE	1.7	야외 업무, 건축, 수리

[그림 2-2] 기술확신 척도(SCI) 결과 예시

② 기술확신 수준과 흥미 비교: 검사 결과의 두 번째 차트

스트롱흥미도 검사의 결과로 다음의 그림과 같이 기술확신 레벨 결과를 비교 분석하며 해석하는 것이 효과적이다. 기술확신 주제 코드는 흥미 주제 코드 위에 나타난다. 어두운 음영 지역으로 확장된 막대 표시는 매우 높거나 높

은 확신 또는 흥미를 나타내며, 다음으로 확장되는 막대 음영이 옅은 영역은 보통의 확신 또는 흥미를 나타낸다. 이 두 영역 모두에 미치지 못하는 막대는 작거나 아주 작음은 확신 또는 흥미를 나타낸다. 표의 오른쪽에서 커리어 탐색을 위한 내용을 확인할 수 있다.

이 기술확신과 흥미와의 비교를 이용함으로써 개인이 만족하는 커리어, 교육 그리고 레저를 선택하는 데 도움을 준다.

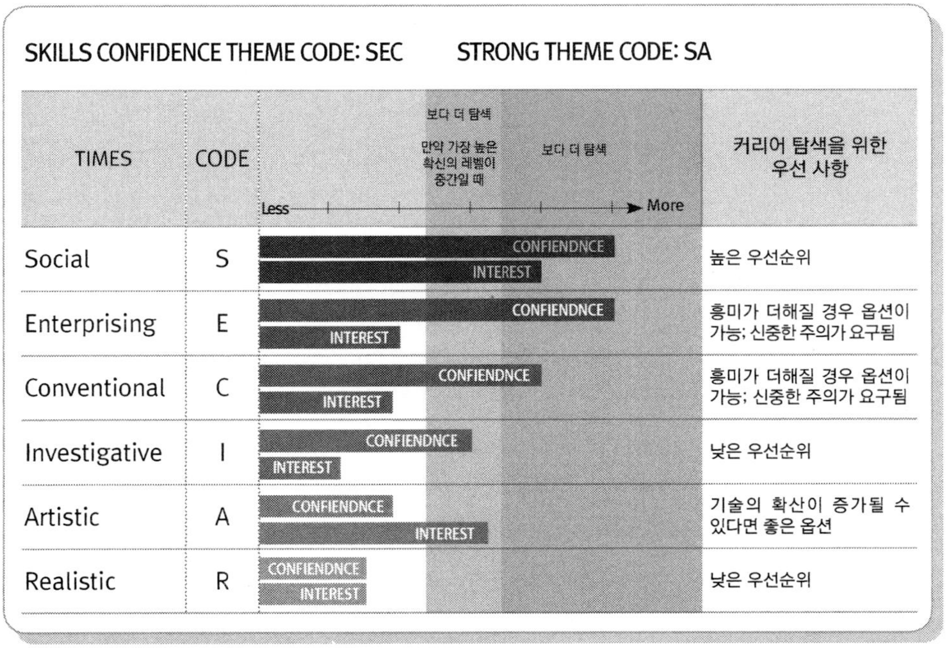

SKILLS CONFIDENCE THEME CODE: SEC
STRONG THEME CODE: SA
TIMES
CODE
보다 더 탐색
만약 가장 높은 확신의 레벨이 중간일 때
보다 더 탐색
Less
More
커리어 탐색을 위한 우선 사항
Social
S
CONFIENDNCE
INTEREST
높은 우선순위
Enterprising
E
CONFIENDNCE
INTEREST
흥미가 더해질 경우 옵션이 가능; 신중한 주의가 요구됨
Conventional
C
CONFIENDNCE
INTEREST
흥미가 더해질 경우 옵션이 가능; 신중한 주의가 요구됨
Investigative
I
CONFIENDNCE
INTEREST
낮은 우선순위
Artistic
A
CONFIENDNCE
INTEREST
기술의 확산이 증가될 수 있다면 좋은 옵션
Realistic
R
CONFIENDNCE
INTEREST
낮은 우선순위

[그림 2-3] 기술확신과 흥미도 비교

위와 같은 검사 해석 결과 다음과 같은 네 가지 경우가 상담에 활용 가능하다.

❶ 모두 높음: 확신감과 흥미가 모두 높은 영역은 우선적으로 탐색해 볼 만한 좋은 진로 영역이다.

❷ 하나라도 높음 1: 확신감이 흥미보다 높은 경우 상담에서 활용한다.

❸ 하나라도 높음 2: 흥미가 확신감보다 높은 경우 상담에서 활용한다.

❹ 모두 낮음: 확신감과 흥미가 모두 낮게 나온 영역은 내담자가 진로 탐색 과정에서 우선순위를 낮게 두는 것이다.

이와 같은 ❶, ❷, ❸ 세 가지 영역이 내담자의 진로 탐색의 방향이다. 이 세 가지 영역이 상담에 활용 가능하며, 흥미와 확신감이 더 개발될 수 있는지를 내담자와 같이 탐색한다.

※ 참조
- CPP의 온라인 평가 시스템인 Skills One(https://www.skillsone.com)

기출 문제

■ 성격유형검사(MBTI)의 의미, 해석과정과 척도를 기술하시오.

2009년		2010년		2011년		2012년		2013년		2014년		2015년		2016년		기출 횟수
1회	2회	1회	2회	1회	2회	1회	2회	1회	2회	1회	2회	1회	2회	1회	2회	
			1		1		1	1			1		1	1		

2017년		2018년		2019년		2020년		2021년		2022년		2023년			17
1회	2회	1회	2회	1회	2회	1회	2회	1회	2회	1회	2회	1회	2회		
1	1			1	1	1		1	1	1		1	1		

 해답

1) 성격유형검사(MBTI)의 의미

Jung융의 심리유형 이론에 기초한 MBTI는 1921년에 Myers마이어스와 Briggs 브릭스에 의해 개발된 성격검사로써 사람들이 정보를 지각하고 처리하여 의사 결정하는 방식을 나타낸다. 이 검사는 대인관계나 의사소통 문제, 학업적응 및 진로탐색 등의 다양한 상담에 활용될 수 있다. 진로상담에서는 내담자가 선호 하는 일처리 방식과 편안한 직업 환경 유형 그리고 의사 결정하는 방식 등을 활용한다. MBTI를 엄밀히 표현하자면, 그 명칭에서 알 수 있듯이 맞고 틀린 답 이 있는 검사가 아니고 지표(indicator)이다.

2) 척도

MBTI는 4가지 선호경향마다 대립되는 지표 중 양자 택일하는 양극척도를 사 용하여 점수를 산출하며, 94문항으로 구성되어 있으며 검사소요 시간은 20~

30분이다(일반인들에게 가장 널리 활용되는 Form G 기준임). 그 결과 아래의 그림과 같이 4개 선호경향의 첫 알파벳을 조합하여 16가지 성격유형 중의 하나로 나타낸다. 4가지 차원의 선호경향은 다음의 그림과 같이 에너지 방향, 인식기능, 판단기능, 그리고 생활양식이다.

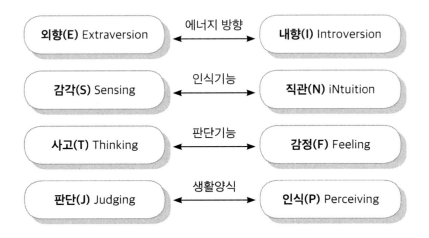

[그림 2-4] MBTI 4가지 선호경향

융에 의하면 선호경향이란 인간이 주변 환경이나 교육에 영향을 받기 전의 인간에게 잠재되어 있는 선천적 심리 경향이다.

ISTJ (STFN)	ISFJ (SFTN)	INFJ (NFTS)	INTJ (NTFS)
ISTP (TSNF)	ISFP (FSNF)	INFP (FNST)	INTP (TNFS)
ESTP (STFN)	ESFP (SFTN)	ENFP (NFTS)	ENTP (NTFS)
ESTJ (TSNF)	ESFJ (FSNT)	ENFJ (FNST)	ENTJ (TNSF)

[그림 2-5] MBTI 16가지 성격 유형

(괄호 안 : 주기능 - 부기능 - 3차기능 - 열등기능 순임)

3) 해석

검사의 해석은 다음과 같이 자신의 4가지 코드에 대하여 기본적인 선호경향을 본다.

① 에너지 방향[외향성(E: Extraversion) : 내향성(I: Introversion)]

- 외향성(E): 폭넓은 대인관계를 유지하고 사교적이며 주로 외부 세계를 지향하고 외부 세계로부터 에너지를 얻는다.
- 내향성(I): 깊이 있는 대인관계를 유지하고 조용하며 신중하다. 주로 내적 세계를 지향하고 내부에서 에너지를 얻는다.

② 인식기능[감각형(S: Sensing) : 직관형(N: iNtuition)]

- 감각형(S): 오감에 의존하며 실제의 경험을 중시하고 지금 현재에 초점을 두며, 정확하고 철저하게 일처리 한다.
- 직관형(N): 육감 또는 영감에 의존하고 미래지향적이며 가능성과 의미를 추구하면서 신속 비약적으로 일처리 한다.

③ 판단기능[사고형(T: Thinking) : 감정형(F: Feeling)]

- 사고형(T): 진실과 사실에 주관을 갖고 논리적이고 분석적이며 객관적으로 판단한다.
- 감정형(F): 사람과 관계에 주관을 갖고 상황적이며 정상을 참작하여 판단한다.

④ 생활양식[판단형(J: Judging) : 인식형(P: Perceiving)]

- 판단형(J): 분명한 목적과 방향이 있고 기한을 엄수하며 철저한 사전계획을 하고 체계적이다.

– 인식형(P): 목적과 방향은 변화 가능하며 상황에 따라 일정이 달라지고 자율적이며 융통성이 있다.

상담자는 검사 결과를 해석하기 위하여 개인의 성격유형뿐만 아니라, 네 차원을 분리하여 각각에 대한 탐색을 하면서 내담자의 선호에 대한 강점에 주목하는 것이 중요하다. 그리고 가장 편하고 강하게 사용하는 '주 기능', 그 다음으로 사용하는 '부 기능', 아직 개발이 미흡한 '3차 기능' 그리고 가장 개발이 안된 '열등 기능'을 파악하여 내담자의 성격을 심층적으로 이해할 수 있다.

※ 참조
– Assesta(http://www.assesta.com)
– The Myers-Briggs Company(http://www.themyersbriggs.com)

■ 미네소타직업가치 검사(MIQ)의 의미, 해석과정과 척도를 기술하시오.

2009년		2010년		2011년		2012년		2013년		2014년		2015년		2016년		기출 횟수
1회	2회	1회	2회	1회	2회	1회	2회	1회	2회	1회	2회	1회	2회	1회	2회	
1		1		1	1	1	1	1	1	1	1	1	1	1	1	
2017년		2018년		2019년		2020년		2021년		2022년		2023년				
1회	2회	1회	2회	1회	2회	1회	2회	1회	2회	1회	2회	1회	2회			28
1	1	1		1	1	1	1	1	1	1	1	1	1			

 해답

1) 미네소타직업가치 검사(MIQ)의 의미

직업적응 이론을 기초로 한 미네소타직업가치 검사는 다위스와 로퀴스트 등에 의해 개발되었다. 이 검사는 자신의 요구와 일치하는 보상을 받는 직업(일의 환경)을 가졌을 때 더 행복을 느낀다는 가정을 하고 있다. 이 도구는 개인이 직업에 대하여 중요하게 생각하는 욕구와 가치관을 측정하며, 개인은 이 검사를 통하여 자신이 중요하게 생각하는 가치의 우선순위를 확인할 수 있다.

다음의 그림과 같이 개인은 환경이 자신의 가치체계에 부응하는 보상을 제공할 때 만족한다. 이때 개인의 욕구는 매우 다양하기 때문에 개인별로 확인하여 만족시켜 주기 어렵다. 따라서 욕구의 상위 개념인 가치를 측정하여 강화물을 제공한다.

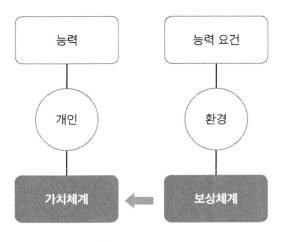

[그림 2-6] 직업적응 이론의 만족과정

2) 척도

미네소타직업가치 검사는 직업 가치에 대한 6개의 상위척도와 직업 욕구에 대한 20개의 하위척도로 구성되어 있으며, 총 190개의 문항에 5점 리커트 척도로 응답한다. 척도는 다음의 표와 같으며, 20가지 하위 척도의 심리적 요구사항에 대한 진술문도 같이 제시한다.

〈표 2-2〉 미네소타직업가치 검사의 척도

상위척도 (직업가치)	하위척도(직업 욕구) : 진술문
성취 (achievement)	- 능력 Ability Utilization(AU): 나는 내 능력을 사용하는 일을 할 수 있다. - 성취감 Achievement(Ach): 그 일은 나에게 성취감을 준다.
편안함 (comfort)	- 활동성 Activity(Act): 나는 항상 바쁠 수 있다. - 독립성 Independence(Ind): 나는 혼자 일을 할 수 있다. - 다양성 Variety(Var): 나는 매일 다른 일을 할 수 있다. - 보상 Compensation(Com): 나의 급여는 타 근로자와 비교된다. - 안정성 Security(Sec): 그 일은 안정적인 고용을 제공한다. - 근무 환경 Working Conditions(WC): 그 직업은 좋은 근무 조건을 갖는다.
지위 (status)	- 발전가능성 Advancement(Adv): 그 일은 발전의 기회를 제공한다. - 인정 Recognition(Rec): 나는 내 일에 대해 인정을 받을 수 있다. - 지휘권 Authority(Au): 나는 사람들에게 무엇을 해야 할지 말할 수 있다. - 사회적 지위 Social Status(SSt): 나는 공동사회에서 상당한 인물이 될 수 있다.

이타심 (altruism)	– 동료 Co-workers(Cow): 나의 동료들은 쉽게 친구를 사귈 수 있다. – 사회봉사 Social Service(SSe): 나는 다른 사람을 위해 무엇을 할 수 있다. – 도덕성 Moral Values(MV): 나는 도덕적으로 잘못되었다는 느낌 없이 일한다.
안전 (safety)	– 공정성 Company Policies and Practices(CPP): 회사는 정책을 공정하게 관리한다. – 업무지원 Supervision-Human Relations(SHR): 상사는 직원을 지원한다. – 직무교육 Supervision-Technical(ST): 상사는 직원을 잘 훈련시킨다.
자율성 (autonomy)	– 창의성 Creativity(Cre): 나의 어떤 아이디어를 시도해 볼 수 있다. – 책임성 Responsibility(Res): 나는 나 자신이 스스로 결정한다.

cf: Original form: 20문항

상위 척도(직업가치)의 의미를 살펴보면 다음과 같다.

① 성취(achievement): 자신의 능력을 발휘하고 성취감을 얻는 일을 하려는 욕구이다.

② 편안함(comfort): 직무에 대해 스트레스를 받지 않고 편안한 직업 환경을 바라는 욕구이다.

③ 지위(status): 타인에 대해 자신이 어떻게 지각되는지와 사회적인 명성에 대한 욕구이다.

④ 이타심(altruism): 타인을 돕고 그들과 함께 일을 하려는 욕구이다.

⑤ 안전(safety): 혼란스러운 조건이나 환경을 피하고, 정돈되어 예측 가능한 환경에서 일하고 싶은 욕구이다.

⑥ 자율성(autonomy): 자신의 의지대로 일할 기회를 가지며 자유롭게 생각하고 결정하고자 하는 욕구이다.

3) 해석

검사의 프로파일 해석은 다음과 같이 크게 두 가지 차원이 있으며, 개인 내 비교와 규준집단과의 비교이다.

① 개인 내 비교(프로파일 첫 페이지)

한 가지 차원은 개인 내 비교로써 6가지 직업 가치와 20가지 직업 욕구에 대한 개인의 점수가 제시된다.

- 개인이 일관된 방식으로 반응한 정도를 나타내는 '반응일관도(LCT: Logically Consistent Triad)'를 살펴본다. 개인의 LCT가 '비교형(두 쌍 가운데 하나 선택)'의 경우 33% 이하, '순위형(순위를 매기는 것)'일 경우에는 50% 이하이면 MIQ 프로파일에 의심스러운 것으로 간주 되어 검사과정을 재확인해야 한다.

- 점수의 범위는 −1.0에서 +3.0까지이고, 0.0 이하는 중요하지 않음(unimportant)이며, 0.0 이상은 중요함(important)으로 나타낸다.

> • **높은 점수**: 다른 욕구에 비하여 중요한 욕구를 의미한다.
> • **낮은 점수**: 다른 욕구에 비하여 덜 중요한 욕구를 의미한다.
> • **가장 낮은 점수**: 대수롭지 않은 욕구나 피하고 싶은 상황이다.

- 내담자가 욕구에 대해 반응하고 의미를 두는 '진술문'을 되새겨 보아야 한다. 실제적인 문항의 내용을 참고하면 척도의 의미를 보다 명료화 할 수 있다.

- 6개의 직업 가치 영역뿐만 아니라 20가지 직업 욕구를 알아보고, 두 수준의 점수가 나타내는 일치 또는 불일치의 정도를 알아보는 것이 유용하다.

② 규준집단과의 비교(프로파일 두 번째 페이지)

다른 한 가지 차원은 규준집단(norm group)과의 비교를 하며, MIQ에 나타난 개인의 직업가치 프로파일과 직업적 강화패턴(ORP: occupational reinforcer patterns)과의 비교 내지 조화 정도를 통해 알 수 있다.

- 6개의 군집(A~F) 각각에 알파벳순으로 15개의 직업들이 포함되어 총 90개의 직업이 제시된다.

- 6개의 군집은 각각 중요한 욕구와 직업가치의 서로 다른 패턴을 보여 준다.

– MIQ 점수는 90개 직업별, 6개 군집별로 비교되어 있다.

– C지표(C-index)는 개인의 MIQ 점수와 6개 군집과 90개 직업과의 일치정도를 의미한다. 그리고 C지표의 강도에 기초하여 예상되는 3가지 만족 수준이 제시된다. 그 수준은 '만족' S(satisfied: .50 이상), '약간 만족' L(likely satisfied: .10~.49) 그리고 '불만족' N(not satisfied: .10 미만)으로 나타난다.

기출 문제

1. 다음의 상담사례를 C–DAC 모형을 적용하여 미네소타직업가치 검사(MIQ) 결과를 해석하고 상담을 개입하시오(각 도구의 영역별 점수 제시됨).

○○세 A씨는 가정에서는 장남으로 학업성적은 중간 정도로 고등학교 대학 진학반에 있으며 야구부 활동을 하고 있다. A씨는 4년제 대학에 진학하고 싶고 프로야구 선수가 꿈이다. A씨는 현재 아르바이트를 하지 않지만, 예전에는 케이블 TV에서 아르바이트 한 경험이 있다. 그의 아버지는 자동차 수리공이며 A씨가 프로야구 선수가 되길 원하고, 어머니는 전업주부이며 A씨가 평범한 회사원이 되길 원한다.

2. A씨의 상담사례를 C–DAC 모형으로 상담을 할 때 다루어야 할 주제와 이슈를 기술하시오. ☞ 2번 문제는 '1장. 진로 이론'의 '4. 진로발달 이론' 부분에서 기술함.

2009년		2010년		2011년		2012년		2013년		2014년		2015년		2016년		기출 횟수
1회	2회	1회	2회	1회	2회	1회	2회	1회	2회	1회	2회	1회	2회	1회	2회	
			╱			1				1			1			

2017년		2018년		2019년		2020년		2021년		2022년		2023년			6
1회	2회	1회	2회	1회	2회	1회	2회	1회	2회	1회	2회	1회	2회		
1			╱			1									

상위 척도 (직업 가치)	성취		편안함		지위		이타심		안전		자율성
	1.9		1.3		1.3		.8		.5		2.1
하위 척도 (직업 욕구)	능력		성취감		활동성		독립성		다양성		
	1.4		2.4		1.4		.6		1.4		
	보상		안정성		근무환경		발전가능성		인정		
	2.2		1.0		1.3		2.7		2.4		
	지휘권		사회적 지위		동료		사회봉사		도덕성		
	.8		-.8		.8		0.0		1.6		
	공정성		업무지원		직무교육		창의성		책임성		
	.7		.7		.2		1.7		2.4		

※ 저자가 임의의 점수를 영역별로 기입함.

해답

C-DAC 모형을 적용하여 미네소타직업가치 검사 결과를 해석하고 상담을 개입하시오[C-DAC 모형 3단계: 직업적 정체성 평가 중의 일부분임(가치관)].

1) 반응일관도(LCT) 및 전반적인 점수 해석

우선 A씨의 MIQ 프로파일에서 LCT 결과로 일관된 방식으로 반응한 정도를 확인한다. 그리고 점수의 범위로 중요하지 않음(unimportant)과 중요함(important)을 파악한다. A씨의 점수를 보면, 0.0 이하는 20가지 직업 욕구 중에서 두 가지 영역뿐이다(사회적 지위, 사회봉사).

2) 6개의 직업 가치 영역

상위 척도(직업 가치)를 보면 A씨는 다소 차이가 있지만 6가지 모든 가치를 모두 중요하게 생각한다고 나타냈다. 가장 중요하게 생각하는 가치는 자율성(2.1)이며, 다음으로 다른 욕구에 비하여 중요한 욕구로 성취(1.9), 편안함과 지위(1.3), 이타심(.8)순으로 나타났다. 반면, 가장 낮은 점수로는 안전(.5)으로 나타났는데, 이는 다른 욕구에 비해 대수롭지 않거나 피하고 싶은 상황으로 볼 수 있다. A씨는 자신이 혼자 결정하는 것을 가장 중요하게 생각하고, 일을 하면서 성취감을 느낄 수 있는 것을 중요하게 생각한다. 반면, 상사가 직무에 대하여 교육 또는 훈련시키는 것을 피하고 싶어 한다.

이러한 점을 미루어 볼 때, 상담자는 A씨가 직업 선택할 때에는 부모님의 희망 진로(야구, 일반 직업)도 있지만, 본인이 최종 선택할 수 있도록 진로결정자기효능감을 높여 줄 필요성이 있다. A씨의 어머니는 일반 직업을 선택하기를 원하고 있으나, A씨는 가장 낮은 점수로 안전(.5)이 나온 점을 볼 때 일반 회사(안정적인 직장이라고 가정을 둠)를 원하지 않는 것으로 보이는 점도 상담 시 고려해야 하겠다.

3) 20가지 직업 욕구 영역

하위 척도(직업 욕구)를 살펴보면, 가장 중요시 하는 욕구는 발전가능성(2.7)이며, 그 다음으로 성취감(2.4), 인정(2.4), 책임성(2.4), 보상(2.2) 등의 순으로 나타났다. 중요하게 생각하지 않는 욕구는 사회봉사(0.0)이며, 가장 중요하게 생각하지 않는 욕구는 사회적 지위(-.8)로 나타났다. A씨는 일이 출세의 기회를 제공할 것이라는 욕구가 가장 강하다. 그리고 일이 본인에게 성취감을 주고, 일에 있어서 인정을 받고, 혼자 결정하고 타인보다 급여를 많이 받고 싶어 하는 것 등을 중요하게 생각한다. 상담자는 A씨가 프로야구를 하면 발전가능성, 성취감, 인정, 책임성 그리고 보상이 따르는지 하나씩 따져보며 상담할 필요성이 있고, 프로야구 외에 다른 다양한 직업에 대해서도 탐색과 분석을 할 수 있도록 도와주어야 하겠다.

4) 6개의 직업 가치 영역과 20가지 직업 욕구 영역의 일치 또는 불일치 정도

A씨는 6가지 직업 가치를 모두 중요하게 생각하고 있으나, 20가지 직업 욕구에서 사회적 지위(-.8)와 사회봉사(0.0)는 중요하게 생각하지 않는 것으로 나타났다. 그리고 A씨는 6가지 직업 가치 중 가장 중요하게 생각하는 것은 자율성(2.1)인데, 하위척도인 20가지 직업 욕구에서는 다른 영역인 지위의 발전 가능성(2.7)으로 나타나 일치하지 않으며, 20가지 직업 욕구에서 대수롭지 않은 욕구나 피하고 싶은 욕구는 사회적 지위(-.8)로 나타났으나, 사회적 지위의 상위 척도인 지위(1.3)는 6개의 직업 가치 영역 중 3번째로 중요하게 생각하는 욕구로 나타나 불일치를 보이고 있다. 이러한 점을 미루어 보아 상담자는 A씨와 상담을 하면서 전반적으로 6개 직업 가치 영역과 20가지 직업 욕구 척도를 다시 한번 면밀히 검토할 필요성이 있다.

※ 참조
- 미네소타대학교 직업심리학 연구(https://vpr.psych.umn.edu)

1. 성인용 진로문제 검사(ACCI)의 의미, 해석과정과 척도를 기술하시오.

2009년		2010년		2011년		2012년		2013년		2014년		2015년		2016년		기출 횟수
1회	2회	1회	2회	1회	2회	1회	2회	1회	2회	1회	2회	1회	2회	1회	2회	
					1	1		1	1	1	1	1		1	1	

2017년		2018년		2019년		2020년		2021년		2022년		2023년			19
1회	2회	1회	2회	1회	2회	1회	2회	1회	2회	1회	2회	1회	2회		
1		1			1	1		1		1		1			

2. 성인용 진로문제 검사(ACCI)의 구성과 특징을 기술하시오.

2009년		2010년		2011년		2012년		2013년		2014년		2015년		2016년		기출 횟수
1회	2회	1회	2회	1회	2회	1회	2회	1회	2회	1회	2회	1회	2회	1회	2회	
													1		1	

2017년		2018년		2019년		2020년		2021년		2022년		2023년			5
1회	2회	1회	2회	1회	2회	1회	2회	1회	2회	1회	2회	1회	2회		
		1				1				1					

 해답

1) 성인용 진로문제 검사(ACCI)의 의미(특징)

수퍼의 진로발달 이론을 기초로 한 성인용 진로문제 검사는 수퍼 등에 의하여 개발되었으며, 내담자의 진로문제를 종단적으로 탐색하기 위하여 전 생애 진로발달 단계에 따른 진로문제와 발달과업을 측정한다. 이 검사는 개인 내적으로 가장 큰 문제가 되는 발달과제가 무엇인지 파악하여, 진로문제에 효과적으로 대처하고 활용 가능한 탐색자원을 제공해 준다.

2) 척도(구성)

성인용 진로문제 검사는 다음의 표와 같이 전 생애 진로발달 4단계인 4개 상위척도와 12개 하위 척도(상위 척도 당 3개)로 구성되어, 총 61문항으로 되어 있으며 응답 소요 시간은 약 20분 정도이다. 처음 60개의 문항은 4개의 진로 행동, 즉 탐색, 확립, 유지, 쇠퇴에 대하여 각각 15개 문항이 있으며, 5점 리커트 척도로 1점(none concern: 전혀 관심이 없다)에서 5점(great concern: 아주 관심이 많다)까지 응답을 한다. 이 응답은 4개의 주요 단계에 대한 백분위 점수를 제공하고, 12개의 하위 척도마다 각각 평균 점수를 제공한다. 마지막 1문항은 개인의 현재 진로(경력) 변환 상태(current career change status)를 명시하도록 질문한다. 선택은 1(경력 변경을 고려하지 않고 있음)부터 5(최근에 변경을 하고 새로운 분야에 정착하고 있음)까지이다.

〈표 2-3〉 성인용 진로문제 검사의 척도

상위 척도(진로 행동)	하위 척도(발달과제)	문항 (61)
① 탐색기(exploration stage)	결정화(crystallization) 구체화(specification) 실행(implementation)	5 5 5
② 확립기(establishment stage)	정착(stabilizing) 공고화(consolidating) 발전(advancing)	5 5 5
③ 유지기(maintenance stage)	보유(holding) 갱신(updating) 혁신(innovating)	5 5 5
④ 쇠퇴기(disengagement stage)	감속(decelerating) 은퇴 계획(retirement planning) 은퇴 생활(retirement living)	5 5 5
진로변환 상태(career change stage): 별도의 문항으로써 채점하지 않음.		1

cf: Original form은 60문항임.

상위 척도(진로 행동)의 의미를 보면 다음과 같다.

① 탐색기: 신체적, 인지적인 면에서 가장 변화무쌍한 시기로써 진로결정을 하는 과업으로 진로의사결정을 위한 진로성숙도는 탐색기의 핵심이다.
② 확립기: 확립기는 취직을 한 후 자신의 진로를 확립하고, 직업 역할 속에서 자기 개념을 실행하는 단계이다.
③ 유지기: 유지기는 정해진 직업이나 직장에 정착하고 자신의 위치가 확고해지고, 안정된 환경에서 비교적 만족스러운 삶을 살아간다.
④ 쇠퇴기: 이 시기는 지금까지 수행했던 일의 속도를 줄이고 은퇴 이후의 삶을 준비하고 은퇴 이후의 삶에 만족하는 단계이다.

3) 해석

검사의 해석은 다음과 같이 한다.

각 하위 단계 점수를 통해 내담자가 다양한 발달과업과 4가지 진로발달 단계 및 각 단계의 3가지 하위 단계에 대한 계획 또는 가장 심각하게 생각하는 진로문제가 무엇인지 확인할 수 있다. 또한 제시된 규준을 평가 규준으로 사용하여 규준 집단 내에서 개인의 상대적인 위치를 파악할 수 있다. 5점 리커트 척도 검사 결과, 높은 점수는 내담자가 다양한 진로 과업과 하위 단계에 대하여 문제가 심각함을 나타내고, 낮은 점수는 별 다른 문제가 없음을 의미한다.

4) 검사점수에 따른 개입 내용

상위 척도(진로 내용)의 검사점수에 따른 개입 내용은 다음과 같다.

① 탐색기: 자기 자신과 직업 세계에 대한 광범위한 탐색을 장려하고, 개인의 관심사, 가치, 신념, 역량을 표현하는 것을 돕는다. 그리고 의사 결정 방법에 대한 도움을 주고 직업에 대한 개인의 심층적인 탐색을 조력한다. 개인

은 업무 책임, 잠재력, 발전 기회, 직업에 필요한 훈련과 교육에 대해 인식해야 한다.

② 확립기: 새로운 조직에 적응하는 데 우려가 있는 개인을 지원하고 책임을 명확히 하는 데 도움을 준다. 직장 고용주의 인정과 지지를 얻는 방법, 좋은 평판을 얻는 방법, 좋은 의사소통과 대인관계 기술을 개발하는 데 도움을 준다.

③ 유지기: 지금까지 힘들게 확립되었지만 유지 관리를 위해서는 조직의 변화에 계속 적응해야 한다. 자신과 회사 모두의 이익을 위해 더 효율적으로 일하는 방법을 개발하도록 하고, 조직에 필요한 기술을 파악하여 다시 개발해야 하며, 재교육하기 위한 교육과 훈련을 활용하도록 해야 한다.

④ 쇠퇴기: 개인이 한 직업에서 다른 직업으로 이탈하는 과정이기 때문에 미리 계획하는 것이 중요하다. 탐색은 이탈과 함께 이루어져야 직업과 직업 간의 원활한 전환으로 이어질 수 있다. 자신의 관심사, 가치관, 역량을 재평가할 필요가 있으며, 여전히 당면한 일에 주의를 기울이고 계속 자신의 업무 책임을 이행해야 한다.

이 검사는 성인내담자의 진로문제를 설명하는 수퍼의 대순환과 소순환을 규명하는 데 유용하다. 또한 성인의 진로 상담, 진로 활동, 개인이 가장 관심을 가지고 있는 특정 발달 과업 식별 등에 실용적으로 적용할 수 있다.

※ 참조
– Vocopher: https://slideplayer.com

MEMO

- 진로신념 검사(CBI)의 의미, 해석과정과 척도를 기술하시오.

2009년		2010년		2011년		2012년		2013년		2014년		2015년		2016년		기출 횟수
1회	2회	1회	2회	1회	2회	1회	2회	1회	2회	1회	2회	1회	2회	1회	2회	
	1		1	1			1	1			1	1			1	
2017년		2018년		2019년		2020년		2021년		2022년		2023년				
1회	2회	1회	2회	1회	2회	1회	2회	1회	2회	1회	2회	1회	2회			17
	1	1			1		1	1			1	1				

 해답

1) 진로신념 검사(CBI)의 의미

진로선택 사회학습 이론이 기초가 된 진로신념 검사는 크룸볼츠가 개발한 검사로 진로 신념을 진로 계획과 진로 행동에 영향을 미치는 변화 가능한 진로와 관련한 인지라고 했다. 이 이론은 이론적으로 인간 행동에 대한 사회적 이해와 인지적 이해 모두에 기반을 두고 있다. 진로신념 검사는 진로결정과정에서 개인이 사용하는 비합리적이고 비논리적인 신념을 확인하고, 자기 지각관과 세계관의 문제점을 파악하기 위해 개발되었다. 즉, 장애와 인지적 왜곡을 밝혀주는 검사이다. 또한 진로 목표를 성취하기 위한 새로운 선택사항들과 대안적인 방법들을 발견하도록 한다.

2) 척도

진로신념 검사는 다음의 표와 같이 5개 영역 아래 논리적으로 배열된 25개

하위 척도로 구성되어 있으며, 각 하위 척도 당 2개에서 8개의 문항으로 구성되었다. 예를 들어, 영역 '⑤ 내가 기꺼이 노력할 수 있는 것'의 7개 척도의 문항은 각각 자기향상(2개), 불분명한 진로에서 노력 지속(5개), 실패의 위험 감수(4개), 직업기술 배우기(2개), 협의/탐색(4개), 장애극복(8개), 열심히 일하기(7개) 등으로 되어 있다. 총 96개 문항 중 45개는 긍정적인 표현의 문항이며, 51개는 부정적인 표현의 문항으로 5점 리커트 척도로 응답을 하며, 응답 소요 시간은 약 30분 내외이다. 긍정적인 표현의 문항에는 1점(강하게 동의 안함: strongly disagree) ～ 5점(강하게 동의: strongly agree)까지 응답하며, 부정적인 표현의 문항에는 1점(강하게 동의) ～ 5점(강하게 동의 안함)으로 응답한다.

〈표 2-4〉 진로신념 검사의 척도

5개 영역	척도(25)	문항(96)
① 나의 현재 진로상황 (My current career situation)	취업상태, 진로계획, 진로미결정 수용, 개방성	10
② 나의 행복을 위하여 필요하다고 생각하는 것 (What seems necessary for my happiness)	성취, 대학교육, 내적만족, 동료경쟁, 구조화된 업무환경	14
③ 나의 결정에 영향을 미치는 것 (Factors that influence my decisions)	통제, 책임, 타인의 인정, 타인과의 비교, 직업과 대학의 다양성 이해, 진로 유연성	22
④ 내가 기꺼이 변화할 수 있는 것 (Changes I am willing to make)	진로 전환, 직업 대안, 직장의 위치	18
⑤ 내가 기꺼이 노력할 수 있는 것 (Effort I am willing to initiate)	자기향상, 불분명한 진로에서 노력 지속, 실패의 위험 감수, 직업기술 배우기, 협의/탐색, 장애 극복, 열심히 일하기	32

cf: Original form: 22개 척도, 122문항

3) 해석

검사의 해석은 다음과 같이 한다.

내담자의 응답은 진로결정 과정에서 각 신념 때문에 생길 수 있는 장애요인의 수준을 나타낸다. 어떤 척도에서 낮은 점수는 현재 피검자가 그 신념 때문에 어려움을 겪고 있음을 나타낸다. 25개 각 척도의 점수는 10점에서 50점까지 나

오는데, 각 하위 검사가 39점 이하일 경우 그 영역에서 진로를 방해하는 신념을 탐색할 필요성이 있다.

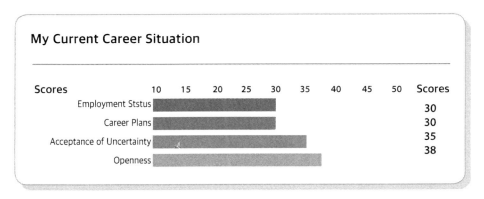

[그림 2-7] 진로신념 검사 결과 예시

진로신념 검사를 구성하는 25개의 척도는 개별적으로 해석될 수 있다. 위 그림의 예는 '나의 현재 진로상황'에 대한 검사 결과에 대한 점수 그래프이다. 고용 상태에 대한 점수는 30점이다. 39점 이하인 경우이므로 현재 직장에 다니고 있는지, 아니면 직장에 다니더라도 무급으로 봉사활동을 하는지 등에 대하여 탐색할 필요성이 있다. 진로계획 점수는 30점으로, 진로에 대한 막연한 계획이 있을 수 있지만, 어떤 변화가 있을지 확신할 수 없는 상황이다. 진로미결정 수용에 대한 점수는 35점으로 지금까지 직업 계획을 결정했다는 것에 대하여 다소 압박감을 느끼지만, 열린 마음을 갖는 것이 중요하다는 것을 인식해야 한다. 미래의 직업 계획에 대해서는 불확실하지만, 다음에 시도할 수 있는 매력적인 기회에 대해 경각심을 갖는 것이 현명하다. 개방성의 점수는 38점으로 평균 점수로써 직업 선택 이유를 비공개로 할 것인지, 아니면 기꺼이 선택 이유를 공개할 의향이 있는지에 대한 점수이다. 잠재적인 진로 계획을 다른 사람들과 공유하지만, 또한 많은 다른 사람들과 대화하는 것이 도움이 될 수 있다는 것을 발견할 수 있을 것이다.

진로신념 검사의 용도는 경력 전환 명확화, 대학 전공 선택, 진로에 대한 열망을 확대하는 것, 미래의 직업을 계획하기이다. 상담자가 이러한 내담자의 특정한 상황에서 가지고 있는 생각이 현실적인지의 여부를 확인하는 과정을 통해 내담자에게 많은 도움을 준다. 따라서 크롬볼츠는 내담자의 진로계획과 관련된 내담자 자신의 기본가정을 파악하기 위해 진로신념 검사를 상담 초기에 사용할 것을 권장한다.

※ 참조
- Mind garden(http://www.mindgarden.com)

7. 진로발달 검사(CDI: Career Development Inventory)

 예상 문제

■ 진로발달 검사(CDI)의 의미, 해석과정과 척도를 기술하시오.

2009년		2010년		2011년		2012년		2013년		2014년		2015년		2016년		기출 횟수
1회	2회	1회	2회	1회	2회	1회	2회	1회	2회	1회	2회	1회	2회	1회	2회	

2017년		2018년		2019년		2020년		2021년		2022년		2023년	
1회	2회	1회	2회	1회	2회	1회	2회	1회	2회	1회	2회	1회	2회

※ 이 문제는 출제되지 않았으나, 다음의 상담사례 문제를 기술하기 위하여 필히 인지해야 할 내용임.

 해답

1) 진로발달 검사(CDI)의 의미

수퍼의 진로발달 이론(C-DAC 모형)에 기초한 진로발달 검사는 수퍼와 그의 동료인 Bohn본, Forret포럿, Jordan조든, Lindeman린드먼과 Thompson톰슨에 의해 개발되었으며 진로상담에 자주 사용하는 검사이다. 이 검사는 고등학생용과 대학생용의 두 가지 검사가 있으며, 이 두 검사의 구조와 논리는 동일하나 문항의 내용은 다소 차이가 있다. 또한 이 검사는 고등학생과 대학생들의 진로발달과 진로성숙도를 측정하고, 진로의사결정 준비 정도를 측정하며, 진로 및 교육계획 수립에 도움을 주기 위해 제작되었다.

진로발달 검사는 개인 상담 시 분석적 데이터와 예언적 정보를 제공할 뿐만 아니라, 상담에 필요한 특별한 영역을 찾아내는 데 유용하다. 그리고 진로교육 프로그램의 시행 결과를 측정하기 위한 유용한 도구이기도 하다.

2) 척도

진로발달 검사는 8개 척도로 총 120문항으로 구성되었으며, 1부와 2부로 나누어져 있다. 1부는 ⑤ 진로발달-태도(CDA), ⑥ 진로발달-지식 및 기술(CDK)의 두 척도로 구성되어 있다. ⑤ 진로발달-태도(CDA)는 ① 진로계획(CP)과 ② 진로탐색(CE)으로 구성되어 있으며, ⑥ 진로발달-지식 및 기술(CDK)은 ③ 의사결정(DM)과 ④ 일의 세계에 대한 정보(WW)로 구성되었다. 이러한 ① 진로계획(CP), ② 진로탐색(CE), ③ 의사결정(DM) ④ 일의 세계에 대한 정보(WW) 등의 4개 하위 척도의 점수 합으로 진로성숙의 수준을 나타내는 총체적 ⑦ 진로성향 점수(COT)가 된다. 즉, 이 검사의 대표적인 진로성숙의 예측 값이다. 2부는 ⑧ 선호하는 직업군에 대한 지식(PO)을 측정한다.

〈표 2-5〉 진로발달 검사의 척도

구분	기본 척도	복합 척도	
1부	① **진로계획**(CP: career planning): 20문항	⑤ **진로발달 - 태도** (CDA: career development -attitudes) = CP+CE	⑦ **총체적 진로성향** (COT: career orientation total) = CDA+CDK = CP+CE+DM+WW
	② **진로탐색**(CE: career exploration): 20문항		
	③ **의사결정**(DM: decision-making): 20문항	⑥ **진로발달 - 지식 및 기술**(CDK: career development - knowledge and skill) = DM+WW	
	④ **일의 세계에 대한 정보** (WW: world of work information): 20문항		
2부	⑧ **선호하는 직업군에 대한 지식**(PO: knowledge of preferred occupational group): 40문항		

위와 같이 구성된 진로발달 검사의 8개 척도 관계는 다음 그림과 같다.

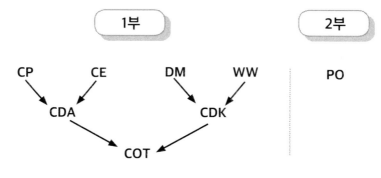

[그림 2-8] 진로발달 검사의 척도 관계도

각 척도에 대한 의미를 살펴보면 다음과 같다.

① 진로계획(CP): 계획에 대한 태도는 미래 지향성, 선택에 대한 인식, 그리고 임박하거나 미래의 선택을 준비하는 데 관여해야 하는 성향을 반영한다.

② 진로탐색(CE): 탐색에 대한 태도는 직업 세계와 그 속에서 자신의 위치에 대한 호기심을 의미한다.

③ 의사결정(DM): 합리적 의사결정의 원칙을 자신의 교육적, 직업적 선택에 적용할 수 있는 능력과 관련이 있다.

④ 일의 세계에 대한 정보(WW): 자신이 관심을 가지는 다양한 직업의 요구 사항, 일상적인 일 그리고 보상 등을 알고 있는 것을 의미한다.

⑤ 선호하는 직업군에 대한 지식(PO): 현재 선호하는 직업군에 대한 자세한 지식을 갖는 것을 의미한다.

3) 해석

검사 결과는 5개의 기본 척도와 3개의 복합 척도에 대한 점수가 보고되며, 5개 기본 척도의 높은 점수와 낮은 점수의 의미를 살펴본다. 점수는 개인의 임박한 직업 결정과 미래의 직업 결정에 대한 인식 제고, 직업 세계 속에서 자신의 위치에 대한 호기심을 심어 주어 현재와 미래 직업 선택에 대한 논의를 촉진시켜 준다.

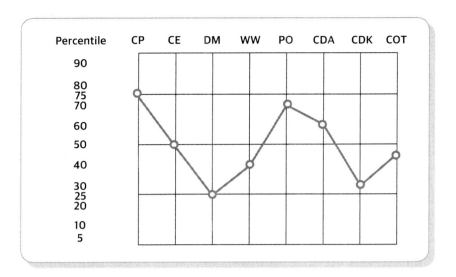

[그림 2-9] 진로발달 검사 결과

① 진로계획(CP)
- 높은 점수: CP 점수가 높으면 경력 계획 활동과 행동에 적극적으로 참여했다는 것을 나타내며, 주의해야 할 직업 결정에 대한 적절한 인식과 직업 세계에서 자신이 차지하는 위치에 대한 호기심이 높아졌음을 나타낸다. 결과적으로 CP 점수가 높으면 선택의 폭을 좁히고 일부 직업 분야에서 고급 탐색할 준비가 되어 있음을 나타낸다.
- 낮은 점수: CP의 낮은 점수는 직업 결정에 대해 거의 생각하지 않았을 수 있고, 미래의 직업 또는 교육적인 선택에 관심을 가지는 것에 대해 아직 진지하지 않을 수 있음을 나타낸다.

② 진로탐색(CE)
- 높은 점수: CE 점수가 높으면 이용할 수 있는 자원을 적극적으로 사용하고 미래 직업 선택과 관련된 정보를 수집했음을 나타낸다. 직업 세계에 대한 광범위한 탐색에 참여하고 관심 있는 직업 분야를 조사할 준비가 되어 있을 수 있다.

- 낮은 점수: CE의 낮은 점수는 이용할 수 있는 직업 기회에 관한 양질의 정보의 원천을 아직 충분히 탐구하지 않았음을 나타낸다.

③ 의사결정(DM)
- 높은 점수: DM의 높은 점수는 효과적인 직업 결정을 하는 데 필수적인 의사결정 기술을 발달시켰음을 나타낸다. 자신의 능력과 흥미를 다양한 교육 전공과 직업의 요구사항과 보상에 맞출 준비가 되어 있을 수 있다.
- 낮은 점수: DM은 합리적인 의사결정의 원칙을 교육 및 직업 문제에 적용하는 능력을 나타내기 때문에, 낮은 점수는 학생이 문제를 식별하고 문제를 해결하는 데 필요한 정보를 수집하는 것과 같은 효과적인 의사결정과 관련된 원칙과 과정을 연구하고 실천함으로써 이익을 얻을 수 있음을 나타낸다.

④ 일의 세계에 대한 정보(WW)
- 높은 점수: WW의 높은 점수는 진로 결정을 지원하기 위한 광범위한 정보를 가지고 있을지도 모른다는 것을 나타낸다. 그러나 특정한 선택에 전념하기 전에 지금 고려하고 있는 특정한 직업에 대한 더 많은 정보를 모을 필요가 있을지도 모른다.
- 낮은 점수: WW의 낮은 점수는 중요한 진로 결정과 직업 선택 전에 직업 분야와 진로 개발 과제에 대한 더 많은 정보와 탐구가 필요할 수 있다는 것을 나타낸다.

⑤ 선호하는 직업군에 대한 지식(PO)
- 높은 점수: PO의 높은 점수는 사람들이 선호하는 직업에 대한 자세한 정보를 수집했음을 나타낸다. 이것은 사람들이 이제 몇 개의 직업 분야로 선택의 폭을 좁힐 준비가 되었을 수 있음을 나타낸다.
- 낮은 점수: PO의 낮은 점수는 개인이 선택한 직업에 대해 더 자세한 정보

를 모을 필요가 있다는 것을 나타낸다.

- 검사를 해석할 때는 수동적으로 해석해야 한다. 다른 항목과 비교하여 항목의 상대적 중요성에 대한 개인의 등급이다. 평가 점수는 사람들 간의 비교를 하면 안 된다.
- 진로계획(CP), 진로탐색(CE), 의사결정(DM), 일의 세계에 대한 정보(WW) 그리고 선호하는 직업군에 대한 지식(PO)에 대한 점수가 낮게 나왔거나 높게 나왔을 경우를 모두 해석한다.
- 모든 척도가 높게 나온 것은 교육과 직업에 대한 결정을 충분히 할 수 있는 개인의 필수 태도(CDA)와 역량(CDK)을 가지고 있다는 것을 의미한다. 그리고 관심 재고에서 도출된 결과에 더 많은 신뢰를 부여할 수 있다.
- 진로계획(CP), 진로탐색(CE)이 낮게 나왔을 경우, 흥미검사를 실시할 때 주의하여야 한다. 이런 경우 개인은 교육을 선택하기 위한 필수 정보를 가지고 있지 않으며 더 큰 혼란을 초래할 수 있다. 흥미에 대하여 자극적인 생각을 할 수 있는 흥미 검사를 사용해야 한다.

진로발달 검사는 진로설계, 진로탐색, 일의 세계에 대한 정보, 진로의사결정 등에 대한 지식을 평가한다. 이 검사를 통하여 얻은 정보는 적성개발, 흥미검사, 그리고 학력검사 등의 정보와 함께 사용하면 학생들의 진로발달을 돕기 위한 계획을 할 때 도움이 된다.

1. 다음의 상담사례를 C−DAC 모형을 적용하여 진로발달 검사(CDI) 결과를 해석하고 상담을 개입하시오(각 도구의 영역별 점수 제시됨).

○○세 A씨는 가정에서는 장남으로 학업성적은 중간 정도로 고등학교 대학 진학반에 있으며 야구부 활동을 하고 있다. A씨는 4년제 대학에 진학하고 싶고 프로야구 선수가 꿈이다. A씨는 현재 아르바이트를 하지 않지만, 예전에는 케이블 TV에서 아르바이트 한 경험이 있다. 그의 아버지는 자동차 수리공이며 A씨가 프로야구 선수가 되길 원하고, 어머니는 전업주부이며 A씨가 평범한 회사원이 되길 원한다.

2. A씨의 상담사례를 C−DAC 모형으로 상담을 할 때 다루어야 할 주제와 이슈를 기술하시오. ☞ 2번 문제는 '1장. 진로 이론'의 '4. 진로발달 이론' 부분에서 기술함.

2009년		2010년		2011년		2012년		2013년		2014년		2015년		2016년		기출 횟수
1회	2회	1회	2회	1회	2회	1회	2회	1회	2회	1회	2회	1회	2회	1회	2회	
					1						1			1		

2017년		2018년		2019년		2020년		2021년		2022년		2023년				
1회	2회	1회	2회	1회	2회	1회	2회	1회	2회	1회	2회	1회	2회			5
1					1											

기본 척도				복합 척도		
진로계획	진로탐색	의사결정	일의 세계에 대한 정보	진로발달 - 태도	진로발달 - 지식 및 기술	총체적 진로 성향
72	18	99	57	40	90	75

※ 저자가 임의의 점수를 영역별로 기입함.

 해답

　　C−DAC 모형을 적용하여 진로발달 검사 결과를 해석하고 상담을 개입하시오
(C−DAC 모형 2단계: 진로발달 수준과 자원 평가 중의 일부분임). cf: 2부 검사인 선호하는 직업군에 대한 지식(PO)도 해석에 포함함.

1) 진로계획(CP)

A씨의 진로계획 점수는 높게 나타났다. 이는 경력 계획 활동과 행동에 적극적으로 참여했다는 것을 나타내며, 주의해야 할 직업 결정에 대한 적절한 인식과 직업 세계에서 자신이 차지하는 위치에 대한 호기심이 높다고 볼 수 있다. CP 점수가 아주 높지 않은 것으로 보아 선택의 폭을 좁히고 일부 직업 분야에서 고급 탐색에 집중할 준비는 부족한 것으로 보인다. 상담자는 A씨가 프로야구 선수와 일반 직업 외에 다른 분야의 직업도 탐색할 수 있도록 상담 시 충분한 자료를 검색할 수 있는 방법을 알려 줄 것을 고려해야 하겠다.

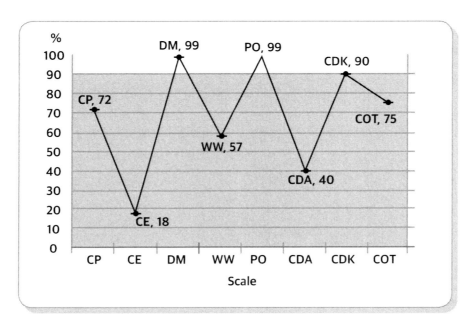

[그림 2-10] 진로발달 검사(CDI) 결과 예시

2) 진로탐색(CE)

진로탐색 점수는 아주 낮게 나타났다. 이는 A씨가 이용할 수 있는 진로에 관한 양질의 정보의 원천을 아직 충분히 탐구하지 않았음을 나타낸다. 아마 A씨는 아직 자신의 직업과 관련된 활동들을 어떠한 특별한 좁은 관심 분야에 초점을 맞추고 있을지도 모른다. 스트롱흥미도 검사를 실시하여 다양한 분야의 흥미를 확인한 후보다 폭넓은 직업 세계를 알려 줄 필요성도 보인다. A씨에게 국가기관이나 민간기업의 구직 관련 사이트를 활용할 것을 권장할 수 있다.

3) 의사결정(DM)

의사결정 점수는 아주 높은 점수이다. 이는 A씨가 효과적인 직업 결정을 내리는 데 필수적인 의사 결정 기술이 아주 잘 발달 되었다고 볼 수 있다. 자신의 능력과 흥미를 다양한 교육 전공과 직업의 요구사항과 보상에 맞출 준비가 되어 있을 것으로 보인다. 상담자는 점수가 아주 높게 나온 의사결정을 그대로 믿지 말고 다시 한번 확인할 필요성도 있다.

4) 일의 세계에 대한 정보(WW)

일의 세계에 대한 정보 점수는 평균 수준의 높은 점수이다. 이는 진로 결정을 지원하기 위한 광범위한 정보를 어느 정도 가지고 있다고 판단된다. 아마 직업 세계에 대한 A씨의 관점은 프로야구 선수라는 좁게 정의된 특별한 영역에 국한되어 있을 가능성이 있다. 따라서 상담자는 A씨가 특정한 선택에 전념하기 전에 지금 고려하고 있는 특정한 직업에 대한 더 많은 정보를 모을 수 있도록 조력할 필요성이 있다.

5) 선호하는 직업군에 대한 지식(PO)

선호하는 직업군에 대한 지식 점수는 아주 높은 점수이다. 이는 A씨가 선호하는 직업에 대한 자세한 정보를 수집했음을 나타낸다. 이것은 A씨가 이제 몇 개의 직업 분야로 선택의 폭을 좁힐 준비가 되었을 수 있음을 나타낸다. 아마 직업가계도(genogram)에 나타나는 가까운 가족의 직업이 영향을 미쳤을 가능성도 배제하지 못할 것으로 보인다. 상담자는 직업가계도를 이용하여 상담을 하는 것도 고려해야 하겠다.

6) 진로발달 태도(CDA), 진로발달 지식 및 기술(CDK), 총체적인 진로성향(COT)

교육과 직업에 대한 결정을 충분히 할 수 있는 개인의 진로발달 태도 점수는 다소 낮으며, 진로발달 지식 및 기술 즉, 역량 점수는 매우 높게 나타났으며, 총체적인 진로성향 점수는 다소 높게 나타났다. 이러한 결과를 볼 때 A씨의 진로성숙도는 완전히 성숙되었다고 보기에는 어려워 보이며, 따라서 A씨가 현재 직면한 진로 문제와 관련된 특정한 발달과업을 다루는 태도나 역량인 극복자원을 종합적으로 탐색하여 상담할 필요성이 있다. 상담자는 A씨가 고등학생으로서 대학진학을 고려하고 있는 상황이므로, 진학상담 모형 중 진단, 탐색, 선택, 지원, 등록 단계 순을 밟으며 보편적으로 활용하고 있는 Chapman채프먼의 진학의사결정 모형을 참고하여 진학 시 고려할 요소와 절차를 같이 확인하여 진로 및 교육 계획 수립에 도움을 줄 필요성도 있다.

※ 참조
- Vocopher: The Online Career Collaboratory(http://www.vocopher.com)

MEMO

문제

■ 역할중요도(명확성) 검사(SI)의 의미, 해석과정과 척도를 기술하시오.

2009년		2010년		2011년		2012년		2013년		2014년		2015년		2016년		기출 횟수
1회	2회	1회	2회	1회	2회	1회	2회	1회	2회	1회	2회	1회	2회	1회	2회	

2017년		2018년		2019년		2020년		2021년		2022년		2023년	
1회	2회	1회	2회	1회	2회	1회	2회	1회	2회	1회	2회	1회	2회

※ 이 문제는 출제되지 않았으나, 다음의 상담사례 문제를 기술하기 위하여 필히 인지해야 할 내용임.

 해답

1) 역할중요도(명확성) 검사(SI)의 의미

수퍼의 진로발달 이론에 기초한 역할중요도(명확성) 검사는 Nevil네빌과 수퍼에 의해 개발되었으며, 개인의 서로 다른 역할의 상대적 중요성을 측정한다. 이 검사는 성 역할과 다문화 문제를 생애 전반에 걸친 경력 개발의 이해에 통합하는 데에도 유용하다. 이 검사는 다음의 그림과 같은 수퍼의 생애진로 무지개 모형에 기초하여 5가지 주요 생애역할인 학생(공부), 직업인(일), 시민(지역사회 봉사), 배우자(가족 및 가정) 그리고 여가인(여가)의 상대적 중요도 및 개인의 지향성을 측정한다. 이 검사는 내담자의 5가지 생애역할에 부여하는 개인적인 의미를 통찰할 수 있도록 조력하는 검사이다.

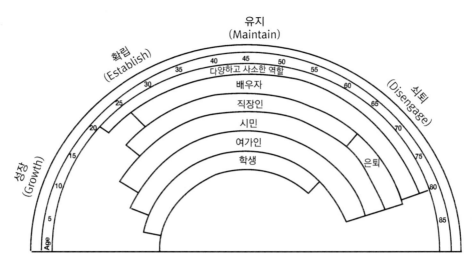

[그림 2-11] 수퍼의 생애진로 무지개

2) 척도

역할중요도(명확성) 검사는 5가지 주요 생애역할에 대하여 3가지 척도로 측정한다. 총 34개 진술문(statements)에 170개 항목(item)이 있다. 참여(10개 진술, 50항목), 몰입(10개 진술, 50항목) 및 가치 기대(14개 진술, 70항목)의 진술문에 답하고 4점 리커트 척도로 응답을 한다. 4점 리커트 척도는 1점: 전혀 안함(never), 2점: 가끔(sometimes), 3점: 자주(often), 4점: 항상(alway)이다.

〈표 2-6〉 역할중요도(명확성) 검사의 척도

척도(진술문 34개)	주요 생애역할				
	학생 (공부)	직업인 (일)	시민 (지역사회 봉사)	배우자 (가족 및 가정)	여가인 (여가)
① **참여**(participation)					
② **몰입**(commitment)					
③ **가치 기대**(value expectations)					

역할중요도(명확성) 검사는 5가지 주요 생애역할에 대한 아래와 같은 3가지 척도의 점수를 나타낸다.

① 참여: 어떤 역할에 투자한 시간과 에너지의 양을 나타낸다.

② 몰입: 어떤 역할에 대해 정서적으로 애착을 보이는 정도를 나타낸다.

③ 가치 기대: 어떤 역할에 대해 만족하는 정도를 나타낸다.

3) 해석

검사의 해석은 다음과 같이 한다.

역할중요도(명확성) 검사의 각 주요 생애역할에 대한 점수는 각 항목에 1점에서 4점까지 응답한 후 그 점수의 척도별 평균점수를 제시한다. 즉 점수의 범위는 1점에서 4점까지이다. 각 생애역할에 대한 3가지 척도의 점수가 높을수록 평소에 그 역할이 중요하다고 생각하고 충실하게 행동한다는 의미이다.

생애역할은 일반적으로 아동기에는 학생과 자녀로서 역할에 대한 책임감이 중요하고, 청소년기에는 직업인과 시민의 역할이 조금씩 증가한다. 학생을 벗어난 청장년기에는 대부분의 역할에 대한 책임감이 증가하며, 노년기에는 부모와 여가 활동을 제외한 대부분의 역할에 책임감이 소홀해진다.

1. 다음의 상담사례를 C–DAC 모형을 적용하여 역할중요도(명확성) 검사(SI) 결과를 해석하고 상담을 개입하시오(각 도구의 영역별 점수 제시됨).

○○세 A씨는 가정에서는 장남으로 학업성적은 중간 정도로 고등학교 대학 진학반에 있으며 야구부 활동을 하고 있다. A씨는 4년제 대학에 진학하고 싶고 프로야구 선수가 꿈이다. A씨는 현재 아르바이트를 하지 않지만, 예전에는 케이블 TV에서 아르바이트 한 경험이 있다. 그의 아버지는 자동차 수리공이며 A씨가 프로야구 선수가 되길 원하고, 어머니는 전업주부이며 A씨가 평범한 회사원이 되길 원한다.

2. A씨의 상담사례를 C–DAC 모형으로 상담을 할 때 다루어야 할 주제와 이슈를 기술하시오. ☞ 2번 문제는 '1장. 진로 이론'의 '4. 진로발달 이론' 부분에서 기술함.

2009년		2010년		2011년		2012년		2013년		2014년		2015년		2016년		기출 횟수
1회	2회	1회	2회	1회	2회	1회	2회	1회	2회	1회	2회	1회	2회	1회	2회	
					1						1		1			

2017년		2018년		2019년		2020년		2021년		2022년		2023년				
1회	2회	1회	2회	1회	2회	1회	2회	1회	2회	1회	2회	1회	2회			6
1						1										

척도	학생 (공부)	직업인 (일)	시민 (지역사회 봉사)	배우자 (가족 및 가정)	여가인 (여가)
참여 (participation)	3.5	3.4	2.1	3.3	2.5
몰입 (commitment)	3.2	3.0	2.2	3.0	2.4
가치 기대 (value expectations)	3.9	3.8	2.3	3.1	2.1

※ 저자가 임의의 점수를 영역별로 기입함.

✎ 해답

C–DAC 모형을 적용하여 역할중요도(명확성) 검사(SI) 결과를 해석하고 상담을 개입하시오(C–DAC 모형 1단계: 생애구조와 직업적 역할의 평가 부분임).

A씨는 자신의 5가지 생애 역할 중에서 상대적으로 다른 역할에 비하여 학생 역할을 가장 중요하게 생각하고 있으며, 참여(어떤 역할에 투자한 시간과 에너지의 양), 몰입(어떤 역할에 대해 정서적으로 애착을 보이는 정도), 가치 기대(어떤 역할에 대해 만족하는 정도)를 가장 많이 하는 것으로 나타났다. 학생 역할 다음으로는 직업인, 배우자, 여가인 순으로 나타났으며, 가장 낮게 나온 역할은 시민 역할이다.

A씨가 학생과 직업인이 가장 높은 순으로 나온 이유는 A씨가 현재 고등학생으로서 학업에 열중해야 할 때이고, 진로(진학)에 가장 고민을 많이 할 시기일 것으로 판단된다. 따라서 현재 학생이고 진로에 가장 고민이 많은 시기이기 때문에 시민과 여가(인)에 대한 역할의 중요성은 상대적으로 덜 중요하게 생각하고 있는 것으로 보인다. 배우자(가족 및 가정) 역할은 세 번째로 높게 나왔는데, 그 이유는 장남이지만 지금은 진학과 취업이 가장 최우선으로 해결해야 할 문제로 판단되며, 이 문제가 해결된다면 차 순위로 가정, 가족, 배우자의 역할을 기대하고 있는 것으로 추정할 수 있다. 시민 역할이 가장 낮게 나온 이유는 현재 본인의 입장 때문에 자신의 진로가 우선 해결해야 할 급선무이기 때문에 상대적으로 지역사회 봉사는 후 순위 역할로 뒤처지는 것으로 보인다.

상담자는 A씨와 상담을 통해서 이와 같은 결과를 같이 확인해 보고, 각 역할의 중요성을 명료화하고, 부모를 포함한 다양한 주변인도 알아 볼 필요성이 있다. 그리고 서로 갈등하는 역할이 무엇이며 보완해 주는 역할이 무엇인지 확인하고, 진로에 대해서도 계획하고 탐색을 할 수 있도록 조력해야 한다.

※ 부록의 'The salience inventory' 매뉴얼 참조

MEMO

Cheer Up

'노력에 따른 고통과 스트레스, 시간과 경제적인 투자 없이 얻은 결실은 가치가 없다' 라는 저자의 가언은 보편타당한 진리에 가깝다고 생각한다.

직업상담사 1급 자격 취득은 여러분의 스트레스와 고통 그리고 노력의 대가와 고귀한 가치를 반증해 줄 것이다.

직업상담사 1급 자격 취득 자기효능감을 가져라. Cheer Up!

3장.
노동시장 분석

3장 노동시장 분석

1. 경제활동인구조사와 노동시장 분석

우리나라 통계청 업무는 사회통계, 경제통계 그리고 농어업통계로 크게 나눌 수 있는데, 경제활동인구조사가 사회통계의 대표적인 업무이다.

1) 경제활동인구조사

경제활동인구조사의 목적은 국민의 취업과 실업 등과 같은 경제활동을 조사하여 거시경제 분석과 인력자원 정책 수립에 기초 자료를 제공하는 것이다. 조사 대상은 아래 그림과 같이 15세 이상 인구(생산 가능 인구)이며, 경제활동인구, 비경제활동인구, 취업자, 실업자와 관련된 항목으로 조사를 실시한다.

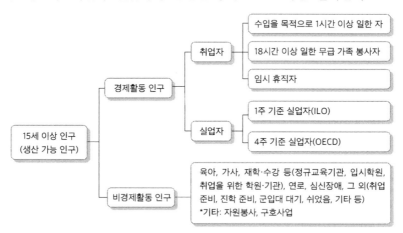

[그림 3-1] 경제활동인구조사 구성

이러한 경제활동인구조사를 통해 입수한 데이터로 우리나라 노동시장 분석에 활용된다. 직업상담사 1급 2차 실기 시험의 노동시장 분석 문제도 이 이치와 같다. 즉, 출제자가 경제활동인구조사를 통해 입수한 데이터를 지문으로 제시하면 여러분은 노동시장을 분석하는 것이다. 이 문제를 해결하기 위하여 경제활동인구조사에 사용되는 주요 용어와 노동시장 분석에 사용되는 용어 및 산식은 통계청의 내용을 액면가 그대로 옮기겠다. 용어의 정의와 산식은 정확해야 되기 때문이다. 우리나라 통계청이 경제활동인구조사에 사용하는 주요 용어는 다음과 같다. 본 수험서에는 시험에 출제되는 용어와 산식만 언급한다.

◎ 15세 이상 인구(생산 가능 인구): 만 15세 이상인 사람
◎ 경제활동인구

〈정의〉: 만 15세 이상 인구 중 조사 대상기간 동안 상품이나 서비스를 생산하기 위하여 실제로 수입이 있는 일을 한 취업자와 일을 하지는 않았으나 구직활동을 한 실업자의 합계.

〈해설〉: 15세 이상 인구 중 조사대상주간에 수입을 목적으로 1시간 이상 일한 취업자와 조사대상기간에 수입이 있는 일을 하지 않았고, 지난 4주간 적극적으로 구직활동을 하였으며, 조사대상기간에 일이 주어지면 즉시 취업이 가능한 실업자를 합하여 경제활동인구라 한다.

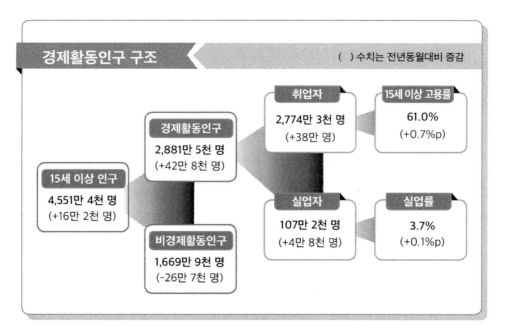

[그림 3-2] 2024년 1월 우리나라 고용동향 1

◎ 비경제활동인구

〈정의〉: 15세 이상 인구 중 경제활동인구가 아닌 인구

〈해설〉: 15세 이상 인구 중 조사대상주간에 취업자도 실업자도 아닌 상태에
있는 사람을 의미한다. 비경제활동인구는 활동 상태별로 육아, 가사,
정규교육기관 통학, 입시학원 통학, 취업을 위한 학원·기관 통학(고
시학원, 직업훈련기관 등), 취업준비, 진학준비, 연로, 심신장애, 군 입대
대기, 쉬었음, 기타로 구분할 수 있다.

◎ 취업자

〈정의〉: 15세 이상 인구 중 조사대상주간에 수입을 목적으로 1시간 이상 일
한 자를 의미하며 무급가족종사자와 일시휴직자를 포함한다.

〈해설〉: 동일가구 내 가족이 운영하는 농장이나 사업체의 수입을 위하여 주
당 18시간 이상 일한 무급가족종사자, 직업 또는 사업체를 가지고 있

으나 일시적인 병 또는 사고, 연가, 교육, 노사분규 등의 사유로 일하지 못한 일시휴직자도 포함한다.

◎ 실업자

〈정의〉: 15세 이상 인구 중 ① 조사대상주간에 수입이 있는 일을 하지 않았고, ② 지난 4주간 적극적으로 구직활동을 하였으며, ③ 조사대상기간에 일이 주어지면 즉시 취업이 가능한 사람을 말한다.

〈해설〉: 실업자는 국제노동기구(ILO) 국제기준에 따른 ①~③ 조건을 동시에 충족해야 한다.

2) 노동시장 분석

통계청의 경제활동인구조사를 통해 입수한 데이터로 노동 공급 측면과 노동 수요 측면의 노동시장 분석을 한다. 분석에 활용하는 주요 용어와 산식은 다음과 같다.

① 노동 공급 측면

◎ 15세 이상 인구(생산 가능 인구, 노동가능인구) = 경제활동인구 + 비경제활동인구

◎ 경제활동인구 = 취업자 + 실업자

◎ 경제활동참가율 = 경제활동인구 ÷ 15세 이상 인구(생산 가능 인구) × 100

◎ 취업률 = 취업자 ÷ 경제활동인구 × 100

◎ 실업률 = 실업자 ÷ 경제활동인구 × 100

◎ 고용률 = 취업자 ÷ 15세 이상인구(생산 가능 인구, 노동가능인구) × 100

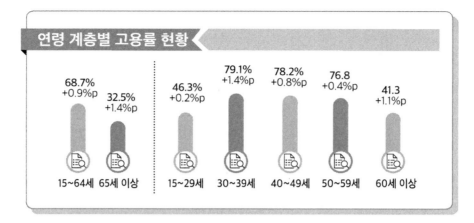

[그림 3-3] 2024년 1월 우리나라 고용동향 2

② 노동 수요 측면

◎ 1인당 부가가치 = 부가가치액 ÷ 취업자
– 1인당 부가가치는 종업원 1인이 일정기간 동안 창출한 부가가치를 의미함.
◎ 고용유발계수 = 취업자 ÷ 실질 GDP(10억 원)
– 고용유발계수는 특정 생산물 한 단위(10억 원)를 생산할 때에 해당 생산을 위해 직접적으로 필요한 고용량과 그 파급과정에서 간접적으로 유발되는 고용량을 합하여 나타낸 것.
◎ 부족인원 = (취업자 × 부족인원율) ÷ (1 – 부족인원율)
– 부족인원은 채용여부나 채용계획과 무관하게 당해 사업체의 정상적인 경영과 생산시설의 가동, 고객의 주문에 대응하기 위하여 현재보다 더 필요한 인원을 의미함.
◎ 부족인원율 = 부족인원 ÷ (현 인원 + 부족인원) × 100
– 부족인원율은 해당 산업의 현재 인원 대비 부족인원의 비율을 의미함.

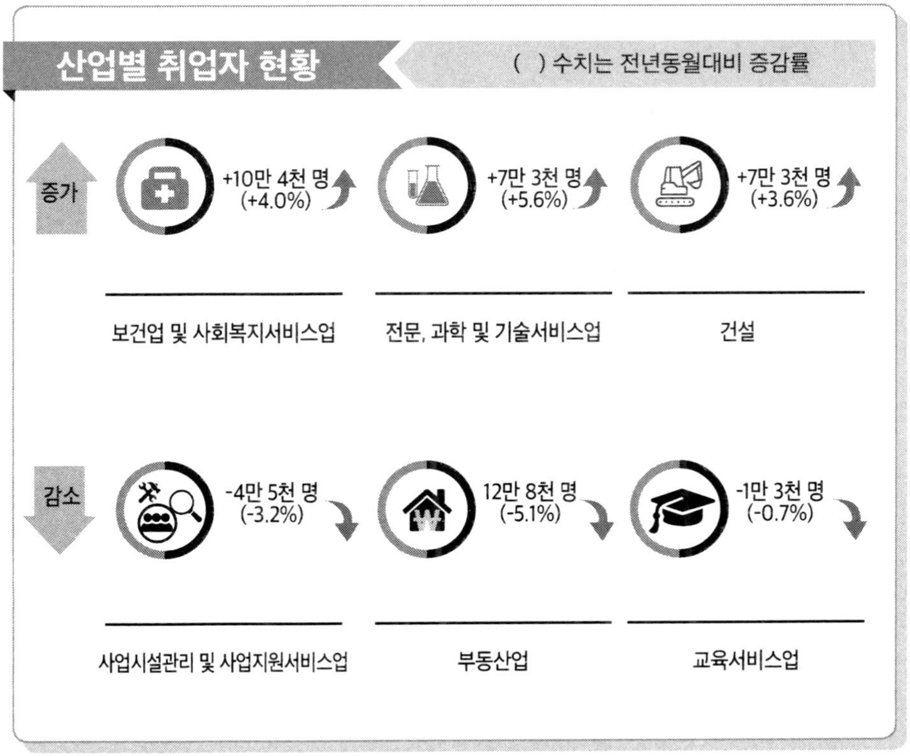

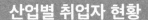

산업별 취업자 현황
( ) 수치는 전년동월대비 증감률
증가
+10만 4천 명
(+4.0%)
보건업 및 사회복지서비스업
+7만 3천 명
(+5.6%)
전문, 과학 및 기술서비스업
+7만 3천 명
(+3.6%)
건설
감소
-4만 5천 명
(-3.2%)
사업시설관리 및 사업지원서비스업
12만 8천 명
(-5.1%)
부동산업
-1만 3천 명
(-0.7%)
교육서비스업

[그림 3-4] 2021년 1월 우리나라 고용동향 3

2. 노동 공급과 수요 측면의 노동시장 분석

 문제 Type 1

기출 문제

1. 다음 표를 보고 각 학력별 경제활동참가율, 취업률, 실업률, 고용률을 구하시오.

구분	중졸	고졸	2-3년제 졸	대졸
15세 이상 인구	3,285	2,651	3,846	22,983
취업자	178	1,181	2,598	16,859
실업자	25	124	199	497
비경제활동인구	3,082	1,346	1,049	5,627

2. 다음 표를 보고 1인당 부가가치, 고용유발계수, 부족인원을 각각 구하시오.

구분	1차	2차	3차
부족인원율	3.0%	5.0%	3.0%
취업자	1,609	7,000	16,000
부가가치	50억	600억	900억

위에서 구한 자료를 기초로 수요와 공급 측면에서 노동시장을 분석하시오.

 해답

1) 공급 측면의 노동시장 분석

지문에서 제시한 다음의 〈표 1〉을 활용하여 학력별 경제활동참가율, 실업률, 취업률, 고용률을 구하면 〈표 2〉와 같으며, 이를 기초로 공급 측면에서 노동시장을 분석하면 다음과 같다.

〈표 1〉

구분	중졸	고졸	2-3년제 졸	대졸
15세 이상 인구	3,285	2,651	3,846	22,983
취업자	178	1,181	2,598	16,859
실업자	25	124	199	497
비경제활동인구	3,082(27.8%)	1,346(12.1%)	1,049(9.4%)	5,627(50.7%)

※ 지문에서 제시한 표에 분석이나 설명에 필요할 때에는 %를 구하는 것도 좋음.

〈표 2〉

구분	중졸	고졸	2-3년제 졸	대졸
경제활동인구	203(1%)	1,305(6%)	2,797(13%)	17,356(80%)
경제활동참가율	6.2%	49.2%	72.7%	75.5%
취업률	87.7%	90.5%	92.9%	97.1%
실업률	12.3%	9.5%	7.1%	2.9%
고용률	5.4%	44.5%	67.6%	73.4%

※ Excel(엑셀)로 '노동공급 측면'의 '용어와 산식'을 적용해 표를 완성한다(경제활동인구는 분석을 위해 임의로 추가함).

15세 이상 인구는 만 15세 이상인 사람으로 경제활동인구와 비경제활동인구를 말한다. 이 집단의 학력별 15세 이상 인구(생산 가능 인구) 구성 현황을 살펴보면, 대졸이 전체 중 2/3 이상으로 나타나 압도적으로 많은 인원을 차지하고 있다. 그 다음으로 2-3년제 졸, 고졸, 중졸 순이다.

경제활동인구는 만 15세 이상 인구 중 조사 대상기간 동안 상품이나 서비스를 생산하기 위하여 실제로 수입이 있는 일을 한 취업자와 일을 하지는 않았으나 구직활동을 한 실업자의 합계이다. 즉, 15세 이상 인구 중 조사대상 주간에 수입을 목적으로 1시간 이상 일한 취업자와 조사대상기간에 수입이 있는 일을 하지 않았고, 지난 4주간 적극적으로 구직활동을 하였으며, 조사대상 기간에 일이 주어지면 즉시 취업이 가능한 실업자를 합하여 경제활동인구라 한다.

이 집단의 학력별 경제활동인구 현황을 살펴보면, 대졸이 전체 중 80%를 육박하여 압도적으로 많으며, 그 다음으로 2–3년제 졸(13%), 고졸(6%) 순이며, 중졸은 1%로 현저하게 적게 나타났다. 경제활동인구는 학력이 낮을수록 낮게 나타나는 추세이며, 대졸은 상대적으로 월등하게 높게 나타났다. 반면, 비경제활동인구는 대졸이 50.7%로 절반을 육박하면서 가장 많았고, 다음으로 중졸, 고졸, 2–3년제 졸 순으로 나타났다. 비경제활동인구는 15세 이상 인구 중 경제활동인구가 아닌 인구이다. 즉, 15세 이상 인구 중 조사대상 주간에 취업자도 실업자도 아닌 상태에 있는 사람을 의미한다. 비경제활동인구는 활동 상태별로 육아, 가사, 정규교육기관 통학, 입시학원 통학, 취업을 위한 학원·기관 통학(고시학원, 직업훈련기관 등), 취업준비, 진학준비, 연로, 심신장애, 군 입대 대기, 쉬었음, 기타로 구분할 수 있다.

경제활동참가율은 경제활동인구가 생산 가능인구(15세 이상 인구) 중에서 차지하는 비율을 말한다. 학력별 경제활동참가율을 살펴보면, 대졸이 75.5%로 가장 높게 나타났으며, 그 다음으로 2–3년제 졸(72.7%), 고졸(49.2%) 순으로 나타났으며, 중졸은 6.2%로 현저하게 낮게 나타났다. 경제활동참가율은 학력이 낮을수록 낮게 나타나는 추세이며, 중졸은 상대적으로 현저하게 낮게 나타났다.

취업자는 15세 이상 인구 중 조사대상 주간에 수입을 목적으로 1시간 이상 일한 자를 의미하며 무급가족종사자와 일시휴직자를 포함한다. 추가로 말하자면 동일가구 내 가족이 운영하는 농장이나 사업체의 수입을 위하여 주당 18시간 이상 일한 무급가족종사자, 직업 또는 사업체를 가지고 있으나 일시적인 병 또는 사고, 연가, 교육, 노사분규 등의 사유로 일하지 못한 일시휴직자도 포함한다.

취업률은 경제활동인구 중 취업자가 차지하는 비율을 말한다. 학력별 취업률을 살펴보면, 대졸이 97.1%로 가장 높게 나타났으며, 그 다음으로 2–3년제 졸(92.9%), 고졸(90.5%) 순이며, 중졸은 87.7%로 순으로 나타났다. 취업률은 학력이 높을수록 높게 나타났지만, 학력 간에는 큰 차이를 보이지 않고 소폭의 차이를 보이고 있다. 경제활동인구 현황은 학력에 따른 차이가 많이 나타나고 있으나, 취업률은 큰 차이가 나지 않음을 볼 수 있다.

실업자는 15세 이상 인구 중 조사대상 주간에 수입이 있는 일을 하지 않았고, 지난 4주간 적극적으로 구직활동을 하였으며, 조사대상 기간에 일이 주어지면 즉시 취업이 가능한 사람을 말한다. 학력별 실업자를 살펴보면, 대졸이 전체 중 50%를 육박하면서 압도적으로 나타났으며, 그 다음으로는 2-3년제 졸, 고졸 순이며 중졸은 3% 정도 수준으로 나타났다. 실업률은 경제활동인구 중 실업자가 차지하는 비율을 말한다. 학력별 실업률을 살펴보면, 중졸이 12.3%로 가장 높게 나타났으며, 그 다음으로는 고졸, 2-3년제 졸, 대졸 순이다. 학력이 높아짐에 따라 실업률이 소폭으로 낮아지는 것을 알 수 있다. 저학력자의 높은 실업률은 기술적 변화와 같은 외부 요인으로 장기간 악화되어 지속되는 실업 유형인 구조적 실업에 해당되는 것으로 보인다.

고용률은 만 15세 이상 인구 중에서 취업자가 차지하는 비율을 말한다. 고용률은 한 국가의 노동력 활용 정도를 나타내는 대표적인 고용지표로써, 실업률, 취업률이나 경제활동참가율에 비해 경기 변동의 영향을 적게 받으므로 사회지표로 널리 사용되고 있다. 학력별 고용률을 살펴보면, 대졸이 73.4%로 가장 높게 나타났으며, 그 다음으로 2-3년제 졸(67.6%), 고졸(44.5%) 순이며, 중졸은 5.4%로 현격하게 낮게 나타나고 있다. 즉, 학력이 높아짐에 따라 고용률이 높아지는 것을 알 수 있으며, 중졸은 한자리 수를 차지하면서 상대적으로 현저하게 낮게 나타났다.

이와 같은 결과로 노동공급 측면의 노동시장을 종합적으로 살펴보면 다음과 같은 결론과 시사점을 볼 수 있다.

첫째, 고학력자의 과잉 배출이다.

경제활동인구에 고학력자가 넘쳐나고 있다. 1990년대의 우리나라 대학 진학률은 30%대로 고등학교 졸업생 중 3명이 대학에 진학했으나, 수년 전부터 10명 중 8명이 대학에 진학해 OECD 국가 중 가장 높은 대학진학률 수준을 유지하고 있다. 대학 진학률이 높은 주요 원인은 높은 학구열, 대학 졸업자의 높은 임금,

대학 교육의 양적 확대 등등을 들 수 있다. 따라서 현재 우리나라 경제의 당면 과제인 고학력 인력의 구직 능력을 배양하고 고용 창출을 위해서는 성장 잠재력이 있고, 반도체, 바이오, 정보통신기술, IT, 엔지니어링, 금융 등등의 고부가가치 산업에 정부가 적극적으로 지원하고 육성하여 고학력 인력을 흡수할 수 있는 방안을 모색할 필요성이 있다. 고학력자가 비경제활동인구도 가장 높은 이유는 일차적으로 고학력자 과다 배출일 것이며, 이차적으로는 이들이 취업준비, 진학준비, 군 입대 대기자 등등이 주요 원인일 것이다.

이에 국가는 글로벌화와 급속도로 발전하는 산업의 구조 및 인구구조 변화에 부응하여 교육체제 개편 등으로 산업의 인적자원의 질과 고용가능성을 재고하는 것도 고려해야 하겠다. 이와 더불어 고학력자가 취업과 생산성 확대로 이어지는 정(+)적인 효과가 도출될 수 있는 여러 가지 정책이 필요하겠다.

둘째, 저학력자의 극히 낮은 경제활동참가율과 고용률이다.

고용률은 일정한 시기에 한 나라의 노동인구 중 일자리를 찾은 사람의 비율을 말하는 경제지표이며, 일반적으로 경제성장과 밀접한 연관이 있다. 경제가 성장하면 많은 일자리가 창출되어 기업에서는 그 만큼의 인력을 고용하여 고용률이 증가하기 때문이다.

고용률 부진은 저학력일수록 극명하게 나타나는 경향을 볼 수 있으며, 노동공급주체의 경제활동참가율과 연동되었다고 볼 수 있다. 저학력자의 고용악화는 저소득 가구의 소득 감소 원인으로 파악되고 있는 고령층 일자리의 감소와 관련이 있어 보인다. 즉, 노동집약산업의 사양화, 영세자영업자의 업계 위축, 고령층 일자리인 음식, 숙박업, 도소매업, 건설, 토목 등의 임시직, 일용직 중 상당한 비율이 저숙련직 고령층 일자리인 점을 감안했을 때 이 업종의 고용 상황이 눈에 띄게 고용창출 능력이 둔화됨에 따라 저학력자의 경제활동참가율이 상대적으로 크게 하락한 것으로 보인다. 우리나라 통계 조사 결과에 따르면, 이 업종의 계약 기간이 1개월 미만 임시직과 1개월~1년인 임시직은 매 분기마다 10만 명 이상이 감소하는 추세로 나타났다.

우리나라 정부와 기업은 저학력자의 경제활동참가율과 고용률을 높이기 위해서 서로 협력하여 저학력자가 할 수 있는 다양한 일자리 창출 확대를 해야 할 것이다. 정부는 경제를 활성화하기 위하여 소득세율 조정, 세제 지원 정책 등을 시행하고, 기업은 일자리 창출을 위하여 적극적으로 나서야 하겠다. 필요 시에는 정부가 일자리 창출을 하는 기업에 보조금 지원 정책을 확대 시행하는 것도 고려할 수 있겠다. 저학력자의 극히 낮은 경제활동참가율과 고용률은 노동시장의 낮은 수요와 높은 진입장벽이 원인이 될 수도 있다. 따라서 국가는 노동집약산업의 사양화 등으로 구직에 힘든 저학력자가 비경제활동인구로 고착되지 않도록 업계에서 필요한 기술을 습득할 수 있는 교육 및 취업프로그램 기회 제공도 적극적으로 할 필요성이 있다. 또한 저학력자의 경제활동참가율과 고용률을 높이기 위해서는 정규직의 고용보호를 완화하는 동시에 임시직과 일용직의 규제를 완화하는 정책도 고려해 볼 수 있겠다.

2) 수요 측면의 노동시장 분석

문제 지문에서 제시한 아래의 〈표 1〉을 활용하여 1인당 부가가치, 고용유발계수, 부족인원을 구하면 〈표 2〉와 같으며, 이를 기초로 수요 측면에서 노동시장을 분석하면 다음과 같다.

〈표 1〉

구분	1차	2차	3차
부족인원률	3.0%	5.0%	3.0%
취업자	1,609	7,000	16,000
부가가치	50억	600억	900억

〈표 2〉

구분	1차	2차	3차
부족인원	49.8	368.4	494.9
1인당 부가가치	3,107,520	8,571,428	5,625,000
고용유발계수	321.8	116.7	177.8

※ Excel(엑셀)로 '노동수요 측면'의 '용어와 산식'을 적용해 표를 완성한다.

먼저, 제1차, 제2차, 제3차 산업에 대해 살펴보자. 산업 전체를 제1차, 제2차, 제3차 산업부문으로 분류하는 방법은 예전부터 영국의 Colin Clark콜린 크라크 학자에 의해 시작되어 우리나라도 이를 상용하고 있다. 콜린 크라크에 의하면 제1차 산업이란 주로 자원을 채취, 생산하는 농업, 임업, 목축업, 수렵, 수산업 등 경제활동이 주로 원시적인 부문이며, 제2차 산업은 주로 제조, 가공하는 광업, 제조업, 건설업 등을 포함하는 생산부문으로써 제1차 산업보다 고도화된 부문이다. 제3차 산업은 제1차, 제2차 산업을 제외한 일체의 경제활동, 즉, 제1차 산업과 제2차 산업에서 생산된 물자를 수송, 판매, 그리고 서비스를 제공하는 건설, 교통, 운수, 상업, 공무와 자유업 등이다.

산업형태별 부족인원율을 보면, 제2차 산업이 가장 높게 나타났으며, 다음으로 제1차와 제3차 산업이 같은 수치를 기록하고 있다. 한편, 부족인원은 채용여부 및 채용계획과 무관하게 당해 사업체의 정상적인 경영과 생산시설의 가동과 고객의 주문에 대응하기 위해 현재보다 더 필요한 인원을 말한다. 산업형태별 부족인원을 살펴보면, 제3차 산업이 가장 높고 제2차, 제1차 산업 순으로 나타났으며, 제1차 산업은 현저히 낮게 나타났다.

부족인원율에 비해 제2차, 제3차 산업의 부족인원의 수치가 제1차 산업에 비해 큰 차이가 나는 이유는 제2차, 제3차 산업에서 필요로 하는 수요(구인)는 많으나, 그에 비해 공급(지원자)이 부족하다는 것을 알 수 있다. 또한 구직자의 눈높이가 맞지 않을 수도 있으며, 입사 후 조기 또는 중도 퇴직도 하나의 사유가 될 것으로 판단된다.

취업자는 15세 이상 인구 중 조사대상 주간에 수입을 목적으로 1시간 이상 일한 자를 의미하며 무급가족종사자와 일시휴직자를 포함한다. 다시 말해 동일 가구 내 가족이 운영하는 농장이나 사업체의 수입을 위하여 주당 18시간 이상 일한 무급가족종사자, 직업 또는 사업체를 가지고 있으나 일시적인 병 또는 사고, 연가, 교육, 노사분규 등의 사유로 일하지 못한 일시휴직자도 포함한다.

산업형태별 취업자를 살펴보면, 제3차 산업이 50% 가까이 차지하면서 압도적으로 많이 나타났으며, 그 다음으로 제2차, 제1차 산업 순이다. 이는 노동자가 제3차 산업에 가장 많이 재직하고 있으며, 그 다음으로 제2차 산업, 제1차 산업 순으로 취업하고 있다는 양상을 보여 주고 있다. 이러한 산업별 취업구조는 '페티의 법칙'으로 설명할 수 있다. 즉, 우리나라는 근대 경제의 발전으로 1인당 국민소득이 높아져 산업별 취업구조 경향이 농업·임업·수산업 등의 제1차 산업에 취업한 인구가 광업, 공업, 건설업, 제조업 등의 제2차 산업으로 이동하고, 다시 제2차 산업의 취업인구는 상업·금융업 등의 서비스 산업인 제3차 산업으로 이동하여 위와 같은 결과가 나왔다고 볼 수 있겠다.

부가가치는 생산 과정에서 새롭게 부가된 가치, 즉 구입한 생산 가치에 노동과 자본을 투입하여 창출한 제품에 부가된 가치이다. 산업형태별 부가가치를 살펴보면, 제3차 산업이 압도적으로 가장 높게 나타났으며, 그 다음으로 제2차 산업, 제1차 산업 순이다. 제3차 산업의 부가가치가 가장 높은 이유는 구입한 생산 가치를 재생산하여 창출한 가치에 대비하여 투자한 가치(노동과 자본)의 합이 제2차 산업, 제1차 산업과 비교해서 상대적으로 낮다고 판단된다.

1인당 부가가치는 종업원 한 명이 일정 기간에 창출한 부가가치이다. 산업형태별 1인당 부가가치를 살펴보면, 제2차 산업이 가장 높게 나타났으며, 다음으로 제3차 산업, 제1차 산업 순으로 나타났다. 이는 제2차 산업의 종사자 1인이 타 산업의 종사자보다 노동생산성이 월등하게 높음을 알 수 있다. 노동생산성은 일정기간 생산에 투입된 노동(근로시간, 근로자수)에 대한 산출물의 비율로써, 총체적인 산출물을 단일한 노동 투입의 관점에서 환산한 결과이다. 노동생산성의 향상은 노동 투입만의 결과에 의한 것이 아니라 자본, 노동, 기술, 경영능력 등 총체적인 요소 투입에 의해 나타난 결과이다.

고용유발계수는 특정산업 부문에 대하여 최종수요가 10억 원 발생하였을 경우, 해당 산업은 물론 다른 모든 산업에 직·간접적으로 발생되는 취업자 수를 말한다. 산업별 고용유발계수를 살펴보면, 제1차 산업이 50% 이상의 비율을 차지하며 가장 높게 나타났고, 그 다음으로 제3차 산업, 제2차 산업 순으로 나타났다. 이는 자원을 채취, 생산하는 농·임·수산업 등이 활발하여 그것을 원료로 하는 제2차, 제3차 산업에 시너지 효과를 내어 직·간접적으로 노동의 공급이 유발되었음을 예측해 볼 수 있다.

이와 같은 결과로 노동수요 측면의 노동시장을 종합적으로 살펴보면 다음과 같은 결론과 시사점을 볼 수 있다.

첫째, 산업 구조의 고도화 현상과 제2차 산업의 높은 부족인원률이다.

제1차 산업에 비해 상대적으로 제2차, 제3차 산업의 취업자 수가 월등히 높은 것을 볼 때 산업 구조의 고도화 현상으로 볼 수 있다. 즉, 우리나라는 근대 경제의 발전으로 1인당 국민소득이 높아져 산업별 취업구조 경향이 농업·임업·수산업 등의 제1차 산업에 취업한 인구가 광업, 공업, 건설업, 제조업 등의 제2차 산업으로 이동하고, 다시 제2차 산업의 취업인구는 상업·금융업 등의 서비스 산업인 제3차 산업으로 이동하여 제2차, 제3차 산업 중심으로 국민 경제 전체 산업이 변화하는 현상을 말한다.

이와 같이 산업구조의 고도화는 생산직 근로자 임금 대비 제3차 산업 종사자의 임금이 상당히 높아짐으로 인해 서비스업의 수요급증, 서비스업으로 고용이동 등이 되었다.

한편, 제조업, 광업, 건설업 등을 포함하는 생산부분인 제2차 산업은 현장직에 대한 구직자의 기피 현상으로 인해 구인난이 심각한 것으로 나타났다. 특히 제조 현장직은 구직을 하는 노동 공급 대비 구인을 하는 수요가 많아졌고, 이 기피 현상은 우리나라 노동시장의 인력수급에 대한 불균형이 확대된 주요 원인 중의 하나이다. 또한 제2차 산업 노동시장의 미스매치 현상 역시 팬데믹 (pandemic) 이전보다 확대되었다는 것이다. 우리나라 통계청의 보고서에 따르면, 젊은 30대 이하 연령층뿐만 아니라 40대도 제조 현장직을 기피하고 있으나, 일자리를 구하기 힘든 60대 이상 연령층에서만 제조 현장직에 취업하기를 선호하며 적극 구직에 나서고 있다.

이에 구직자, 국가와 기업은 제2차 산업의 부족인원률을 낮추기 위해 함께 다각도로 노력하고 모색함으로써 인력부족이 생산 차질로 연결되는 것을 차단

해야 할 것이다. 먼저, 구직자의 눈높이 문제로써 과다배출 된 고학력자들은 자신의 눈높이에 맞는 구직활동과 노동의 수요에 부응하지 못해 일자리를 찾지 못하는 상황이 벌어지고 있어 심각한 제2차 산업의 부족인원률을 상승시킨 것으로 판단된다. 통계청 보고서에 따르면, 사업체에서 인력을 채용하지 못한 가장 큰 사유는 임금수준과 근로조건 등이 구직자의 기대와 맞지 않는다는 것이다. 구직자는 고학력자 포화 상태, 노동 인구 구조의 고령화, 인력 수급의 불균형 등등의 현재 우리나라 노동시장 현황을 인정하고 눈높이를 조절해야 할 필요성이 있다.

국가와 기업은 우선 제2차 산업 현장의 물리적인 환경과 다양한 복리후생제도를 시행해 구직자들이 적극적으로 취업할 수 있는 여건을 제공할 필요성이 있다. 더불어 국내인에 비해 상대적으로 임금이 낮은 외국인 근로 인력을 대폭 확대하여 활용할 수 있도록 국가적인 차원의 외국인 고용 정책을 확대할 필요성이 있겠다.

둘째, 제3차 산업의 높은 부족인원이다.

제3차 산업은 제1차, 제2차 산업에 비해 압도적으로 취업자수와 부가가치가 높음에도 불구하고 부족인원이 가장 많다. 이는 산업통상자원부가 실시한 'ㅇㅇ년 산업기술인력 수급 실태조사' 결과인 '국내 12대 주력 산업인 소프트웨어, 바이오헬스 등의 산업기술인력은 작년 대비 ㅇㅇㅇ만 명으로 코로나19 영향 이후 최근 2년 연속 ㅇ% 증가했지만, 부족인원은 ㅇ만 명으로 전년보다 ㅇ.ㅇ% 증가'한 결과와 맥을 같이 한다고 볼 수 있다. 이러한 결과는 다음과 같은 이유를 들 수 있겠다.

우선, 구직자의 눈높이 문제이다. 시대의 흐름에 따라 점차 산업이 재래식 산업보다 정보화 또는 지식산업화의 경향이 나타남에 따라 인력 수요의 질적 변화는 한층 더 고도의 인적자원을 지향하게 된다. 과다배출 된 고학력자들은 자신의 눈높이에 맞는 구직활동과 노동의 수요에 부응하지 못해 구직에 실패하는 경우가 많을 것이다. 둘째, 구직자와 구인자 간 정보 미스매치(mismatch)이다.

구인자인 기업과 구직을 원하는 구직자간 취업정보의 미스매치로 구직자는 구직난에 구인자는 구인난에 봉착한 상황일 것이다. 셋째, 높은 이직률이다. 최근의 통계자료를 보면 대졸 구직자가 힘들게 취업을 했을지라도 1년 내에 직장을 그만 두는 비율은 5명 중 1명이며, 중소기업 취직자의 이직률은 62%에 달한다. 이러한 조기 실업은 부족인원수를 증가시키는 주요인이 될 것이다.

국가 경쟁력 강화를 위해서라도 구인자와 구직자 모두 3차 산업의 높은 부족인원수를 감소시키는 데 노력해야 할 것이다.

MEMO

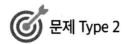

관내 경제는 어렵고 청년실업은 심각한 문제로 대두되고 있다. 20세~39세 비경제활동인구 중 구직단념자가 10% 포함되어 있다. 이번 행사의 주요 목적은 이들을 적극적으로 노동시장 참여를 유도하는 것이다.

1. 다음과 같은 표를 기초로 공급 측면의 노동시장을 분석하시오.

(단위: 명)

연령	취업인구	적극구직활동	비경제활동인구
15-19	3,000	500	4,000
20-29	50,000	5,000	35,000
30-39	70,000	3,000	30,000
40-49	65,000	2,500	25,000
50-59	40,000	2,000	25,000
60-	30,000	600	50,000

2. 다음과 같은 표를 기초로 수요 측면의 노동시장을 분석하시오.

산업별	취업인구	부족인원율
1차 산업	3% 미만	2% 내외
2차 산업	30% 내외	5% 내외
3차 산업	70% 내외	2% 내외

 해답

1) 공급 측면의 노동시장 분석

지문에서 제시한 다음의 〈표 1〉을 활용하여 연령별 생산가능인구, 경제활동 참가율, 취업률, 실업률, 고용률을 구하면 〈표 2〉와 같으며, 이를 기초로 공급 측면에서 노동시장을 분석하면 다음과 같다.

<표 1>

(단위: 명)

연령	취업인구	적극구직활동	비경제활동인구
15-19	3,000	500	4,000
20-29	50,000	5,000	35,000
30-39	70,000	3,000	30,000
40-49	65,000	2,500	25,000
50-59	40,000	2,000	25,000
60-	30,000	600	50,000

※ 20세~39세 비경제활동인구 중 구직단념자 10%: 6,500명

<표 2>

연령	생산가능인구(명)	경제활동참가율(%)	취업률(%)	실업률(%)	고용률(%)
15-19	7,500	46.7	85.7	14.3	40.0
20-29	90,000	61.1	90.9	9.1	55.6
30-39	103,000	70.9	95.9	4.1	68.0
40-49	92,500	73.0	96.3	3.7	70.3
50-59	67,000	62.7	95.2	4.8	59.7
60-	80,600	38.0	98.0	2.0	37.2

※ Excel(엑셀)로 '노동공급 측면'의 '용어와 산식'을 적용해 표를 완성한다.

비경제활동인구 중 구직단념자란, 취업 의사와 일할 능력은 있지만 노동시장
적인 사유로 이전 4주간 구직활동을 하지 않은 사람 중에 1년 안에 구직경험이
있는 자를 말한다. 즉, 구직 의사는 있지만 구직을 포기한 사람으로 볼 수 있다.
통계청에서 제시하는 노동시장적인 사유는 전공과 경력 그리고 원하는 임금수
준 등에 맞는 적당한 일거리가 없을 것 같아서이다. 또한 조사대상 주간 이전에
일자리를 찾았지만 일거리를 구하지 못한 것이다. 그리고 교육과 기술, 경험이
부족하거나 나이가 맞지 않을 것이라고 고용주가 생각할 것 같아서이다. 이러
한 비경제활동인구 중 20세~39세의 구직단념자는 10%로 나타나 6,500명에

달한다.

생산가능인구는 만 15세 이상인 사람으로 경제활동인구와 비경제활동인구를 말한다. 이 집단의 연령별 생산가능인구 구성 현황을 살펴보면, 30-39세가 가장 높게 나타났으며, 그 다음으로 40-49세, 20-29세, 60세 이상, 50-59세 순으로 나타났으며, 마지막으로 15-19세는 극도로 낮게 나타났다. 15-19세의 극히 낮은 생산가능인구는 우리나라의 저출산율에 기인한 것으로 보인다. 현재 우리나라 연령별 인구분포 현황은 50대를 기점으로 연령대가 낮을수록 점점 낮아지고 있다. 이는 저출산율이 직접적인 영향이 있다고 보인다.

경제활동인구는 만 15세 이상 인구 중 조사대상 기간 동안 상품이나 서비스를 생산하기 위하여 실제로 수입이 있는 일을 한 취업자와 일을 하지는 않았으나 구직활동을 한 실업자의 합계이다. 즉, 15세 이상 인구 중 조사대상 주간에 수입을 목적으로 1시간 이상 일한 취업자와 조사대상 기간에 수입이 있는 일을 하지 않았고, 지난 4주간 적극적으로 구직활동을 하였으며, 조사대상 기간에 일이 주어지면 즉시 취업이 가능한 실업자를 합하여 경제활동인구이다. 경제활동참가율은 경제활동인구가 생산가능인구(15세 이상 인구) 중에서 차지하는 비율을 말한다. 연령별 경제활동참가율을 보면 40-49세가 가장 높게 나타났으며, 그 다음으로 30-39세, 50-59세, 20-29세, 15-19세, 마지막으로 60세 이상이다.

취업자는 15세 이상 인구 중 조사대상 주간에 수입을 목적으로 1시간 이상 일한 자를 의미하며 무급가족종사자와 일시휴직자를 포함한다. 즉 동일가구 내 가족이 운영하는 농장이나 사업체의 수입을 위하여 주당 18시간 이상 일한 무급가족종사자, 직업 또는 사업체를 가지고 있으나 일시적인 병 또는 사고, 연가, 교육, 노사분규 등의 사유로 일하지 못한 일시휴직자도 포함한다. 통계청에 따르면, 15-19세 청년층의 취업자수가 적은 이유는 인구감소 현상의 영향이다.

취업률은 경제활동인구 중 취업자가 차지하는 비율을 말한다. 연령별 취업률을 살펴보면 60세 이상이 98%로 가장 높게 나타났으며, 40-49세(96.3%), 30-39세(95.9%), 50-59세(95.2%), 20-29세(90.9%), 15-19세는 85.7%로 가장 낮게 나타났다. 100세 시대에 기대수명이 증가해 고령층은 생계비와 주거비, 활동비 등등

경제적인 문제를 해결하기 위하여 취업률이 높게 나타난 것으로 보인다. 우리나라 고령층의 취업처는 다양하지만 정규직 보다는 비정규직, 일용직, 파트 타임(part time)으로 영세업에 많이 분포되어 있으며, 우리나라는 OECD 국가 중 노인 빈곤율이 최고 수준이다. 정부는 고령층의 경제활동 지원, 취업률 유지와 생산가능인구 감소를 막기 위하여 고령층 인력을 적극 더 활용할 수 있는 다양한 고용 정책을 강구 할 필요성이 있다.

실업자는 15세 이상 인구 중 조사대상 주간에 수입이 있는 일을 하지 않았고, 지난 4주간 적극적으로 구직활동을 하였으며, 조사대상 기간에 일이 주어지면 즉시 취업이 가능한 사람을 말하며, 실업률은 경제활동인구 중 실업자가 차지하는 비율을 말한다. 연령별 실업률을 살펴보면, 15-19세가 14.3%로 가장 높게 나타났으며, 그 다음으로 20-29세(9.1%), 50-59세(4.8%), 30-39세(4.1%), 40-49세(3.7%)이며, 60세 이상이 2.0%로 가장 낮게 나타났다.

고용률은 15세 이상인구(생산가능인구, 노동가능인구) 중에 취업자를 말한다. 연령별 고용률을 살펴보면, 40-49세가 70.3%로 가장 높게 나타났으며, 그 다음으로 30-39세(68.0%), 50-59세(59.7%), 20-29세(55.6%), 15-19세(40.0%)이며, 60세 이상이 37.2%로 가장 낮게 나타났다.

이와 같은 결과로 노동공급 측면의 노동시장을 종합적으로 살펴보면 다음과 같은 결론과 시사점을 볼 수 있다.

첫째, 구직단념자에 대한 대책 방안이 필요하다.

구직단념자는 경제활동인구에 해당하여 실업자로 인식하기도 하지만 조사대상 기간 중에 구직활동을 하지 않기 때문에 실업자로 구분되지 않고 비경제활동인구로 구분된다. 따라서 구직단념자의 수는 증가하고 있으나, 오히려 실업률은 낮아지는 착시효과가 발생하기도 한다. 즉, 20-29세의 실업률은 9.1%, 30-39세는 4.1%를 나타내고 있으나 실질적으로는 구직단념자의 수가 제외된 실업률인 셈이다.

이러한 구직단념자의 문제점을 해결하기 위해 이들이 취업에 도전할 수 있도록 국가의 정책과 더불어 기업의 동참이 필요하겠다. 일례로 모 지방 자치제에서 실시한 구직단념자 지원 정책은 관내의 취업난 문제를 해소하기 위해 시행되었다. 이 구직단념자 지원 정책의 요지는 만 18세-34세 청년이 '청년도전 지원사업'에 선착순 지원 상담, 취업역량 강화 교육, 멘토링, 면접 컨설팅 교육을 이수하면 일정한 취업지원금과 사회진입 지원 서비스를 제공하는 것이다.

이와 같은 정책은 한창 일하고 싶고 일할 나이인 20세-39세 연령층의 일자리 미스매치를 해소시켜 고용여건 악화를 어느 정도 막을 수 있다고 판단된다. 즉, 구직단념자의 주된 사유인 일거리가 없어서, 교육과 기술, 경험이 없어서, 임금과 근로조건이 맞는 일거리가 없어서 등등을 불식 시킬 수 있는 동기가 될 것으로 사료 된다.

둘째, 15-19세 연령대 청소년의 낮은 취업률(고용률 포함)과 높은 실업률이다.

우리나라 대학진학률은 수년 전부터 80%를 상회하여 OECD 국가 중에서 최고 수준이다. 그러나 이러한 교육환경에 속에서 대학진학을 포기하고 저학력자로서 노동시장에 뛰어드는 15-19세 연령은 많은 고충이 있을 것이다. 즉, 취업하기도 힘들고 실업률이 높을 수밖에 없는 이유는 낮은 연령, 저학력, 다양하지도 않고 적은 직무 직업 경험, 군 미필 등등으로 고용주의 기피현상일 것으로 판단된다. 국가에서는 노동시장에 진입하는 15-19세 연령층을 대상으로 구직을 도울 수 있는 공공근로를 비롯해 기업과도 연계한 정책을 다각도로 시행할 필요성이 있다.

한 연구 결과에 따르면, 취업 중인 저학력자와 취업 준비 중의 저학력자는 50% 이상이 대학 진학 또는 1년 이내에 대학진학을 준비한다는 연구가 있다. 이 부분도 국가차원에서는 진로의 사각지대에 있는 청소년들에게 체계적인 진로 및 직업교육 지원체계를 갖추어 기능할 수 있는 부분도 간과해서는 안 될 것으로 보인다.

셋째, 60세 이상 고령층의 낮은 경제활동참가율과 고용률이다.

고용률은 일정한 시기에 한 나라의 노동인구 중 일자리를 찾은 사람의 비율을 말하는 경제지표이며, 일반적으로 경제성장과 밀접한 연관이 있다. 경제가 성장하면 많은 일자리가 창출되어 기업에서는 그 만큼의 인력을 고용하여 고용률이 증가하기 때문이다. 고용률 부진은 60세 이상 고령층에 나타나는 경향을 볼 수 있으며, 노동공급주체의 경제활동참가율과 연동되었다고 볼 수 있다. 고령층의 고용악화는 저소득 가구의 소득 감소 원인으로 파악되고 있는 고령층 일자리의 감소와 관련이 있다. 즉, 노동집약산업의 사양화, 영세자영업자의 업계 위축, 음식, 숙박업, 도소매업, 건설, 토목 등의 임시직, 일용직 중 상당한 비율이 저숙련직 고령층 일자리인 점을 감안했을 때 이 업종의 고용 상황이 눈에 띄게 고용창출 능력이 둔화됨에 따라 고령층의 경제활동참가율이 상대적으로 크게 하락한 것으로 보여진다. 우리나라 통계 조사 결과에 따르면, 이 업종의 계약 기간이 1개월 미만 임시직과 1개월~1년인 임시직은 매 분기마다 10만 명 이상이 감소하는 추세이다.

우리나라 정부와 기업은 고령층의 경제활동참가율과 고용률을 높이기 위해서 서로 협력하여 그들이 할 수 있는 다양한 일자리 창출 확대를 해야 할 것이다. 정부는 경제를 활성화하기 위하여 소득세율 조정, 세제 지원 정책 등을 시행한다면, 기업은 일자리 창출을 위하여 적극적으로 나서야 하겠다. 필요할 경우에 정부는 일자리 창출을 하는 기업에 보조금 지원 정책을 확대하는 것도 고려할 만하다. 고령층의 낮은 경제활동참가율과 고용률은 노동시장의 낮은 수요와 높은 진입장벽이 그 원인일 것이다. 따라서 국가는 노동집약산업의 사양화 등으로 구직에 힘든 고령층이 비경제활동인구로 고착되지 않도록 업계에서 필요한 기술을 습득할 수 있는 교육 및 취업프로그램 기회 제공도 확대할 필요성이 있다. 또한 고령층의 경제활동참가율과 고용률을 높이기 위해서는 정규직의 고용보호를 완화하는 동시에 임시직과 일용직의 규제를 완화하는 정책도 고려해 볼 수 있겠다.

2) 수요 측면의 노동시장 분석

다음과 같은 표를 기초로 수요 측면의 노동시장을 분석하면 아래와 같다.

산업별	취업인구	부족인원율
1차 산업	3% 미만	2% 내외
2차 산업	30% 내외	5% 내외
3차 산업	70% 내외	2% 내외

제1차, 제2차, 제3차 산업에 대해 간략히 살펴보자. 산업 전체를 제1차, 제2차, 제3차 산업부문으로 분류하는 방법은 예전부터 영국의 Colin Clark콜린 크라크 학자에 의해 시작되어 우리나라도 상용하고 있다. 콜린 크라크에 의하면 제1차 산업이란 주로 자원을 채취, 생산하는 농업, 임업, 목축업, 수렵, 수산업 등 경제활동이 주로 원시적인 부문이며, 제2차 산업은 주로 제조, 가공하는 광업, 제조업, 건설업 등을 포함하는 생산부문으로써 제1차 산업보다 고도화된 부문이다. 제3차 산업은 제1차, 제2차 산업을 제외한 일체의 경제활동, 즉, 제1차 산업과 제2차 산업에서 생산된 물자를 수송, 판매, 그리고 서비스를 제공하는 건설, 교통, 운수, 상업, 공무와 자유업 등이다.

취업자는 15세 이상 인구 중 조사대상 주간에 수입을 목적으로 1시간 이상 일한 자를 의미하며 무급가족종사자와 일시 휴직자를 포함한다. 즉 동일가구 내 가족이 운영하는 농장이나 사업체의 수입을 위하여 주당 18시간 이상 일한 무급가족종사자, 직업 또는 사업체를 가지고 있으나 일시적인 병 또는 사고, 연가, 교육, 노사분규 등의 사유로 일하지 못한 일시 휴직자도 포함한다. 산업별 취업자 비율을 살펴보면, 제3차 산업이 70% 내외를 차지해 압도적으로 높게 나타났으며, 그 다음으로 30% 내외를 차지하는 제2차 산업이며, 마지막으로 제1차 산업은 3% 미만을 차지하며 극도로 취업자가 없음을 알 수 있다.

부족인원률은 해당 산업의 현재 인원 대비 부족인원의 비율을 의미한다. 산업별 부족인원율을 살펴보면, 제2차 산업이 5% 내외를 차지해 압도적으로 높게 나타났으며, 다음으로 제1차 산업과 제3차 산업이 2% 내외를 차지했다.

이와 같은 결과로 노동수요 측면의 노동시장을 종합적으로 살펴보면 다음과 같은 결론과 시사점을 볼 수 있다.

산업구조의 고도화 현상과 제2차 산업의 높은 부족인원률이다.

제1차 산업에 비해 상대적으로 제2차, 제3차 산업의 취업자 수가 월등히 높은 것을 볼 때 산업구조의 고도화 현상으로 볼 수 있다. 이러한 산업구조의 고도화 현상을 페티의 법칙으로 설명할 수 있겠다. 즉, 우리나라는 근대 경제의 발전으로 1인당 국민소득이 높아져 산업별 취업구조 경향이 농업·임업·수산업 등의 제1차 산업에 취업한 인구가 광업, 공업, 건설업, 제조업 등의 제2차 산업으로 이동하고, 다시 제2차 산업의 취업인구는 상업·금융업 등의 서비스 산업인 제3차 산업으로 이동하여 제2차, 제3차 산업 중심으로 국민 경제 전체 산업이 변화하는 현상을 말한다.

이와 같이 산업구조의 고도화는 생산직 근로자 임금 대비 제3차 산업 종사자의 임금이 상당히 높아짐으로 인해 서비스업의 수요급증, 서비스업으로 고용이동 등이 되었다.

한편, 제조업, 광업, 건설업 등을 포함하는 생산부분인 제2차 산업은 현장직에 대한 구직자의 기피 현상으로 인해 구인난이 심각한 것으로 나타났다. 특히 제조 현장직은 구직을 하는 노동 공급 대비 구인을 하는 수요가 많아졌고, 이 기피 현상은 우리나라 노동시장의 인력수급에 대한 불균형이 확대된 주요 원인 중의 하나이다. 또한 제2차 산업 노동시장의 미스매치 현상 역시 팬데믹 이전보다 확대되었다는 것이다. 우리나라 통계청 보고에 따르면, 젊은 30대 이하 연령층뿐만 아니라 40대도 제조 현장직을 기피하고 있으나, 일자리를 구하기 힘든 60대 이상 연령층에서만 제조 현장직에 취업하기를 선호하며 적극 구직에 나서고 있다.

이에 구직자, 국가와 기업은 제2차 산업의 부족인원률을 낮추기 위해 함께 다각도로 노력하고 모색함으로써 인력부족이 생산 차질로 연결되는 것을 막아야 할 것이다.

먼저, 구직자의 눈높이 문제로써 과다배출 된 고학력자들은 자신의 눈높이에 맞는 구직활동과 노동의 수요에 부응하지 못해 일자리를 찾지 못하는 상황이 벌어지고 있어 심각한 제2차 산업의 부족인원률을 상승시킨 것으로 판단된다. 통계보고서에 따르면, 사업체에서 인력을 채용하지 못한 가장 큰 사유는 임금수준과 근로조건 등이 구직자의 기대와 맞지 않는다는 것이다. 구직자는 고학력자 포화 상태, 노동 인구 구조의 고령화, 인력 수급의 불균형 등등의 현재 우리나라 노동시장 현황을 인정하고 눈높이를 조절해야 할 필요성이 있다.

국가와 기업은 우선 제2차 산업 현장의 물리적인 환경과 다양한 복리후생제도를 시행해 구직자들이 적극적으로 취업할 수 있는 여건을 제공할 필요성이 있다. 그리고 국내인에 비해 상대적으로 임금이 낮은 외국인 근로 인력을 대폭 확대하여 활용할 수 있도록 국가적인 차원의 외국인 고용 정책을 확대할 필요성이 있다.

Cheer Up

고용노동부나 통계청 등에서 발표하는 연간 고용동향, 노동정책 관련 보도 자료, 고용이슈와 각종 통계자료 등을 살펴보고 익히는 것이 많은 도움이 된다.
노동시장 분석 답안의 표를 작성할 때에는 Excel(엑셀)을 이용하여 시간을 버는 전략을 잘 세워라. 간단한 가감승제만 익히면 된다.

- 통계청 https://www.kostat.go.kr
- 고용노동부 https://www.moel.go.kr
- 한국고용정보원 https://www.keis.or.kr

직업상담사 1급 자격 취득 자기효능감을 가져라. Cheer Up!

●

4장.

행사 기획안

4장 행사 기획안

1. 행사 기획안 작성 기준

행사 기획안 작성은 2024년 직업상담사 1급 2차 실기 출제 기준 중 아래의 〈표 4-1〉과 같은 '각종 기획서 작성하기'에 해당하는 부분에 부합하도록 작성해야 한다.

〈표 4-1〉 2024년 직업상담사 1급 2차 실기 출제 기준

직업상담 마케팅	각종 기획서 작성하기	1. 노동시장을 분석할 수 있다. 2. 행사목적을 수립할 수 있다. 3. 행사 추진계획을 수립할 수 있다. 4. 행사를 사전 준비할 수 있다. 5. 행사를 진행할 수 있다. 6. 행사 사후조치를 할 수 있다.

즉, 행사 기획안은 위와 같은 내용이 모두 포함되어야 한다는 말이다. ① 이 책 3장의 노동시장 분석 문제를 토대로 ② 행사목적과 ③ 행사 추진계획을 수립하여 ④ 행사를 사전 준비할 수 있어야 하며, ⑤ 행사를 진행한 후 ⑥ 사후조치까지 할 수 있어야 한다. 이와 같은 말은 다소 거창하고 추상적으로 보일 것이다. 행사기획안 작성 요령과 방법에 관한 내용은 천차만별이나, 저자는 1급 직업상담사 국가자격시험과 관련된 가장 적합하고 효과적이라고 판단되는 '직업상담 NCS(국가직무능력표준)기반 훈련 기준'을 다음과 같이 추천하겠다.

① 행사범위 결정하기

행사주최의 취업지원 요구를 분석하여 행사의 목적을 명확히 할 수 있다.

취업지원 대상자의 특성, 행동방식, 요구에 따라 행사 내용을 결정할 수 있다.

행사 참가 기업과 강사 등 섭외 범위를 결정할 수 있다.

행사 기획 관련 법규, 규제, 정책을 조사하고 분석할 수 있다.

정보수집과 분석한 결과를 통하여 행사계획을 위한 범위를 결정할 수 있다.

② 행사 계획하기

분석 결과에 따라 구체적 행사의 계획 및 목표를 설정할 수 있다.

목표에 따라 행사 내용을 구성할 수 있다.

행사 기획에 따라 조직과 인력운영 계획을 편성할 수 있다.

행사 기획에 따라 예산, 일정, 홍보 전략 등 계획할 수 있다.

③ 행사 홍보하기

홍보 매체 및 대행업체를 선정할 수 있다.

매체별 특성에 따라 홍보 초안 및 문안을 작성할 수 있다.

매체 특성과 참여자 대상별 선호 매체에 따라 홍보를 실행할 수 있다.

참가 안내 발송 대상 데이터베이스를 취합하고 분류할 수 있다.

④ 행사 운영하기

행사 진행을 위한 물품/기자재의 체크리스트를 만들고 준비할 수 있다.

사전 리허설을 통하여 진행상의 문제점을 파악하여 대처할 수 있다.

각 프로그램의 운영시간을 조절하여 계획된 일정대로 운영할 수 있다.

현장상황에 따라 발생하는 요구사항과 돌발 상황에 대처할 수 있다.

⑤ 행사 평가하기

행사 운영 회의를 통한 행사 진행상의 결과를 분석할 수 있다.

행사 참여자의 특성과 만족도를 측정하고 분석할 수 있다.

분석된 내용을 중심으로 성공요인과 개선방안들을 도출할 수 있다.

결과보고서를 작성하여 차기 행사를 위한 자료로 활용할 수 있다.

다음과 같은 두 가지 유형의 행사 기획안을 참고하여 본인만의 행사 기획안 틀을 만들기 바란다. 그리고 그 틀에 본인의 내용을 채운 후 전술한 행사기획안 작성 요령과 방법에 관한 내용이 잘 녹아 있는지 확인하기 바란다.

> 위의 ◎ '노동시장 분석' 자료를 기초로 채용박람회 기획안을 작성하시오. 기획안에는 행사개요(행사명, 행사목적, 장소, 일시, 주최, 주관, 후원 등), 세부 추진계획, 업무분장과 예산, 사후관리 등의 내용이 있어야 함.

<우수기업 초청 취업박람회 기획안>

Ⅰ. 노동시장 배경 및 행사의 목적

최근 노동시장은 경기불황으로 실업 문제가 지속되고 있는 가운데 이 실업 문제를 해결할 구체적인 방안이나 대책이 미흡한 실정이다. 이에 본 기관에서는 실업자가 많은 2–3년제 졸, 대졸 등의 청년층 구직자와 이들을 채용할 기업이 한 자리에서 만나는 장을 마련하고자 한다. 본 취업박람회를 개최함으로써 청년층 구직자는 구직 기회를 가질 수 있으며, 구인자인 기업은 인재 발굴과 더불어 기업 이미지 제고의 기회를 가질 수 있다.

본 취업박람회의 궁극적인 목적은 취업난을 해소하기 위한 일환으로 구직자의 진로동기, 진로결정자기효능감과 진로성숙도를 높여 효과적인 진로준비 행동을 도와 취업이 되도록 하는 것이다.

Ⅱ. 행사 개요

- 행사명: 우수기업 초청 취업박람회
- 행사내용: 현장채용, 취업정보 제공, 취업컨설팅 및 부대행사
- 기간: ○○○○년 ○○월 ○○일~○○일 (2일간) 오전 10시 − 오후 5시
- 장소: A대학교 실내체육관
- 참가기업: B 사 외 49개 기업(구인 500명 이상)
- 참가 컨설턴트: 10명
- 참가 구직자: 2,500여명
- 주최 / 주관: A 대학교
- 후원: C 사, D 사

Ⅲ. 행사 추진계획

- 행사 기획 관련 법규, 규제, 정책의 적법한 테두리 내에서 취업박람회 추진위원회(TFT)의 주도하에 행사기획안은 프로그램 설계 모형인 ADDIE기법 [분석(analysis), 설계(design), 개발(development), 실행(implementation), 평가(evaluation)]을 적용하여 세부 행사계획 추진 및 수립
- 취업박람회 추진위원회(TFT) 구성은 대학의 취업관련 주무 부서장을 위원장으로 하고, 취업팀장, 취업 담당자, 외부 전문가 등으로 함
- 구인자(기업)와 구직자(2-3년제 졸, 대졸 등의 청년층)를 대상으로 실시한 설문조사 분석 결과를 본 프로그램 설계에 적용
- 행사장은 현장채용관, 취업정보관, 취업컨설팅관, 부대행사관으로 구성하

여 운영

- 행사 홍보 및 분위기 조성은 행사 3개월 전부터 지역 신문 및 방송, 현수막, 포스터, 기관 홈페이지, 핸드폰(카카오톡 등) 등을 이용
- 행사 대행 업체 선정

1. 현장채용관

1) 대기업

채용계획이 일정한 대기업을 우선 섭외 대상으로 선정하고, TFT와 기업 임원과의 간담회 개최 등을 통해 구인기업 및 구인인원 확보

2) 강소기업

강소기업은 대한상공회의소 및 중소기업청의 데이터를 적극 활용하여 상장기업 위주로 섭외

3) 기타 기업

구직자의 요구조사를 통해 기업 섭외 고려

2. 취업정보관

1) 채용정보실 운영

구직자의 선호도가 높은 대기업, 공무원, 공기업, 외국계기업 등의 채용정보 제공(채용계획, 채용규모, 자격요건, 채용 프로세스 등)

2) 자격정보실 운영

한국산업인력공단과 연계하고 국가 기술자격 및 민간자격증 등의 정보 제공

3. 취업컨설팅관

1) 컨설팅

구직자의 취업 기술을 향상시키기 위하여 영문이력서(resume)와 커버레터(cover letter) 클리닉, 국문이력서와 자기소개서 클리닉, 이미지 메이킹과 스피치 컨설팅 등 다양한 프로그램을 운영하여 취업률 제고 도모

2) 모의면접

대기업 인사담당자의 실전 모의면접과 외국인의 영어 모의면접을 체험하게 함으로써 구직자들의 면접 대응력 향상

3) 취업특강

취업 전문가를 초청하여 구직효능감(job-search efficacy) 향상을 위한 특강 개최

4. 부대행사관

1) 개막식

저명한 기업 CEO가 참여하는 가칭 '취업희망메시지'라는 행사로 구직자에게는 취업에 대한 희망의 메시지를 전달하고 기업에게는 고용 촉진을 유발

2) 행사 중

온라인 직업심리 검사, 타로카드 보기, 면접용 사진 찍기, 대학생 동아리 초청 공연 등

3) 폐막식

- A대학 총장의 기업에 대한 감사의 뜻과 구직자에게는 용기를 주는 메시지 전달

IV. 행사 세부 일정

1. 1일 차

시간 \ 장소	현장채용관	취업정보관	취업컨설팅관	부대행사관
10:00-10:30	등록 및 접수			
10:30-11:00	개막식(인사말: A, 환영사: B, 축사: C)			
11:00-12:00	채용설명회	채용정보, 자격정보	컨설팅, 모의 면접, 취업특강	- 직업심리 검사 - 타로카드 - 면접용 사진 찍기 - 동아리 공연
12:00-13:00				
13:00-17:00			컨설팅, 모의 면접	

2. 2일 차

시간 \ 장소	현장채용관	취업정보관	취업컨설팅관	부대행사관
~ 10:00	등록 및 접수			
10:00-11:00	채용설명회	채용정보, 자격정보	컨설팅, 모의 면접	- 직업심리 검사 - 타로카드 - 면접용 사진 찍기 - 동아리 공연
11:00-12:00				
12:00-13:00			컨설팅, 모의 면접, 취업특강	
13:00-14:00				
14:00-17:00			컨설팅, 모의 면접	
17:00-17:30	폐막식(A대 총장의 감사의 말)			

※ 사전 리허설을 실시하여 일정 시간 조율, 누락된 부분 보완과 돌발 사항을 대비해야 함.

V. 행사 소요예산

구분	금액(원)	비고
행사대행업체	50,000,000	행사장 비품 세팅 및 철거, 외국인 면접관 섭외, 부대행사
인건비	12,000,000	컨설턴트, 아르바이트생
홍보물 및 물품 제작	3,000,000	현수막, 홈페이지, 리플릿, 팸플릿, 안내 책자, 기념품, 사무용품, 명찰, 게시물 등 제작
식대 및 주차비	1,000,000	참여 기업 및 외빈
운영비	3,000,000	회의비, 식음료 및 다과 등
예비비	6,000,000	기타
총 액	75,000,000	

VI. 행사 업무분장

구분	내용	담당자
행사 전	행사 기획안 작성 및 홍보, 행사 대행업체 선정	TFT, 팀장
	섭외(모집): 내·외빈, 기업체, 구직자 모집, 컨설턴트, 부대 행사 관련자	직원A
	협조: 내·외부 기관 협조 요청	직원B
	행사장 설치: 부스 및 행사제반 전기, 기계, 비품 설치	직원C / 대행업체
	홍보물 및 물품제작: 현수막, 홈페이지, 베너, 리플릿, 팸플릿, 안내 책자, 기념품, 사무용품, 명찰, 게시물 등 제작	직원D / 대행업체
행사 중	내·외빈 의전활동, 행사장 총괄업무	팀장
	현장채용관 운영, 행사장 사진 찍기	직원A
	취업정보관 운영	직원B
	취업컨설팅관 운영, 부대행사관 운영	직원C
	행사 안내 데스크 운영(안내물과 기념품 배부, 설문조사 작업업무)	직원D
	행사 안내요원 관리	직원E
	외부 기관 관련 업무	직원A
	행사 시설 관련 업무(기계, 비품)	직원B
행사 후	행사장 철수 및 정리	직원B / 대행업체
	행사결과 보고서(결산, 행사 효과, 설문조사 분석, TFT 평가 결과 등)	직원C
행사 전/중/후	예산 집행, 행사 전반의 준비 사항 체크	직원D

* 모든 업무 분장은 행사 TFT에서 확정하고 조정함.

VII. 행사 시설

항목	수량(개)	비고
메인 게이트	1	행사장 입구
행사안내 데스크	1	간판 포함
등록카드 작성대	5	사각테이블 4개, 의자 20개
부스설치용 4인용 테이블	60	현장채용관, 취업정보관, 컨설팅관, 부대행사관
부스용 의자	300	현장채용관, 취업정보관, 컨설팅관, 부대행사관
노트북, 프린트, 설치용 부스	5	노트북10개, 프린터 5대 설치
인터넷 검색용 노트북	5	무선랜카드 설치 기종
인·적성 검사용 노트북	5	무선랜카드 설치 기종
프린터	5	이력서 인쇄 및 인·적성검사 출력용
대형 영상 TV	2	도우미 앰프 및 노트북 설치 포함
야외 게시판	2	기업모집공고 부착용
현수막(대형)	1	체육관용
현수막(중형)	1	야외 부착용
현수막(소형)	5	야외 부착용
현수막(스탠딩)	5	야외용
가로등 배너	10	야외 부착용
바닥공사	1	체육관 바닥 보호용 카펫 설치

* 이외 PC 및 기타 장비는 참가 업체에서 준비함.

VIII. 기대 효과

- 청년층 취업률 제고
- 구직자에게 구직효능감을 고취시키고 직무요구 역량을 함양할 수 있는 동기 부여
- 구직자에게 다양한 취업관련 체험을 통해 직업세계에 대한 이해를 넓히고, 취업의 중요성을 인식시킴
- 구직자에게 미래에 대한 구체적인 목표설정 기회부여와 건전한 직업관을

함양함

－ 기업, 구직자, 행사 주최·주관 기관의 승승(win-win)효과와 유대 관계
　강화
－ A 대학의 긍정적인 홍보 효과

IX. 행사 평가 및 사후 조치

본 행사의 설계모형인 ADDIE에서 평가(E)는 CIPP 평가모형을 이용하여 상황
(context), 투입(input), 과정(process), 산출(product) 등의 4가지 측면에서 세부적으
로 평가한다.

－ 만족도 등을 설문조사 분석과 프로그램 TFT의 평가
－ 분석 및 평가 결과보고서 기안(차기 행사 자료로 활용)
－ 분석 및 평가 결과는 향후 프로그램 운영에 적극 참고(성공 요인과 개선 요인)
－ 구직자가 적극적인 구직활동을 할 수 있도록 독려(주기적으로 문자 보내고
　확인하기)
－ 참가 업체의 주기적인 관리

<별 첨>
1. 참가 기업 목록 1부.
2. 내, 외부 인사 및 행사 관련자 목록 1부.
3. 물품, 기자재 리스트 1부.
4. 구직자, 구인자용 만족도 설문지 1부.
5. 행사 팸플릿 1부.
6. 행사장 도면 및 배치도 1부.

MEMO

<h1 style="text-align:center;"><청년 채용박람회 기획안></h1>

김명희 (인천시청, 직업상담사 1급)

Ⅰ. 추진배경

1. 행사목적

○ 지속적으로 증가하고 있는 청년실업의 문제가 사회문제로 대두되고 있는 바, 채용박람회 개최를 통해 청년실업문제 해소를 위한 사회적 관심도 제고

○ 고용센터와 언론매체가 연계한 대규모 채용행사를 통해 청년층 실업대책 추진에 있어 사회적 참여의 필요성 제기

2. 추진방향

○ 신규 대졸자(졸업예정자 포함)는 물론 실직자와 전직자를 포함한 전 계층 구직자를 대상으로 행사를 진행하되 참가기업은 청년위주 직종 선정

○ 온라인 박람회의 장점을 극대화 하여 서울, 인천, 경기지역 및 전국의 구직자를 대상으로 행사 진행(사전매칭기능 강화로 기업이 원하는 최적의 인원을 채용할 수 있도록 지원)

○ 대졸청년 등 청년구직자에 대하여 국내 취업기회제공 및 해외취업과 최근 취업동향에 대한 정보를 제공하여 효과적인 구직전략 수립 지원

II. 행사 추진계획

○ 행 사 명 : ○○년 청년 채용박람회

○ 일시 : ○○년 ○○월 ○○일~○○일 오전 10시 – 오후 5시(2일간)

[온라인박람회 : ○○년 ○○월 ○○일~○○일(60일간)]

○ 장소 : 코엑스 1홀

○ 규모 : 참가기업 200개사, 참가구직자 20,000명

○ 행사구성 : 현장채용관, 기획행사관, 직업탐색관, 온라인박람회

○ 주최 : 고용노동부, KBS, 실업극복국민재단, Daum

○ 주관 : 서울지방고용노동청, KBS공익사업부, 실업극복국민재단, Daum 취업센터

○ 후원 : 한국경영자총협회, 대한상공회의소, 한국산업인력공단, 대학협의회 등

○ 사 업 비 : 140백만 원

III. 세부 추진사항(사전준비)

1. TFT 구성(기관별 업무분장)

기관명	주요 업무	행사당일 지원
고용노동부 (서울지방고용지청)	행사 총괄, 참여기업 섭외, 구직자 홍보, 예산지원 및 집행	행사 총괄 및 운영인력 지원
○○광역시	참여기업 섭외, 구직자 홍보, 예산지원	개막식 및 운영인력 지원
KBS (사업부)	방송홍보, 참여기업 섭외	개막식 행사 총괄 (아나운서 지원 등)
실업극복국민재단	운영지원, 구직자 홍보, 예산지원	운영인력 지원
Daum취업센터	온라인 박람회 운영, 운영지원, 홍보지원	실시간 홍보 지원

2. 기업섭외

구인기업 유치 및 맞춤구직자 섭외 : 8월부터 추진

○ 대기업(우량기업) 및 강소기업 우선 유치(300이상 사업장 40개 이상 포함)

○ 각 기업 공채기간을 파악하여 행사참여 유도

○ 주최, 주관 기관별 참여기업 목표량 관리(구인기업 모집현황 일일관리/공유)

3. 추진일정

일정		주요 업무
D-60	▶	TFT 구성, 참가기업 섭외 추진
D-50	▶	홍보물 제작(포스터, 현수막, 리플릿 등) 및 홍보실시
D-40	▶	온라인 박람회 홈페이지 Open, 행사 설치업체 확정
D-30	▶	참가기업신청 접수(홈페이지 동시진행), 초청인사 확정
D-20	▶	초청장 발송, 행사 안내 책자 구성안 확정, 참가기업 확정 등
D-10	▶	행사장 도면 확정, 기업대상 참가안내문 발송
D-2	▶	행사장 시설 설치
D-1	▶	행사 진행요원 현장 오리엔테이션

4. 예산계획

(단위 : 천 원)

구분	금액	산출내역	담당
계	140,000		
행사홍보	실비 실비 30,000 20,000	– 방송홍보(SPOT 20회) – 인터넷 홍보 – 포스터, 리플릿, 현수막 등 – 행사 안내 책자(15,000부)	KBS Daum ○○시 ○○시
행사장 임대	45,000	– 행사장 대관료 4일(설치/해체 포함)	실업극복 국민재단
온라인	실비	– 홈페이지 운영(인터넷 입사지원) – 이력서 및 자기소개서 컨설팅	Daum
행사장 설치	65,000	– 부스 및 현황판, 입구아치 설치 – 입구아치, 행사장 내·외부 장식	고용노동부

5. 운영인력 관리(고용센터 총괄)

○ 운영인력 : 50명

* 세부계획은 별도로 수립하여 추진(11월 중)

○ 주요 업무

– 운영인력은 상담원 등 전문 인력 위주로 구성, 참여기업 관리 및 행사관 운영에 대한 지원, 행사결과 자료수집 및 정리

IV. 행사진행

1. 채용행사관

○ 참가업체 200개사(채용 예정인원 2,000명)

○ 각 기업에 기본부스(3×3㎡) 제공, 노트북, 의자 테이블 등 물품 제공

○ 고용센터 직업상담사 20명 배치(업체 관리 및 면접진행 지원)

2. 기획행사관

○ 성취프로그램 및 일거양득 홍보관, 청년층 직업지도 프로그램관, 직업심리/적성검사관(고용노동부)

○ 해외 취업정보관, 직업훈련 및 자격정보관(한국산업인력공단)

○ 취업특강관(해외취업, NCS취업전략, 성공적 면접전략 – 전문 강사)

3. 온라인 박람회 운영

○ 홈페이지 운영(http://jobfair.net)

○ 사전 면접신청, 구인기업 맞춤인재 매칭 지원, 행사 참여안내, 프로그램 안내 등

○ 온라인 입사지원 및 서류전형 진행

4. 개막식

○ 일시 : ○○년 ○월 ○일 오전 ○○시 – ○○시(1시간)

○ 참석 내빈 : 12명 내외

○ 주요 내용 : 테이프 커팅, 현황 청취, 행사장 참관

Ⅴ. 행사 사후조치

○ 결과 보도자료 배포 : 행사 종료일

○ 채용확인 : 종료 후 60일간

– 채용결과 확인 : 3차(행사 종료 2주 이내, 4주 이내, 6주 이내)

– 미채용 기업 및 미취업 취업지원 지원서비스 제공(○○고용센터, ○○시 일자리센터)

○ 운영성과 및 정산 : 70일 이내

※ 붙임자료

 1. 참가신청서 서식(구인·구직) 1부.

 2. 참가자 만족도 조사서 1부.

Cheer Up

1급 2차 실기 시험은 극대수행검사임을 명심해야 한다. 여러분은 수험장에서 '시간은 금이다.'라는 명언과 체력의 중요성을 몸소 체험할 것이다. 평소 체력관리도 잘 하기 바란다.

직업상담사 1급 자격 취득 자기효능감을 가져라. Cheer Up!

나가며

본서를 들어가면서 밝혔듯이 수년 전 국내 처음으로 1급 2차 실기 수험서 초판을 내면서 가슴이 벅찼다. 몇 년 후 전정판 이후 개정판을 준비한 지금도 독자들의 포부를 현실화하는 조력자라는 책임감으로 어깨가 무겁고 심장이 두근거린다.

'직업상담사 1급이 직업상담 분야의 최고 전문가'라는 등식은 성립되지 않지만, 최소한 직업상담 전문가의 소양을 충분히 갖추고 정신 무장이 잘된 상담사라고 확신한다. 직업상담사가 진로 이론과 직업심리 검사에 대한 지식이 전무한 상태에서 상담자의 얄팍한 경험만으로 직업 상담을 한다는 것은 대단히 위험한 행동이다. 이는 기저(base)와 중심(hub)이 없이 상담자의 편협한 사고와 가치관으로 내담자에게 치명적인 악영향을 미칠 수 있기 때문이다.

예전에 저자는 1급 시험에 그리 높지 않은 성적으로 합격하였다. 저자의 취득 점수에 대하여 머리가 그리 썩 좋지 않다는 것 외에 구차스레 또 다른 변명을 둘러대자면, 시험공부를 위해 정리한 내용을 책으로 엮겠다는 야심이 앞서 시험 장벽이 되었기 때문이다. 그 당시 저자는 1급 2차 기출 문제를 갈구하고 분석하여 정리한 후 공부하는 과정이 여간 힘들지 않았다. 이 힘든 과정을 예비 1급 직업상담사가 저자의 전철을 밟는다고 생각하니 조금이나마 부담을 덜어주고 싶어 집필을 생각했다. 초판 때에는 저자의 합격 발표가 나기도 전에 원고가 출판사에 넘겨졌고, '나가며' 이 페이지만 합격 발표 후에 기술하였다.

1급 2차 시험에 출제되는 대표적인 진로 이론들은 모두 저자의 박사논문에 언급되었고, 이 직업상담 분야의 전공자로서 합격 여부에 다소 걱정을 했었으나 당시 합격의 영광을 안아 천만다행이었다. 크롬볼츠 박사의 '계획된 우연(planned happenstance)'에 비교되는 저자의 '계획된 해프닝(planned happening)'이었다. 이러한 맥락으로 출판된 초판의 내용은 많이 부족하고 아쉬운 점이 많았고, 전정판도 마찬가지였다.

본 개정판은 전정판 이후 수년간 누적된 새로운 정보와 자료를 추가하였고, 2023년에 1급 직업상담사를 합격한 서강대학교 취업지원팀의 황선영, 배혜정 선생님의 많은 도움으로 부족한 부분을 수정·보완하여 알맹이를 야무지고 튼실하게 하였다. 이 알맹이가 여러분의 직업상담사 1급 취득에 강력한 무기가 되기를 진심으로 기원한다.

직업상담사 1급 자격 취득 자기효능감을 가져라, Cheer Up!

1) 스트롱흥미도 검사(SII: Strong Interest Inventory)

2) 기술확신 척도(SCI: Skill Confidence Inventory)

3) 성격유형 검사(MBTI: Myers-Briggs Type Indicator)

4) 미네소타직업가치 검사(MIQ: Minnesota Importance Questionnaire)

5) 성인용 진로문제 검사(ACCI: Adult Career Concerns Inventory)

6) 진로신념 검사(CBI: Career Belief Inventory)

7) 진로발달 검사(CDI: Career Development Inventory)

8) 역할중요도(명확성) 검사(SI: Salience Inventory)

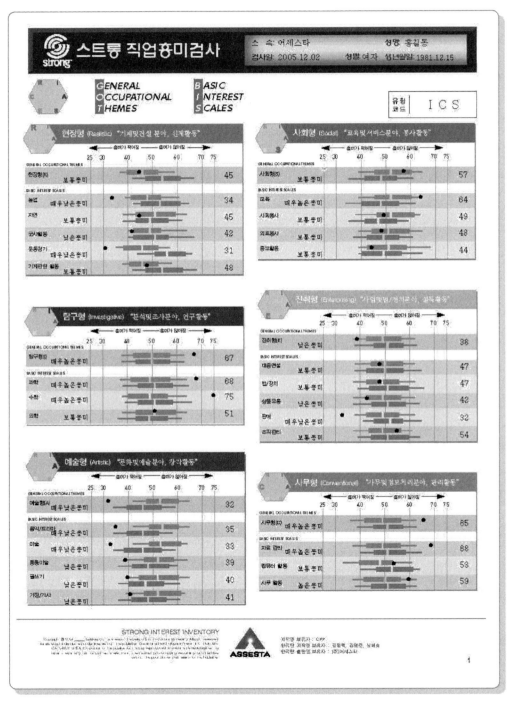

※ 출처: Assesta 온라인 심리검사(https://www.career4u.net)

STRONG INTEREST INVENTORY

PERSONAL
STYLE
SCALES

여자규준
남자규준

개인특성척도(PSS)

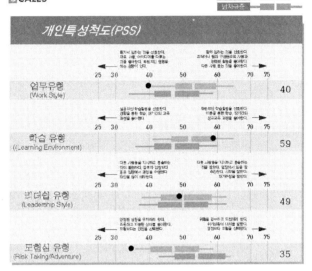

업무유형
(Work Style)

흥지서 일하는 것을 선호한다.
자료, 사물, 아이디어를 다루는
것을 좋아하며 특천적인 행동을
하는 경향이 아니다.

함께 일하는 것을 선호한다.
조직이나 팀의 구성원으로 사람과
관련한 활동을 좋아하며
다른 사람 돕는 것을 좋아한다.

25 30 40 50 60 70 75 | **40**

학습 유형
((Learning Environment)

실용적인 학습활동을 선호한다.
경험을 통한 학습, 단기간의 교육
훈련을 좋아한다.

학문적인 학습활동을 선호한다.
이론을 통한 학습, 장기간의
교육과 과정을 좋아한다.

25 30 40 50 60 70 75 | **59**

리더십 유형
(Leadership Style)

다른 사람들을 지나치게 통솔하는
것이 불편하다. 집주가 안됐다나
주로 입앞에서 경우를 수행하며
지나하게 많이 내세운다.

다른 사람들을 지나치게 통솔하는
것을 좋아하다. 업앞에서 일을 맡
이한다나 시작을 앞에다
자기주장을 한다.

25 30 40 50 60 70 75 | **49**

모험심 유형
(Risk Taking/Adventure)

안정된 상황을 유지하려 한다.
조심스럽고 조용한 상태를 좋아한다.
경험보다는 신중하다.

위험을 감수하고 모험적이다 한다.
위기상황이 대처를 잘한다.
성급하게 일을을 결정한다.

25 30 40 50 60 70 75 | **35**

문항 반응 요약

타당도 지수(반응 백분율)

직 업	22 %좋	34 %무	44 %싫
교 과 목	46 %좋	21 %무	33 %싫
활 동	37 %좋	26 %무	37 %싫
여 가 활 동	31 %좋	24 %무	45 %싫
사람들 유형	45 %좋	30 %무	25 %싫
선 호 활 동	33 %및	33 %?	33 %둘
합 계	31 %	30 %	40 %
특 성	57 %원	3 %=	40 %오
일의 세계	67 %원	0 %=	33 %오

TR지수(응답지수)	317
IR지수(희귀응답지수)	8

스트롱 직업흥미검사는 직업선택
및 경력개발을 위하여 진로를
탐색하고 설계해 가는데 도움을
주기 위하여 만들어졌습니다.
올바른 진로설계를 위하여 각
개인은 자신의 능력뿐 아니라
자신이 처한 다양한 정보들을
고려하여 현실적으로 성취 가능한
직업선택 및 경력개발을 신중하게
결정해야 합니다.
검사결과는 자신의 진로설계를
위해 필요한 정보들을 제공하고
있으며 올바른 검사결과의 해석을
위하여는 본 검사결과의 해석에
필요한 교육훈련과정을 이수하신
전문가의 도움이 필요합니다.

본 프로파일에 나타나 있는 개인별 검사결과는 모두 검정색점(●)으로
표시되어 있습니다. 또한 각 척도별로 여자규준은 적색으로 남자규준
은 청색으로 구분되어 있으므로 각 척도별로 검정색 점의 위치를 남
녀규준과 비교하여 상대적인 자신의 흥미정도를 파악할 수 있습니다.
각 척도별 점수는 모두 T점수로 표시되어 있습니다.

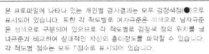

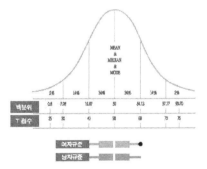

여자규준
남자규준

서울시 영등포구 국회대로 (8길 1), 섬부포장빌딩 2층 TEL. 02) 787-1490 FAX. 02) 787-1408 www.pssadvisa.com, www.career4u.net

※ STRONG직업흥미검사는 미국 CPP와의 계약에 의해 출판된 것으로 한국어판에 관한 권리와 책임은 전적으로 (주)어세스타에 있습니다.

2

STRONG 직업흥미검사 프로파일 해석 절차

STRONG 직업흥미검사는 개인의 일반직업분류(GOT), 기본흥미척도(BIS) 및 개인특성척도(PSS) 등 다양한 정보를 포함하고 있으므로, 직업과 관련된 선택상황에서 많은 정보를 제공해 줄 수 있는 도구입니다. 이 검사가 유용한 도구로 사용되기 위해서는 아래에 제시된 절차에 따라 검사결과에 대해 올바로 해석하는 과정이 반드시 필요합니다.

1. **타당도 지수 검토** ▶ 직업흥미검사 결과의 타당도를 확인하기 위해 타당도지수(문항반응요약분, TR, IR)를 검토해야 합니다.

2. **GOT 검토** ▶ 일반직업분류(GOT)에서 높은 점수를 받은 3개 코드를 기재합니다.

나의흥미유형

코드 ▷			
점수 ▷			

3. **BIS 검토** ▶ 기본흥미척도(BIS)에서 높은 점수를 받은 5개 명칭을 기재합니다.

나의 상위 BIS

명칭 ▷			
점수 ▷			

4. **PSS 검토** ▶ 개인특성척도(PSS)의 결과를 기재합니다.

업무유형   위험감수형
학습유형   리더십유형

5. **기타 고려사항 등을 기재** ▶ 검사결과 외에 고려해야 할 사항들을 기록합니다. (예 : 전공, 희망직업, 현실적인 고려사항 등)

6. **GOT, BIS, PSS, 고려사항 등을 포괄하여 GOT 코드 확정** ▶ 2~5번에 기록된 결과 및 아래에 제시된 GOT 특성, BIS 특성의 자료를 참조하여 자신에게 적합한 GOT 코드를 확정합니다.

GOT 코드확정 | |

7. **코드와 관련된 직업정보 탐색** ▶ 확정된 GOT 코드와 관련된 직업정보를 탐색합니다. (예: www.work.go.kr / www.assesta.com 등)

8. **실천 계획 수립** ▶ 직업과 관련된 실천계획과 스케줄 작성을 수립합니다.

일반직업분류(GOT)의 특성

	R(현장형)	I(탐구형)	A(예술형)	S(사회형)	E(진취형)	C(사무형)
성격특성	현장형의 사람들은 자연이나 옥외에서의 활동들을 좋아한다. 기계, 건축, 수선물을 그리고 군대활동 등이 이에 덕 한되며, 그들은 생각보다 행동에 덕 흥미를 느낀다. 또한 애매하고 추상적인 문제보다는 구체적인 문제를 더 좋아한다.	탐구형의 사람들은 과학적이고, 탐구적인 성향이 강하다. 그들은 정보를 수집하고, 새로운 사실 또는 이론을 발견하고, 자료를 해석하고 분석하는 것을 즐겨한다. 업무상황에 있어 다른 사람에게 의지하기 보다는 자기자신을 더 신뢰하고 의지한다.	예술형의 사람들은 심미적인 면에 가치를 두며 자기표현에 대한 욕구가 강하다. 자유로운 작업 예술분야에 참여하기 보다는 관념이나 관점으로 표현하는 것을 즐겨한다. 이들은 직업을 자료로서 즐기는 사람들도 이에 포함된다. 이들은 대부분의 크리에이션 활동에서도 예술적 흥미를 자주 표현한다.	사회형의 사람들은 사람들과 함께 일하는 것을 좋아한다. 그들은 잠재적으로 일하는 것, 작용을 공유하는 것, 즐거움을 받는 것을 즐긴다. 그들은 사람들과 감정에 대한 토론 및 상호작용을 통해서 문제해결하는 것을 좋아한다. 또한 사람들을 지도하고, 교육하는 것을 좋아한다.	진취적인 사람들은 리더십, 권력, 지위를 추구한다. 그들은 조직의 목표달성과 경제적 성취를 위해 다른 사람들과 함께 일하며, 이들을 이끄는 것을 좋아한다. 그들은 금전적 축적과 대인관계 측면에서 모험을 시도하고, 경쟁적인 활동에 참여하는 것을 좋아한다.	사무형의 사람들은 특히 자료의 조직화가 필요하고, 세밀하고 정확한 주의가 요구되는 활동을 수행하는 것을 좋아한다. 그들은 진취형의 사람들처럼, 큰 조직에서 일을 좋아하고, 조직내에서 지도적인 위치에 대해서는 특별한선호도 보이지 않는다.
특징적인 활동	• 구체적 결과가 있는 업무 수행하기 • 도구나 큰 기계를 활용조작하니 자신있어 하기 • 정교한 신체협응이나 손동작을 요구하는 도구를 사용하기 • 정밀한 기계 작동하기 • 고치고 작동고 수선하기	• 추상적이고 모호한 일 수행하기 • 생각을 통해 문제풀기 • 독립적으로 일하기 • 과학적/실험적인 작업 수행하기 • 연구하고 분석하기 • 데이터 수집 및 조직화 하기	• 글쓰기, 작문, 쓰기 • 청중적/예술활동(연회, 조각, 사진촬영) • 독립적으로 일하기 • 악기 연주하기 • 장식하고 디자인하기	• 가르치고 설명하기 • 계몽하기, 안내하기 • 조력하기 • 신설하고, 흥미되기 • 정보제공하기 • 조직하기 • 문제해결하기 • 토론 진행하기	• 판매, 구매하기 • 정치적 토론 및 연설 • 고객을 대접하기 • 회의, 집단, 조직 회사를 이끌기 • 연설, 이야기, 광고 • 사람과 프로젝트를 관리하기	• 사정분석 수행 • E이기경제 서류정리기 • 사무기기 작동시키기 • 사무실과 조직하기 • 회계자료 기록관리 • 사업보고서 작성하기 • 그래프와 차트 제작
대표적인 직업	R 자동차기술자 R 지트저작자 R 원예업자 R 경찰관 R 목축업자 Ri 전자니어 Ri 조종사 R 방사선기사 RIE 설비수선기사 RS 스킵관 RS 산업미술교사 RSE 창고감독자 E 건축업자 RC 군인	수학자 통계학자 IA 대학교수 IA 경제학자 IA 통역가 IA 과학관련- 일러스트레이터 IA 사회학자/심리학자 IC 컴퓨터프로래머 IR 화학자/지질학자/ 물리학자 IRS 물리치료사 IRE 식물영양학자 IRC 컴퓨터프로그래머	A 광고기획자 A 미술관장 A 미술교사 A 예술가 A 기자 A 변호사 A 사서 AS 국어교사/음악교사 ASE 의상디자이너 AE 조명사/조각가 ARE 사진작가 AI 인류학자 AI 의학관련 일러스트레이터	S 초/중등학교 교사 S 진로상담교사 S 특수 교육 교사 SE 보호관찰소 교사 SE 아동보호전문관리자 정신건강관리자 SE 지역사회육성지도자 SEA 사회과목교사 SCE 생산/제조업무자 SCA 간호사 SRE 농업진흥관리인 SI 취업지원실 직원 SIR 물리치료사 SA 사회사업가	E 자치단체장 E 생활설계사 E 공인중개사 ES 마케팅 홍보 ES 인사담당자 ES 판매관리자 ES 회사중역 ES 상점 관리인 EC 기계정비 관리원 ECA 여행사 직원 ECS 호텔 매니저 ECR 레스토랑 매니저 ER 경매인 EI 컴퓨터 판매인	C 경리사무원 C 사무직원 C 교정원 CR 전화교환원 CI 보험계리사 CIR 수학교사 CS 출납원 CSE 치과보조원 CSE 가족관리인 CE 회계사 CE 은행원 CES 상업교사 CES 비서/잡사무 CES 신용관리자

기본흥미척도(BIS)의 특성

GOT	BIS	특징	좋아하는 학습활동	일하고 싶은 곳	하고 싶은 작업
현장형	농업	농업, 목축업에 대한 관심과 야외에서 신체적 활동에 대한 흥미	농장/농업, 동물과학, 농산업 실습제/화학제품, 토양의 종류	농장/목장, 농림부서, 수목원 온실 및 묘목장	파종/추수, 동물사육/판매 농작물, 과일 및 묘목관리
	자연	자연의 아름다움 감상 및 야외에서의 오락 활동에 대한 흥미	생물학, 원예, 식물학 생태학, 조경학	자연보호지구, 공원, 수색센터 환경기구	조경, 화초/채소재배, 등산 국립공원 순찰
	군사활동	질서있고 뚜렷한 위계체계 및 조직화되고 구조화된 환경에 대한 흥미	군사과학, 관리/통솔력 법률심행, 역사	경찰국, 안기부, 군대 해안경비대	군사훈련, 선박지휘, 다른 사람 통솔하기, 명령내리기
	운동경기	스포츠와 관련된 다양한 흥미 및 관 또는 참가자료 운동에 관심	체육, 오락지도, 단체건강 스포츠 과학, 코치하기	고등학교/대학교, 공원/휴양부서 야영지, 프로 스포츠 분야	체육기료치기, 치료선수생활 오락활동 계획하기, 코치하기
	기계관련활동	중장비/기계 또는 정밀한 도구 사용에 대한 흥미	자동차 정비, 기계공학, 항공우주공학, 건축기술	공학관련회사, 전기지물 수리점 건축현장, 항공기/엔진 서비스시설	자동차/항공기 엔진 수리 라디오/텔레비전 수리, 치과용 기구 만들기, 주택건축
탐구형	과학	자연과학과 과학연구에 대한 흥미	물리학, 화학, 생물학 전자공학, 의학기술	대학/전문대학, 과학재단 실험실, 박물관, 연구소	실험하기, 과학장비사용 연구결과 분석, 과학이론 연구
	수학	숫자를 가지고 일하는 분야 및 통계적 분석을 수행하는 것에 대한 흥미	미적분학, 대수, 기하학 통계계획, 연구법	보험계리부, 첨단기술업계 화학실험실, 대학/전문대학	통계적 분석, 수학기료치기, 컴퓨터프로그램밍 경제전망분석
	의학	생물과학과 의학분야에 대한 관심	생물학, 생리학, 물리요법 약물학, 의학기술	병원, 의학연구실, 동물병원 건강 종합기관	의학연구, X-ray, 외과수술
예술형	음악/드라마	공연에 참여하거나 공연을 감상하는 것에 대한 흥미	클래식음악, 연기, 연극 음악공연, 오페라	극장, 콘서트홀, 영화 촬영소 음악/무용학교	음악연주/감상, 연극출연 연기 기료치기, 음악 기료치기
	미술	미술품 창작 또는 감상 또는 수집에 대한 흥미	미술, 역사, 회화, 그리기 디자인, 조각	화실/화랑, 미술관, 인테리어 디자인회사	그리기/칠하기, 미술품수집/전시 조각, 미술품목록만들기
	응용미술	시각적 디자인과 실용적 창작에 대한 흥미	건축, 사진, 제도, 만화, 삽화	건축회사, 사진촬영소 도안부서, 서적삽화 부서	건축설계, 홍보물제작 삽화그리기, 음식품그리기
	글쓰기	문학, 독서, 언어에 대한 흥미	국문학, 작문, 외국어 시·소설쓰기	대학/전문대학, 고등학교 출판사, 연기 연구소, 신문사	잡지기사쓰기, 국어기료치기 출판물 편집하기, 외국어 번역
	가정/가사	요리하기와 손님접대에 대한 흥미	가정학, 요리, 호텔경영 영양학, 음식	레스토랑, 식품 조달사업, 식품생산회사, 호텔연회부	음식 준비하기, 영양연구 가정학 기료치기, 식품조달
사회형	교육	학생-선생간의 밀접한 상호작용이 요한 어린이, 청소년 교육에 관심	다양한 교육 분야, 인간발달 보육, 교육, 사회과학	유치원/초등학교, 중·고등학교 사회교육원	어린이 교육, 사물로 되구를 설명하기, 사람들이 성공하도록 관리하기, 학습활동계획
	사회봉사	사람들과 함께 일하고 사람들을 돕는 인도주의 측면에 흥미	상담, 사회복지사업, 심리학 사회학, 보육, 특수교육	사회복지지관, 상담소, 보육원 정부복지지관	다른 사람의 어려움을 도와주기 복지에 대해 알리기, 상담 자원봉사관리
	의료봉사	의료환경에서 환자들에게 직접적 서비스 제공에 관심	생물학, 심리학, 응급처치, 의사보조, 간호학	진료실, 치과, 병원 X-Ray 진료소	응급처치하기, 소소 도와주기 작동하기, 물리치료 하기
	종교활동	조직화된 활동을 통해 영적/종교적 일에 관심	신학, 종교 연구/역사, 철학 윤리상담, 종교교리	교회, 회당, 종교 학교 국내/국외선교, 종교기관	예배 인도하기 종교교육 프로그램평성 종교직업 지도, 봉사자 지휘
진취형	대중연설	말로써 다른사람을설득하고, 주목받기를 원하고, 사람들의 생각, 관점에 영향을 주는 것에 관심	커뮤니케이션기술, 회술, 마케팅 사업경영, 성인교육	대기업, 기업훈련부서, 홍보실 선거운동본부	연설하기, 대중발표하기 세품소개하기, 성인교육하기
	법/정치	자기 주장이나 개념을 납득시키기 위한 토론 및 논쟁에 대한 흥미	법, 정치과학, 역사 사회과학, 경영	법률회사, 법무부, 관청 선거운동본부	법적 논쟁, 시민운동에 앞장서기 정치지도자 모금, 법률 입법 수립
	상품유통	체계적인 환경하에서 소매나 도매활동, 구체적인 상품판매에 대한 흥미	마케팅/영업, 소매업 경영, 광고 상품전시법, 구매	대규모 소매점, 중소기업 마케팅회사, 도매 해납소	소매점 경영, 중소기업 경영 소매상품구매, 광고효과업무
	판매	물건을 판매하기 위해 새로운 고객을 만나는 것에 대한 흥미	영업관리, 마케팅, 경영관리 휴자판매, 설득기술	자동차 대리점, 보험회사 영업/마케팅부서, 부동산 판매회사	고객과 통화하기, 새로운 고객 개발, 출장기기, 고객접대 상품판매
	조직관리	권위와 권력에 대한 관심 및 사람들을 감독하고, 조직할 시키고, 지휘하고, 지시하는 것에 대한 흥미	인적자원관리, 인사사무, 행정지도력, 사무관리, 경영학	회사, 산업 및 제조회사 상공회의소, 인사관리부	다른 사람감독, 취업자연금 사무실관리, 인사권한 결정
사무형	자료관리	평가와 결정에 필요한 회계, 통계, 수리 등의 자료로된 정보를 처리하고 다루는 것에 대한 흥미	회계/부기, 재정/금융, 통계 컴퓨터 자료처리, 경영정보학	신용업무부, 은행/대출회사 경영대학, 회계인 부서	자료관리, 자료관리 프로그램 사용하기 부기장정리하기, 수학 기료치기
	컴퓨터활동	컴퓨터와 사무기기를 사용하여 일하는 것에 대한 흥미	컴퓨터 과학, 경영정보 시스템 경영학, 재정/회계, 통계	첨단기술업계, 경영 대학 컴퓨터 부서	자료/컴퓨터 시스템 관리 세무관련 일하기, 프로그램사용 차트준비하기, 자료분노
	사무활동	사무업무 및 사무활동에 대한 흥미	사무실 관리, 사무절차, 인사자원 워드프로세서, 경영 교육	은행, 병원 접수국 의사 요청, 봉사일	문서작성하기, 사무기기 작동 인사기록 편집/철하기, 영수증 관리

4

strong

Strong Interest Inventory®
Profile with College Profile

College Profile developed by Jeffrey P. Prince

Report prepared for
JANE SAMPLE
Date taken
March 22, 2012

Interpreted by
Joseph Advisor
SC
Sample College

※ 출처: https://www.cpp.com

Strong Interest Inventory® Profile

HOW THE STRONG CAN HELP YOU

The *Strong Interest Inventory®* instrument is a powerful tool that can help you make satisfying decisions about your career and education. Whether you are just starting out in your career, thinking about a change, or considering education options for career preparation, you can benefit from the wealth of information reflected in your *Strong* results. Understanding your *Strong* Profile can help you identify a career focus and begin your career planning and exploration process.

Keep in mind that the *Strong* measures interests, not skills or abilities, and that the results can help guide you toward rewarding careers, work activities, education programs, and leisure activities—all based on your interests. As you review your Profile, remember that managing your career is not a one-time decision but a series of decisions made over your lifetime.

HOW YOU WILL BENEFIT

The *Strong* can be a valuable tool in helping you identify your interests, enabling you to

- Achieve satisfaction in your work
- Identify career options consistent with your interests
- Choose appropriate education and training relevant to your interests
- Maintain balance between your work and leisure activities
- Understand aspects of your personality most closely associated with your interests
- Determine your preferred learning environments
- Learn about your preferences for leadership, risk taking, and teamwork
- Use interests in shaping your career direction
- Decide on a focus for the future
- Direct your own career exploration at various stages in your life

HOW YOUR RESULTS ARE ORGANIZED

Section 1. General Occupational Themes
Describes your interests, work activities, potential skills, and personal values in six broad areas: Realistic (R), Investigative (I), Artistic (A), Social (S), Enterprising (E), and Conventional (C).

Section 2. Basic Interest Scales
Identifies specific interest areas within the six General Occupational Themes, indicating areas likely to be most motivating and rewarding for you.

Section 3. Occupational Scales
Compares your likes and dislikes with those of people who are satisfied working in various occupations, indicating your likely compatibility of interests.

Section 4. Personal Style Scales
Describes preferences related to work style, learning, leadership, risk taking, and teamwork, providing insight into work and education environments most likely to fit you best.

Section 5. Profile Summary
Provides a graphic snapshot of Profile results for immediate, easy reference.

Section 6. Response Summary
Summarizes your responses within each category of *Strong* items, providing data useful to your career professional.

Note to professional: Check the Response Summary in section 6 of the Profile before beginning your interpretation.

GENERAL OCCUPATIONAL THEMES   SECTION 1

The General Occupational Themes (GOTs) measure six broad interest patterns that can be used to describe your work personality. Most people's interests are reflected by two or three Themes, combined to form a cluster of interests. Work activities, potential skills, and values can also be classified into these six Themes. This provides a direct link between your interests and the career and education possibilities likely to be most meaningful to you.

Your *standard scores* are based on the average scores of a combined group of working adults. However, because research shows that men and women tend to respond differently in these areas, your *interest levels* (Very Little, Little, Moderate, High, Very High) were determined by comparing your scores against the average scores for your gender.

THEME DESCRIPTIONS

THEME	CODE	INTERESTS	WORK ACTIVITIES	POTENTIAL SKILLS	VALUES
Social	S	People, teamwork, helping, community service	Teaching, caring for people, counseling, training employees	People skills, verbal ability, listening, showing understanding	Cooperation, generosity, service to others
Artistic	A	Self-expression, art appreciation, communication, culture	Composing music, performing, writing, creating visual art	Creativity, musical ability, artistic expression	Beauty, originality, independence, imagination
Enterprising	E	Business, politics, leadership, entrepreneurship	Selling, managing, persuading, marketing	Verbal ability, ability to motivate and direct others	Risk taking, status, competition, influence
Conventional	C	Organization, data management, accounting, investing, information systems	Setting up procedures and systems, organizing, keeping records, developing computer applications	Ability to work with numbers, data analysis, finances, attention to detail	Accuracy, stability, efficiency
Investigative	I	Science, medicine, mathematics, research	Performing lab work, solving abstract problems, conducting research	Mathematical ability, researching, writing, analyzing	Independence, curiosity, learning
Realistic	R	Machines, computer networks, athletics, working outdoors	Operating equipment, using tools, building, repairing, providing security	Mechanical ingenuity and dexterity, physical coordination	Tradition, practicality, common sense

YOUR HIGHEST THEMES	YOUR THEME CODE
Social, Artistic	**SA**

THEME	CODE	STANDARD SCORE & INTEREST LEVEL	STD SCORE
Social	S	HIGH	62
Artistic	A	MODERATE	45
Enterprising	E	LITTLE	41
Conventional	C	LITTLE	40
Investigative	I	VERY LITTLE	34
Realistic	R	VERY LITTLE	32

The charts above display your GOT results in descending order, from your highest to least level of interest. Referring to the Theme descriptions provided, determine how well your results fit for you. Do your highest Themes ring true? Look at your next highest level of interest and ask yourself the same question. You may wish to highlight the Theme descriptions above that seem to fit you best.

BASIC INTEREST SCALES   SECTION 2

The Basic Interest Scales represent specific interest areas that often point to work activities, projects, course work, and leisure activities that are personally motivating and rewarding. As with the General Occupational Themes, your interest levels (Very Little, Little, Moderate, High, Very High) were determined by comparing your scores against the average scores for your gender.

As you review your results in the charts below, note your top interest areas and your areas of least interest, and think about how they relate to your work, educational, and leisure activities. Take time to consider any top interest areas that are not currently part of your work or lifestyle and think about how you might be able to incorporate them into your plans.

YOUR TOP FIVE INTEREST AREAS

1. Religion & Spirituality (S)
2. Counseling & Helping (S)
3. Teaching & Education (S)
4. Writing & Mass Communication (A)
5. Politics & Public Speaking (E)

Areas of Least Interest

Programming & Information Systems (C)

Protective Services (R)

Visual Arts & Design (A)

SOCIAL — High

BASIC INTEREST SCALE	STD SCORE & INTEREST LEVEL	STD SCORE
Religion & Spirituality	VH	67
Counseling & Helping	VH	66
Teaching & Education	H	65
Human Resources & Training	M	56
Social Sciences	M	51
Healthcare Services	VL	35

ARTISTIC — Moderate

BASIC INTEREST SCALE	STD SCORE & INTEREST LEVEL	STD SCORE
Writing & Mass Communication	H	63
Culinary Arts	M	59
Performing Arts	M	47
Visual Arts & Design	VL	32

ENTERPRISING — Little

BASIC INTEREST SCALE	STD SCORE & INTEREST LEVEL	STD SCORE
Politics & Public Speaking	H	58
Management	M	50
Marketing & Advertising	L	40
Sales	VL	36
Law	VL	34
Entrepreneurship	VL	32

CONVENTIONAL — Little

BASIC INTEREST SCALE	STD SCORE & INTEREST LEVEL	STD SCORE
Office Management	M	53
Finance & Investing	VL	36
Taxes & Accounting	VL	33
Programming & Information Systems	VL	31

INVESTIGATIVE — Very Little

BASIC INTEREST SCALE	STD SCORE & INTEREST LEVEL	STD SCORE
Research	L	39
Mathematics	L	37
Science	VL	35
Medical Science	VL	35

REALISTIC — Very Little

BASIC INTEREST SCALE	STD SCORE & INTEREST LEVEL	STD SCORE
Nature & Agriculture	L	41
Athletics	L	37
Military	VL	36
Computer Hardware & Electronics	VL	33
Mechanics & Construction	VL	32
Protective Services	VL	31

INTEREST LEVELS: VL = Very Little I L = Little I M = Moderate I H = High I VH = Very High

OCCUPATIONAL SCALES   SECTION 3

This section highlights your Profile results on the Occupational Scales of the *Strong*. On the following pages you will find your scores for 130 occupations. The 10 occupations most closely aligned with your interests are listed in the summary chart below. Keep in mind that the occupations listed in your Profile results are just *some* of the many occupations linked to your interests that you might want to consider. They do not indicate those you "should" pursue. It is helpful to think of each occupation as a single example of a much larger group of occupational titles to consider.

Your score on an Occupational Scale shows how similar your interests are to those of people of your gender who have been working in, and are satisfied with, that occupation. The higher your score, the more likes and dislikes you share with those individuals. The Theme codes associated with each occupation indicate the GOTs most commonly found among people employed in that occupation. You can review your top occupations to see what Theme codes recur and then explore additional occupational titles not included on the *Strong* that have one or more of these Theme letters in common.

YOUR TOP TEN STRONG OCCUPATIONS	Occupations of Dissimilar Interest
1. Speech Pathologist (SA)	Architect (ARI)
2. Librarian (A)	Athletic Trainer (RIS)
3. Mental Health Counselor (S)	Physicist (IRA)
4. Special Education Teacher (S)	Veterinarian (IRA)
5. Elementary School Teacher (S)	Medical Illustrator (AIR)
6. Social Worker (SA)	
7. Public Relations Director (AE)	
8. School Counselor (SE)	
9. English Teacher (ASE)	
10. Secondary School Teacher (S)	

As you read through your Occupational Scales results on this and the following pages, note the names of those occupations for which you scored "Similar." Those are the occupations you might want to explore first. Also consider exploring occupations on which you scored in the midrange, since you have some likes and dislikes in common with people in those occupations. You might also consider occupations of least interest or for which you scored "Dissimilar"; however, keep in mind that you are likely to have little in common with people in these types of work and probably would contribute to such occupations in a unique way. Your career professional can guide you further in the career exploration process.

Click the name of any of the occupations in your top ten list above to visit the O*NET™ database (http://www.onetonline.org) and see a summary description of that occupation. Learn about occupations by visiting reputable Web sites such as O*NET. You can also find career information in a public library, in the career library of a college or university near you, or in a professional career center or state or local government job agency. Supplement your research by talking to people who are working in the occupations you are considering. These people can describe their day-to-day work and tell you what they like and dislike about the occupation.

OCCUPATIONAL SCALES

SOCIAL — Helping, Instructing, Caregiving

THEME CODE	OCCUPATIONAL SCALE	DISSIMILAR / MIDRANGE / SIMILAR	STD SCORE
SA	Speech Pathologist		62
S	Mental Health Counselor		59
S	Special Education Teacher		59
S	Elementary School Teacher		58
SA	Social Worker		58
SE	School Counselor		57
S	Secondary School Teacher		55
S	Career Counselor		54
SE	Community Service Director		54
S	Instructional Coordinator		53
S	Middle School Teacher		53
SA	University Administrator		53
SEA	School Administrator		47
SEA	Human Resources Manager		46
SAE	Training & Development Specialist		46
SC	Customer Service Representative		45
SA	Rehabilitation Counselor		45
S	Religious/Spiritual Leader		43
SAI	University Faculty Member		43
SEA	Bartender		42
SAE	Human Resources Specialist		42
SE	Parks & Recreation Manager		40
SCE	Loan Officer/Counselor		38
SA	Recreation Therapist		35
SAC	Management Analyst		34
SAR	Occupational Therapist		34
SE	Personal Financial Advisor		34
SI	Registered Nurse		22
SIR	Physical Therapist		3

ARTISTIC — Creating or Enjoying Art, Drama, Music, Writing

THEME CODE	OCCUPATIONAL SCALE	DISSIMILAR / MIDRANGE / SIMILAR	STD SCORE
A	Librarian		59
AE	Public Relations Director		57
ASE	English Teacher		56
AE	Broadcast Journalist		54
AE	Advertising Account Manager		50
A	Translator		50
A	Reporter		45
ASE	Attorney		42
A	Arts/Entertainment Manager		39
ASI	ESL Instructor		38
ARE	Photographer		37
A	Editor		35
AIR	Technical Writer		32
AER	Public Administrator		31
AR	Artist		30
AI	Urban & Regional Planner		27
A	Musician		26
ASE	Art Teacher		20
ACI	Computer/Mathematics Manager		19
A	Graphic Designer		8
AIR	Medical Illustrator		-4
ARI	Architect		-20

Similar results (40 and above)
You share interests with women in that occupation and probably would enjoy the work.

Midrange results (30–39)
You share some interests with women in that occupation and probably would enjoy some of the work.

Dissimilar results (29 and below)
You share few interests with women in that occupation and probably would not enjoy the work.

For more information about any of these occupations, visit O*NET® online at http://www.onetonline.org

OCCUPATIONAL SCALES

ENTERPRISING — Selling, Managing, Persuading

THEME CODE	OCCUPATIONAL SCALE	DISSIMILAR / MIDRANGE / SIMILAR	STD SCORE
ECS	Facilities Manager		46
EAS	Elected Public Official		45
E	Life Insurance Agent		45
EC	Buyer		43
EAS	Marketing Manager		42
ESA	Operations Manager		38
E	Top Executive, Business/Finance		36
ERA	Chef		33
EAC	Florist		32
ECR	Purchasing Agent		32
ECR	Restaurant Manager		30
E	Technical Sales Representative		30
E	Realtor		29
E	Wholesale Sales Representative		29
EC	Cosmetologist		26
EAS	Flight Attendant		23
E	Sales Manager		23
E	Securities Sales Agent		22
EA	Interior Designer		13
ECR	Optician		9

CONVENTIONAL — Accounting, Organizing, Processing Data

THEME CODE	OCCUPATIONAL SCALE	DISSIMILAR / MIDRANGE / SIMILAR	STD SCORE
CS	Administrative Assistant		53
CES	Food Service Manager		50
CES	Nursing Home Administrator		50
CES	Business Education Teacher		48
CE	Paralegal		48
CES	Production Worker		44
CE	Credit Manager		43
CSE	Business/Finance Supervisor		41
CSE	Farmer/Rancher		36
CS	Auditor		34
CE	Financial Analyst		33
C	Health Information Specialist		33
C	Technical Support Specialist		28
CRE	Military Enlisted		25
CI	Computer Programmer		24
C	Accountant		23
CSE	Financial Manager		23
CIR	Network Administrator		21
C	Computer & IS Manager		20
CI	Software Developer		19
C	Computer Systems Analyst		15
CIR	Mathematics Teacher		12
CI	Actuary		7

Similar results (40 and above)
You share interests with women in that occupation and probably would enjoy the work.

Midrange results (30–39)
You share some interests with women in that occupation and probably would enjoy some of the work.

Dissimilar results (29 and below)
You share few interests with women in that occupation and probably would not enjoy the work.

For more information about any of these occupations, visit O*NET™ online at http://www.onetonline.org

OCCUPATIONAL SCALES

INVESTIGATIVE — Researching, Analyzing, Inquiring

THEME CODE	OCCUPATIONAL SCALE	DISSIMILAR	MIDRANGE	SIMILAR	STD SCORE
IAS	Psychologist				35
IAR	Sociologist				27
IES	Dietitian				24
IA	Geographer				23
I	Engineer				19
IAR	Physician				19
IRA	Chiropractor				14
IRA	Geologist				11
IRC	Medical Technologist				11
IR	Optometrist				10
IRS	Science Teacher				9
IRA	Biologist				8
IR	Chemist				7
IRA	Respiratory Therapist				5
IRC	Medical Technician				4
ICR	Pharmacist				4
IRC	Computer Scientist				2
IRC	Mathematician				2
IR	R&D Manager				1
IRA	Dentist				-4
IRA	Veterinarian				-7
IRA	Physicist				-12

REALISTIC — Building, Repairing, Working Outdoors

THEME CODE	OCCUPATIONAL SCALE	DISSIMILAR	MIDRANGE	SIMILAR	STD SCORE
RE	Law Enforcement Officer				28
RC	Landscape/Grounds Manager				22
REI	Military Officer				22
REI	Horticulturist				21
RIC	Engineering Technician				19
RSI	Vocational Agriculture Teacher				18
RI	Forester				15
RCI	Emergency Medical Technician				12
RIS	Radiologic Technologist				11
RIA	Carpenter				10
R	Automobile Mechanic				4
RIA	Electrician				3
RIS	Firefighter				1
RIS	Athletic Trainer				-18

Similar results (40 and above)
You share interests with women in that occupation and probably would enjoy the work.

Midrange results (30–39)
You share some interests with women in that occupation and probably would enjoy some of the work.

Dissimilar results (29 and below)
You share few interests with women in that occupation and probably would not enjoy the work.

For more information about any of these occupations, visit O*NET™ online at
http://www.onetonline.org

PERSONAL STYLE SCALES SECTION 4

The Personal Style Scales describe different ways of approaching people, learning, and leading, as well as your interest in taking risks and participating in teams. Personal Style Scales help you think about your preferences for factors that can be important in your career, enabling you to narrow your choices more effectively and examine your opportunities. Each scale includes descriptions at both ends of the continuum, and the score indicates your preference for one style versus the other.

Your scores on the Personal Style Scales were determined by comparing your responses to those of a combined group of working men and women.

YOUR PERSONAL STYLE SCALES PREFERENCES

1. You likely prefer working with people.
2. You seem to prefer to learn through lectures and books.
3. You probably prefer to lead by taking charge.
4. You may dislike taking risks.
5. You probably enjoy both team roles and independent roles.

Clear Scores
(Below 46 and above 54)
You indicated a clear preference for one style versus the other.

Midrange Scores (46–54)
You indicated that some of the descriptors on both sides apply to you.

PERSONAL STYLE SCALE		CLEAR / MIDRANGE / CLEAR		STD SCORE
Work Style	Prefers working alone; enjoys data, ideas, or things; reserved	◆	Prefers working with people; enjoys helping others; outgoing	73
Learning Environment	Prefers practical learning environments; learns by doing; prefers short-term training to achieve a specific goal or skill	◆	Prefers academic environments; learns through lectures and books; willing to spend many years in school; seeks knowledge for its own sake	62
Leadership Style	Is not comfortable taking charge of others; prefers to do the job rather than direct others; may lead by example rather than by giving directions	◆	Is comfortable taking charge of and motivating others; prefers directing others to doing the job alone; enjoys initiating action; expresses opinions easily	58
Risk Taking	Dislikes risk taking; likes quiet activities; prefers to play it safe; makes careful decisions	◆	Likes risk taking; appreciates original ideas; enjoys thrilling activities and taking chances; makes quick decisions	30
Team Orientation	Prefers accomplishing tasks independently; enjoys role as independent contributor; likes to solve problems on one's own	◆	Prefers working on teams; enjoys collaborating on team goals; likes problem solving with others	48

PROFILE SUMMARY

SECTION 5

YOUR HIGHEST THEMES	YOUR THEME CODE
Social, Artistic	SA

YOUR TOP FIVE INTEREST AREAS

1. Religion & Spirituality (S)
2. Counseling & Helping (S)
3. Teaching & Education (S)
4. Writing & Mass Communication (A)
5. Politics & Public Speaking (E)

Areas of Least Interest

Programming & Information Systems (C)

Protective Services (R)

Visual Arts & Design (A)

YOUR TOP TEN STRONG OCCUPATIONS

1. Speech Pathologist (SA)
2. Librarian (A)
3. Mental Health Counselor (S)
4. Special Education Teacher (S)
5. Elementary School Teacher (S)
6. Social Worker (SA)
7. Public Relations Director (AE)
8. School Counselor (SE)
9. English Teacher (ASE)
10. Secondary School Teacher (S)

Occupations of Dissimilar Interest

Architect (ARI)

Athletic Trainer (RIS)

Physicist (IRA)

Veterinarian (IRA)

Medical Illustrator (AIR)

YOUR PERSONAL STYLE SCALES PREFERENCES

1. You likely prefer working with people.
2. You seem to prefer to learn through lectures and books.
3. You probably prefer to lead by taking charge.
4. You may dislike taking risks.
5. You probably enjoy both team roles and independent roles.

RESPONSE SUMMARY

SECTION 6

This section provides a summary of your responses to the different sections of the inventory for use by your career professional.

ITEM RESPONSE PERCENTAGES

Section Title	Strongly Like	Like	Indifferent	Dislike	Strongly Dislike
Occupations	4	21	3	2	71
Subject Areas	11	15	13	7	54
Activities	2	36	7	4	51
Leisure Activities	52	11	11	4	22
People	13	25	44	6	13
Your Characteristics	33	44	0	11	11
TOTAL PERCENTAGE	**10**	**24**	**9**	**4**	**53**

Note: Due to rounding, total percentage may not add up to 100%.

Total possible responses: 291   Your response total: 290   Items omitted: 1   Typicality index: 21—Combination of item responses appears consistent.

CPP, Inc. I 800-624-1765 I www.cpp.com
© Full copyright information appears on page 1.

Strong Interest Inventory®
College Profile

USING YOUR THEMES

YOUR HIGHEST THEMES	YOUR THEME CODE
Social, Artistic	SA

To encourage exploration of your interests, your top *three* Themes are listed below in order of interest. Each Theme describes an important aspect of your interests and personality. Use all three Themes to identify college courses and academic majors that allow you to express what is important to you. The majors listed within each Theme are examples of some of the many related academic areas worth exploring.

CONSIDERING THEMES OF GREATEST INTEREST TO YOU

Social (S)
EMPATHIC HELPERS
Social students prefer to take a helping or altruistic approach involving teaching, developing, or caring for others.

TYPICAL COLLEGE MAJORS

Child Development	Ethnic Studies	Nursing	Secondary Education
Counseling	Family Studies	Occupational Therapy	Social Work
Criminology	Health Education	Physical Education	Special Education
Dietetics/Nutrition	Hearing and Speech	Public Health	Substance Abuse Counseling
Elementary Education	Home Economics	Recreation	Urban Studies
ESL Teaching	Human Services	Religious Studies	Women's Studies

Artistic (A)
CREATIVE COMMUNICATORS
Artistic students prefer to take a self-expressive or creative approach involving art/design, music, or writing.

TYPICAL COLLEGE MAJORS

Advertising	Classics	Fashion Merchandising	Mass Communication
Architecture	Comparative Literature	Fine Arts	Medical Illustration
Art Education	Creative Writing	Foreign Languages	Music Education
Art History	Dance	Humanities	Philosophy
Broadcasting	Design	Journalism	Photography
Cinematography	English	Linguistics	Theater Arts

Enterprising (E)
ACTIVE PERSUADERS
Enterprising students prefer to influence or lead others through selling the merits of ideas or products.

TYPICAL COLLEGE MAJORS

Business Administration	Hospitality	Management	Public Administration
Business Education	Hotel Management	Marketing	Public Relations
Consumer Economics	Human Resources	Organizational Leadership	Real Estate
Finance	Insurance	Personnel and Labor Relations	Restaurant Management
Government	International Business	Political Science	Retail Merchandising
History	International Relations	Pre-Law	Travel and Tourism

USING YOUR BASIC INTEREST SCALES

These scales indicate interests that are important to your overall lifestyle, both in school and out of school.

Use your strongest basic interests to explore college courses, extracurricular activities, internships, and part-time jobs. You show the greatest interest in the five areas outlined below (arranged in descending order of interest).

RELIGION & SPIRITUALITY — Very High
Ministering to others' spiritual or religious needs

CAMPUS ORGANIZATIONS/ACTIVITIES	INTERNSHIPS/JOB SETTINGS	COLLEGE COURSES
Community Service Group	Campus Ministry	Counseling
Peer Counseling	Hospice Care	Philosophy
Religious Group	Nonprofit Agency	Religious Studies

COUNSELING & HELPING — Very High
Working with and helping people in humanistic and altruistic ways

CAMPUS ORGANIZATIONS/ACTIVITIES	INTERNSHIPS/JOB SETTINGS	COLLEGE COURSES
Community Service Volunteer Work	Mental Health Clinic	Psychology
Peer Counseling	Nonprofit Organization	Social Work
Student Service Groups	Social Service Agency	Sociology

TEACHING & EDUCATION — High
Teaching young people in classroom settings

CAMPUS ORGANIZATIONS/ACTIVITIES	INTERNSHIPS/JOB SETTINGS	COLLEGE COURSES
Recreation Leader	Campus Outreach Program	Education
Teaching Assistant	Community School System	Human Development
Tutoring	Study Abroad Program	Psychology

WRITING & MASS COMMUNICATION — High
Using language and literature to communicate

CAMPUS ORGANIZATIONS/ACTIVITIES	INTERNSHIPS/JOB SETTINGS	COLLEGE COURSES
Campus Radio and TV	Advertising Agency	Communication
Foreign Language Club	Book Publishing Company	English
Student Publication	Newspaper/Magazine	Journalism

POLITICS & PUBLIC SPEAKING — High
Persuading and influencing others verbally

CAMPUS ORGANIZATIONS/ACTIVITIES	INTERNSHIPS/JOB SETTINGS	COLLEGE COURSES
College Political Group	Government	Mass Communication
Debate Team	Legislative Intern	Political Science
Student Government	Political Campaign	Speech/Rhetoric

USING YOUR OCCUPATIONAL SCALES

These scales identify jobs held by people with whom you share common interests, arranged in order of similarity of interests. Some occupations require specific training; however, many do not require a particular college major. Explore classes relevant to these occupations and consider related careers as well.

YOUR TOP STRONG OCCUPATIONS

OCCUPATIONAL SCALE	THEME CODE	EDUCATIONAL PREPARATION	COLLEGE COURSES	RELATED CAREERS
Speech Pathologist	SA	MA or PhD in speech pathology	Chemistry Biological Sciences Anatomy	Rehabilitation Counselor Hearing Technician Occupational Therapist
Librarian	A	Master's degree in library science (MLS)	Information Science Education Foreign Languages	Archivist Curator Computer Scientist
Mental Health Counselor	S	MA, plus certification or licensure	Psychology Sociology Human Development	Health Educator Substance Abuse Counselor Marriage and Family Therapist
Special Education Teacher	S	BA or MA, plus teaching certificate	Education Child Development Psychology	Child Counselor Recreation Therapist Occupational Therapist
Elementary School Teacher	S	BA or MA, plus teaching certificate	Education Child Development Communication	Preschool Teacher Child Counselor Reading Specialist
Social Worker	SA	BSW or MSW	Psychology Sociology Social Sciences	Community Organizer Clergy Marriage Counselor
Public Relations Director	AE	BA or MA in communication or public relations	Journalism Communication Business Management	Lobbyist Fundraiser Marketing Executive
School Counselor	SE	MA in counseling or education	Child Development Psychology Education	Psychologist Career Counselor Social Worker
English Teacher	ASE	BA or MA in liberal arts, plus teaching certificate	English Communication Education	Drama Teacher Writer Copywriter
Secondary School Teacher	S	BA or MA, plus teaching certificate or licensure	Education Communication Classes in subject area to be taught	Guidance Counselor Educational Administrator College Instructor

USING YOUR PERSONAL STYLE SCALES

Next, use your Personal Style Scales to identify the specific ways you prefer to approach whatever academic courses, majors, or jobs you undertake.

PERSONAL STYLE SCALE	PREFERENCES/ACTIVITIES
Work Style	• Your score suggests a preference for working closely or frequently with people rather than working alone. • You may prefer academic activities that focus on interpersonal interactions, such as study groups, group assignments, and helping others, rather than studying and researching on your own.
Learning Environment	• Your score suggests you enjoy the traditional student role and learning for the sake of learning. • You may prefer classroom lectures, theoretical readings, and library research to practical hands-on training or work-study programs.
Leadership Style	• Your score suggests a preference for taking charge through meeting, persuading, and directing others. • You may enjoy leading a student organization, coordinating campus events, or facilitating classroom discussions.
Risk Taking	• Your score suggests a preference for careful consideration before acting or deciding. • You may prefer academic work that involves research, reading, and "how-to" workshops rather than assignments that require approaching new things spontaneously or quickly.
Team Orientation	• Your score suggests a preference for a mix of academic activities depending on the circumstances. • You may enjoy a range of work, from independent assignments that require you to solve problems on your own to collaborative team projects.

See Applying Your Strong Results to College Majors at https://www.skillsone.com/Pdfs/Strong_College_Majors.pdf for guidance about researching and deciding on an academic major.

strong

Strong Interest Inventory®
Profile with Skills Confidence Inventory Profile

SCI Profile developed by Nancy E. Betz, Fred H. Borgen, and Lenore W. Harmon

Report prepared for
JANE SAMPLE
Date taken
March 22, 2012

Interpreted by
Joseph Counselor
Sample College

출처: https://www.cpp.com

LEVELS OF SKILLS CONFIDENCE BY THEME

Your *Skills Confidence Inventory* results describe how you perceive your own capabilities in performing activities related to the same six broad areas represented by the General Occupational Themes. Keep in mind that these results may not reflect your actual abilities; the results reflect how you rate yourself. Your own rating may influence what kinds of activities you try or avoid and may determine what occupations or educational programs you consider as possibilities for exploration.

Your confidence in each of the six areas is shown below. Additionally, you will see a Skills Confidence Theme code, which summarizes the areas in which you feel most confident performing particular activities.

SKILLS CONFIDENCE THEME CODE: SEC

THEME	CODE	CONFIDENCE SCORE & LEVEL	SCORE (1–5)	TYPICAL SKILL AREAS
Social	S	VERY HIGH	5	Education, counseling, social service
Enterprising	E	VERY HIGH	4.8	Sales, speaking, management
Conventional	C	HIGH	3.5	Finance, computers, organization
Investigative	I	MODERATE	3.2	Research, math, science
Artistic	A	LITTLE	2.4	Creative expression, music, design
Realistic	R	VERY LITTLE	1.7	Outdoor work, construction, repair

COMPARISON OF LEVELS OF SKILLS CONFIDENCE AND INTEREST

The chart below compares your skills confidence levels with your interest levels as measured by the *Strong*. Your Skills Confidence Theme code is shown above the chart, as is your *Strong* Theme code. Use this comparison of confidence and interest to help you select Themes you'd like to explore further to find satisfying career, educational, and leisure options.

SKILLS CONFIDENCE THEME CODE: SEC   STRONG THEME CODE: SA

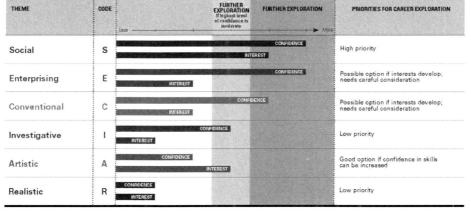

THEME	CODE	FURTHER EXPLORATION (If highest level of confidence is moderate)	FURTHER EXPLORATION	PRIORITIES FOR CAREER EXPLORATION
Social	S		CONFIDENCE / INTEREST	High priority
Enterprising	E		CONFIDENCE / INTEREST	Possible option if interests develop; needs careful consideration
Conventional	C		CONFIDENCE / INTEREST	Possible option if interests develop; needs careful consideration
Investigative	I	CONFIDENCE / INTEREST		Low priority
Artistic	A	CONFIDENCE / INTEREST		Good option if confidence in skills can be increased
Realistic	R	CONFIDENCE / INTEREST		Low priority

Total responses out of 60: 60

See Understanding Your Results on the Skills Confidence Inventory at https://www.skillsone.com/Pdfs/SCI_Understanding.pdf for ideas on using skills confidence information in career exploration.

WHAT IS THE SKILLS CONFIDENCE INVENTORY?

The *Skills Confidence Inventory* (SCI) is designed to help you recognize your level of confidence in skills related to the six broad areas represented by the General Occupational Themes (GOTs) of the *Strong Interest Inventory®* instrument. Thus your results on this inventory reflect how good you *think* you are at completing tasks in these areas. Your beliefs about how skilled you are in particular areas influence whether you will consider attempting careers, educational programs, or activities that require those skills.

The inventory also compares how confident you are in your skills in a particular area with how much that area interests you. Because interests play an important part in career satisfaction and confidence plays an important part in career success, it is important to look at both.

EXAMINING YOUR LEVELS OF SKILLS CONFIDENCE

The first chart of your results on the SCI Profile shows how confident you reported you are in performing tasks associated with the six General Occupational Themes. (These GOTs are explained in section 1 of the *Strong* Profile.) Levels of Very High confidence and High confidence indicate that you are quite confident of your skills in these areas. Levels of Little confidence and Very Little confidence indicate that you lack confidence in your skills in these areas. Levels of Moderate confidence indicate that you are somewhat confident of your skills. These Moderate confidence scores are significant if they represent your highest results.

COMPARING YOUR LEVELS OF SKILLS CONFIDENCE AND INTEREST

The bars in the second chart of your SCI results compare how confident you are in performing tasks associated with a particular GOT (shown by the upper bar for that Theme) with how interested you are in that Theme (shown by the lower bar for that Theme). Bars that extend into the darker shaded area show Very High or High confidence or interest. Bars that extend into the lighter shaded area indicate Moderate confidence or interest. Bars that fall short of both these areas indicate Little or Very Little confidence or interest. The phrases in the column titled Priorities for Career Exploration summarize the importance of the Themes for you, based on the confidence-interest comparison. Some further explanation and suggestions for using the Priorities for Career Exploration can be found in the box at right.

APPLYING THE PRIORITIES FOR CAREER EXPLORATION

HIGH PRIORITY
More Confidence, More Interest

Occupations, educational programs, and activities in these areas probably represent good choices for exploration because you show both interest in them and confidence in your ability to successfully accomplish them. These areas may be useful to consider for leisure activities if you do not consider them suitable for career or educational choices.

Possible action steps
- Research careers and conduct interviews with people who work in these areas.
- Research educational programs in these areas.
- Join a club or start a hobby associated with these areas.

POSSIBLE OPTION IF INTERESTS DEVELOP—NEEDS CAREFUL CONSIDERATION
More Confidence, Less Interest

This category may represent areas in which you have expertise but have not developed (or have lost) interest. Your confidence in these areas may lead you to consider related careers or educational programs even though the areas do not interest you, they may even bore you. You will probably benefit by resisting, or at least carefully considering, choices in these areas. Sometimes, however, high confidence is based not on successful experiences in an area but on a general level of self-confidence. If you lack experience in these areas, it may help to explore them to see if you become interested. Should interests develop, this category would provide good options to consider.

Possible action steps
- Discuss with your career specialist why interests are important to consider in making career choices.
- Evaluate whether and why you feel you need to pursue these areas.
- If you do not have experience in these areas, explore the action steps in the High Priority category to see if your interests develop.

GOOD OPTION IF CONFIDENCE IN SKILLS CAN BE DEVELOPED
Less Confidence, More Interest

This category represents areas in which you have interest but lack confidence in your skills. Although you may in fact lack skills in these areas, it is also possible that you have not had opportunities to learn or develop them. Exploring these areas may help you increase confidence in your skills. If you develop confidence, these areas may represent good career, educational, or leisure options.

Possible action steps
- Take a class that relates to these areas; consider sitting in on the class instead of taking it for credit and a grade.
- Spend a few hours at the work site of someone who works in an occupation in this category.
- Find a friend or coworker with whom you can try out a hobby or join a club associated with these areas.

LOW PRIORITY
Less Confidence, Less Interest

Because you have developed neither confidence nor interest in these areas, you should probably focus your exploratory activities in other areas that show more promise.

Possible action steps
- Discuss these results with your career specialist to verify your confidence and interest levels in these areas.
- Identify other areas that interest you more; then explore those options.

Understanding Your Results on the Skills Confidence Inventory Copyright 1996, 2004 by CPP, Inc. All rights reserved. CPP grants permission to reproduce this publication, without charge, for use within educational institutions and in connection with the use or interpretation of *Skills Confidence Inventory* and *Strong Interest Inventory®* publications only. Beyond that permission, no part of this publication may be reproduced, in any manner, form, or media whatsoever, without the written permission of CPP, Inc. Strong Interest Inventory and the CPP logo are trademarks or registered trademarks of CPP, Inc. in the United States and other countries.

MBTI® STEP II™

Form  전문해석 보고서

▼ 나의 MBTI® 성격유형 : **ISFJ**

- 이   름 : 홍길동
- 생 년 월 일 : 1991.01.01
- 성   별 : 여
- 검 사 일 : 2017.07.07
- 담당전문가 : 어세스타

어세스타

※ 출처: Assesta 온라인 심리검사(https://www.career4u.net)

I. 전문해석 보고서를 보기 전에

MBTI® Form Q (Step II™) 전문해석 보고서는 MBTI® 성격유형검사(Myers-Briggs Type Indicator®)의 결과를 보다 세부적으로 이해할 수 있도록 돕기 위한 내용으로 구성되어 있습니다. 먼저 Form M (Step I™) 결과는 4가지 선호지표로 개인의 성격유형을 보여줍니다. 다음 Form Q (Step II™) 결과는 4가지 선호지표에 해당하는 5가지 다면척도에 대한 정보를 통해 개인의 성격유형 특성을 보다 세부적으로 탐색할 수 있도록 도와줍니다.

MBTI는 자신의 심리적 에너지를 주로 어느 방향으로 쓰는가에 따라 외향(Extraversion)과 내향(Introversion)으로 구분하고, 사람이나 사물을 인식할 때 어떤 방식으로 인식하는가에 따라 감각(Sensing)과 직관(iNtuition)으로 구분합니다. 그리고 판단을 내릴 때 무엇을 근거로 판단하느냐에 따라 사고(Thinking)과 감정(Feeling)으로 구분하며, 어떠한 생활양식을 더 좋아하느냐에 따라 판단(Judging)과 인식(Perceiving)으로 구분합니다. 이러한 내용을 표로 간단히 정리하면 아래와 같습니다.

외향 (Extraversion) 외부 세계의 사람이나 사물에 대하여 에너지를 사용	◀ 에너지 방향 **Energy** ▶	**내향 (Introversion)** 내부 세계의 개념이나 아이디어에 에너지를 사용
감각 (Sensing) 오감을 통한 사실이나 사건을 더 잘 인식	◀ 인식기능 **Information** ▶	**직관 (iNtuition)** 사실, 사건 이면의 의미나 관계, 가능성을 더 잘 인식
사고 (Thinking) 논리적, 분석적 근거를 바탕으로 판단	◀ 판단기능 **Decision Making** ▶	**감정 (Feeling)** 개인적, 사회적 가치를 바탕으로 판단
판단 (Judging) 외부 세계에 대하여 체계적이고 계획적으로 접근	◀ 생활양식 **Life Style** ▶	**인식 (Perceiving)** 외부 세계에 대하여 개방적이고 융통성있게 접근

MBTI 검사를 받으면, 4가지 선호지표에서 개인이 어떤 특성을 더 선호하는지 알 수 있습니다. 4가지 선호지표를 조합하면 16가지 성격유형으로 구분되며, 4가지 선호는 문자로 표시됩니다.

MBTI는 개인의 타고난 선천적인 선호경향을 파악하게 합니다. 많은 사람들이 주변 환경의 입력이 있거나, 선호경향을 개발할 수 있는 기회를 얻지 못해 자신의 선호경향을 제대로 모르는 경우가 있습니다. 본 검사를 통해 자신의 참 유형(True Type)을 발견하고, 자신의 특성을 파악함으로써 자신의 삶에 활기를 불어넣을 수 있기를 바랍니다.

mBTi는...
Myers-Briggs Type Indicator®

칼 융(Carl G. Jung)의 심리유형론을 근거로 캐서린 브릭스(Katharine C. Briggs)와 그녀의 딸 이사벨 마이어스(Isabel Briggs Myers)에 의해 개발된 성격유형 검사입니다. MBTI의 한국어판 검사는 1988-1990년에 심혜숙, 김정택 박사가 CPP사로부터 한국어판 저작권을 받아 MBTI Form G를 개발하였고, 2002년에는 Form K를 개발하였습니다. 이에 어세스타가 상표권과 출판권을 갖고 한국에 보급하기 시작하였으며, 본 검사는 Form Q로 2012년에 개발되었습니다.

II. Step I™ : MBTI® Form M 결과

아래의 그래프는 개인의 성격유형 결과에 대한 정보를 제공합니다.   **홍길동** 님이 응답한 4가지 선호지표는 막대그래프의 방향과 길이로 나타냅니다. 막대그래프 길이는 선호방향의 일관된 정도를 나타냅니다. 막대그래프의 길이가 길수록 개인의 응답이 특정 선호방향으로 더욱 일관됨을 나타내고, 검사결과가 응답자의 선호를 보다 정확하게 반영할 수 있음을 나타냅니다.

선호 분명도 (Clarity of Preferences)

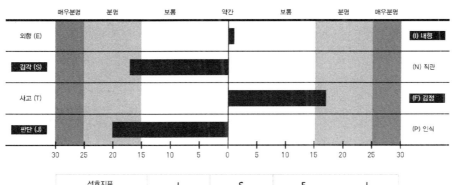

선호지표	I	S	F	J
선호 분명도 지수	1	17	17	20

※ 선호 분명도 지수는 양극의 선호경향성 중 어느 쪽에 대한 선호가 분명한지를 알려주는 지수입니다.
이것은 선호의 유능, 성숙 또는 발달을 의미하는 것은 아닙니다.

▌16가지 성격유형도표

MBTI 검사를 받으면, 앞에서 설명한 네 가지 쌍에서 개인이 각기 어떤 특성을 더 선호하는지 알 수 있습니다. 각 쌍에서 더 선호하는 특성의 앞 글자를 각각 따오면 네 자리의 유형코드가 만들어지는데(예: ISTJ=내향형(I) + 감각형(S) + 사고형(T) + 판단형(J)). 이 유형코드가 그 사람의 MBTI 성격유형이 됩니다. 따라서 MBTI 검사결과로 생길 수 있는 성격유형은 모두 열 여섯 가지입니다. 열 여섯 가지 성격유형은 오른쪽 그림과 같습니다.

각 성격유형별로 고유한 특성을 갖고 있다는 것을 이해하고, 자신과 다른 사람에 대한 이해의 폭을 넓히는 기회를 가져 보시기 바랍니다.

·03·

Ⅲ. ISFJ인 나는 어떤 사람인가?

성실하고 온화하며 협조를 잘하는 사람들

성실한	섬세한	헌신적인	사려깊은	인내심 있는
조용한	전통적인	봉사하는	보호하는	책임감 있는

ISFJ유형인 홍길동님은 맡은 일에 책임감이 강하고, 주어진 일을 다 끝내야만 여가를 즐길 수 있는 성실함을 지니고 있습니다. 무엇을 하겠다고 약속하면 반드시 지키려고 하며, 어떤 일을 하고 있을 때에는 그 일에만 집중하는 편입니다. 또한 직장에서는 물론 가정에서도 헌신적인 구성원의 역할을 하지만 자신의 능력에 대해 매우 겸손하기 때문에 자신이 수행한 일을 잘 드러내지 않는 편입니다.

홍길동님은 실용적인 것을 중요하게 여깁니다. 실제적인 경험을 통해 배우는 것을 선호하고, 직접 경험한 것만을 믿는 편입니다. 추상적인 개념이나 복잡한 이론에는 별로 흥미를 느끼지 못하며, 현실에 직접 적용하여 성과를 낼 수 있는 실제적인 내용에 관심을 갖습니다. 학습할 때에도 공부한 내용을 실제 생활에 어떻게 적용할 수 있는지 이해할 때 효과적으로 학습합니다.

또한 홍길동님은 다른 사람에 비해 꼼꼼하고 세심합니다. 어떤 것을 관찰할 때 세부적인 것까지 파악해내는 능력이 있으며, 일단 관찰한 내용은 놀라울 만큼 세부적으로 잘 기억합니다. 일을 할 때에는 구체적인 절차나 방법에 주의를 기울이고, 목표를 달성하기 위해 사소한 일도 소홀히 하지 않습니다. 그래서 필요하다면 단순하고 반복되는 일에도 강한 인내심을 발휘합니다.

한편 홍길동님은 주위 환경을 안정적으로 유지하려는 경향이 있습니다. 어떤 일을 하는데 효과적이라고 생각되는 방법이 있으면 쉽게 바꾸려 하지 않고, 지속적으로 사용할 수 있는 절차를 개발하여 그 방법을 고수하려고 하는 편입니다. 조직에서는 위계 질서나 규율을 잘 지켜 조직의 안정성을 도모하고, 가정에서는 기념일이나 명절 등을 잘 챙기는 편입니다. 따라서 전통적인 가치관을 옹호하는 보수적인 성향을 보일 수 있습니다.

홍길동님이 겉으로 보이는 차분하고 조용한 태도 이면에는 다정다감하고 사려 깊은 마음이 있습니다. 주위 사람과의 관계를 소중하게 여기고, 타인의 감정이나 상황에 대해 잘 공감하며 최대한 배려하려고 합니다. 또한 조직에 대한 책임감을 중요하게 여기기 때문에 구성원으로서 성실하게 일하고 다른 이들과 조화를 이루려 노력합니다.

이처럼 홍길동님과 같은 ISFJ유형은 사람들과 상호작용하는 것을 좋아하고, 다른 사람들을 보살피거나 이야기 들어주는 것을 잘 합니다. 그래서 교사나 종교와 관련된 직업, 혹은 보건 관련 직업에 종사하는 경우가 많습니다. 또 사업을 한다면 님의 실용주의적 관점과 체계성, 고객의 욕구에 민감하게 반응하는 능력을 발휘할 수 있는 업종에서 성공을 거둘 수 있습니다. 책임감이 강하므로 관리직에 종사하는 경우가 많으며, 관리직을 맡으면 부하 직원의 욕구에 세심하게 주의를 기울입니다.

MYERS-BRIGGS TYPE INDICATOR® | STEP I™
PROFILE

Prepared for
JANE SAMPLE

April 22, 2015

Interpreted by
Kevin Consultant
ABC Consulting

출처: https://www.cpp.com

Your Myers-Briggs® Profile is designed to help you understand your results on the *Myers-Briggs Type Indicator®* (MBTI®) assessment. This assessment identifies which of 16 different personality types best describes you.

Your answers to the questions on the MBTI assessment show which preference in each of four pairs of opposites you favor. Your preferences are choices between equally valuable and useful qualities. Each preference is indicated by a letter.

Your Myers-Briggs personality type	Your preferences
ENFP	Extraversion	Intuition	Feeling	Perceiving

THE WAY YOU DIRECT AND RECEIVE ENERGY

Extraversion
People who prefer Extraversion tend to direct their energy toward the outside world and get energized by interacting with people and taking action.

Introversion
People who prefer Introversion tend to direct their energy toward their inner world and get energized by reflecting on their ideas and experiences.

THE WAY YOU TAKE IN INFORMATION

Sensing
People who prefer Sensing tend to take in information that is real and tangible. They focus mainly on what they perceive using the five senses.

Intuition
People who prefer Intuition tend to take in information by seeing the big picture. They focus mainly on the patterns and interrelationships they perceive.

THE WAY YOU DECIDE AND COME TO CONCLUSIONS

Thinking
People who prefer Thinking typically base their decisions and conclusions on logic, with accuracy and objective truth the primary goals.

Feeling
People who prefer Feeling typically base their decisions and conclusions on personal and social values, with understanding and harmony the primary goals.

THE WAY YOU APPROACH THE OUTSIDE WORLD

Judging
People who prefer Judging typically come to conclusions quickly and want to move on, and take an organized, planned approach to the world.

Perceiving
People who prefer Perceiving typically look for more information before coming to conclusions and take a spontaneous, flexible approach to the world.

mbti.

TYPE DESCRIPTION: ENFP

Curious, creative, imaginative

Energetic, enthusiastic, spontaneous

Very perceptive of the people and the world around them

Appreciate being affirmed by others and easily give appreciation and support

Value harmony and goodwill

Base decisions on their personal values and empathy

Seen as friendly, perceptive, persuasive, versatile

Some of these descriptors may not fit you because you are a unique person. Although most ENFPs have personality attributes in common, there are still plenty of individual differences among people who share the same four-letter type.

Your MBTI responses also provide a picture of how clearly or consistently you chose your preference in each pair of opposites. This *preference clarity index* (pci) is indicated in the graph below. A longer line suggests that you are quite sure about a preference; a shorter line means that you are less sure about whether that preference truly describes you. Your preference clarity does not indicate how well developed your preferences are or how well you use them.

CLARITY OF YOUR PREFERENCES: ENFP

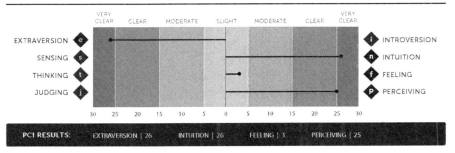

Each of the Myers-Briggs types is characterized by its own interests, values, and unique gifts. Although each individual tends to use his or her preferences most naturally and most often, keep in mind that everyone can and does use *all* of the preferences from time to time, depending on what the situation calls for. For a more complete understanding of the 16 different personality types, refer to the *Introduction to Myers-Briggs® Type* booklet by Isabel Briggs Myers or to the many other MBTI resources that are available.

LM University of Minnesota

Manual for the

M MINNESOTA

I IMPORTANCE

Q QUESTIONNAIRE

A Measure of Vocational Needs and Values

James B. Rounds, Jr., George A. Henly,
René V. Dawis, Lloyd H. Lofquist,
and David J. Weiss

Vocational Psychology Research
Work Adjustment Project
Department of Psychology

1981

출처: Rounds, J. B. Jr., Henly, G. A., Dowis, R. V., Lofquist, L. H., & Weiss, D. J. (1981). Manual for the Minnesota Importance Questionnaire: A measure of vocational needs and values. Vocational psychology research work adjustment project department of psychology, University of Minnesota.

Table 1
The Twenty Vocational Needs and Their Work-Related Reinforcers

Vocational Need	Work-Related Reinforcers
Ability Utilization	Tasks that allow exercise of self-perceived skills and talents.
Achievement	Tasks that are productive of pride in the accomplishment thereof.
Activity	Tasks that call for a relatively constant and sustained level of energy investment.
Advancement	Work environment in which there is an opportunity for fair evaluation of and consequent advancement for work-related excellence.
Authority	Tasks that include power to decide the methods by which a job is performed and to impose those decisions on co-workers.
Company Policies and Practices	Work environment characterized by explicit and definitive guidelines consistently disseminated and practiced.
Compensation	Tasks providing compensation based upon quantity and quality of work performed, and comparable to compensation paid to others for performance of similar tasks.
Co-workers	Work environment in which employees are interested in and responsive to friendly interpersonal gestures and relationships.
Creativity	Tasks that are amenable to innovations independently conceived and performed by the worker.
Independence	Work environment in which the individual works alone.

—continued on the next page—

Table 1, continued
The Twenty Vocational Needs and Their Work-Related Reinforcers

Vocational Need	Work-Related Reinforcers
Moral Values	Tasks that do not conflict with a worker's unwillingness to participate in any action she or he defines as wrong-doing.
Recognition	Work environment in which rewards are forthcoming for praiseworthy individual performance.
Responsibility	Tasks that facilitate the exercise of autonomy and accountability.
Security	Work environment that promises continuity of employment and compensation.
Social Service	Tasks perceived to promote the welfare of others.
Social Status	Tasks that result in respect and social status for the worker.
Supervision--Human Relations	Work environment in which the supervisor creates and maintains an atmosphere of mutual respect and personal investment among subordinates and superiors.
Supervision--Technical	Work environment characterized by competent and effective supervision.
Variety	Tasks characterized by a range of possible activities.
Working Conditions	Work environment characterized by agreeable physical conditions.

choices of environments, and affect perceptions of and satisfaction with environmental conditions.

The twenty MIQ needs can be represented by six underlying values. These values and the component needs that define each value are the following:

```
          Achievement Value -  Ability Utilization
                               Achievement
          Comfort Value -----  Activity
                               Independence
                               Variety
                               Compensation
                               Security
                               Working Conditions
          Status Value ------  Advancement
                               Recognition
                               Authority
                               Social Status
          Altruism Value ----  Co-workers
                               Social Service
                               Moral Values
          Safety Value ------  Company Policies and Practices
                               Supervision--Human Relations
                               Supervision--Technical
          Autonomy Value ----  Creativity
                               Responsibility
```

The six values may also be described in terms of work environment reinforcer systems for meeting individuals' standards of importance, i.e., reinforcers that are available to satisfy clusters of needs. The work environment descriptions for each of the six values are as follows:

Achievement--an environment that encourages accomplishment.

Comfort--an environment that is comfortable and non-stressful.

Status--an environment that provides recognition and prestige.

Altruism--an environment that fosters harmony with and service to others.

Safety--an environment that is predictable and stable.

Autonomy--an environment that stimulates initiative.

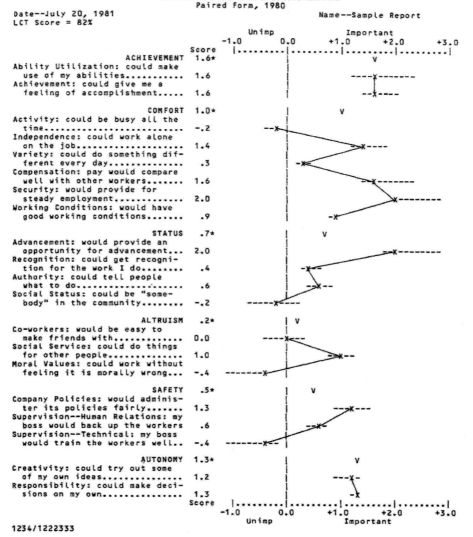

Figure 1

A Sample MIQ Report

Figure 1, continued

MINNESOTA IMPORTANCE QUESTIONNAIRE

Correspondence Report for Sample Report   Date: July 20, 1981
MIQ profile is compared with Occupational Reinforcer Patterns (ORP'S)
for 90 representative occupations. Correspondence is indicated by
the C-Index. A prediction of Satisfied (S) results from C values
greater than .50, Likely Satisfied (L) for C values between .10 and
.49, and Not Satisfied (N) for C values Less than .10. Occupations
are clustered by similarity of Occupational Reinforcer Pattern.

	C Index	Pred. Sat.		C Index	Pred. Sat.
Cluster A (ACH-AUT-Alt)	.30		**Cluster B (ACH-Com)**	.15	L
Architect......................	.25	L	Bricklayer......................	-.07	N
Dentist........................	.21	L	Carpenter......................	.24	L
Family Practitioner (M.D.)...	.21	L	Cement Mason..................	-.16	N
Interior Designer-Decorator...	.43	L	Elevator Repairer.............	.48	L
Lawyer.........................	.35	L	Heavy Equipment Operator.....	.30	L
Minister.......................	.13	L	Landscape Gardener............	-.11	N
Nurse, Occupational Health...	.12	L	Lather........................	-.05	N
Occupational Therapist........	.33	L	Millwright....................	.10	L
Optometrist...................	.39	L	Painter/Paperhanger...........	.11	L
Psychologist, Counseling.....	.21	L	Patternmaker, Metal...........	.28	L
Recreation Leader.............	.15	L	Pipefitter....................	.34	L
Speech Pathologist...........	.28	L	Plasterer.....................	-.13	L
Teacher, Elementary School...	.23	L	Plumber.......................	.37	L
Teacher, Secondary School....	.28	L	Roofer........................	-.04	N
Vocational Evaluator..........	.36	L	Salesperson, Automobile.......	.43	L
Cluster C (ACH-Aut-Com)	.44	L	**Cluster D (ACH-STA-Com)**	.57	S
Alteration Tailor.............	.27	L	Accountant, Certified Public.	.43	L
Automobile Mechanic...........	.25	L	Airplane Co-Pilot, Commercial	.25	L
Barber.........................	.46	L	Cook (Hotel-Restaurant).... .	.48	L
Beauty Operator...............	.44	L	Department Head, Supermarket.	.38	L
Caseworker....................	.28	L	Drafter, Architectural........	.41	L
Claim Adjuster................	.51	S	Electrician...................	.44	L
Commercial Artist, Illustrat.	.56	S	Engineer, Civil...............	.45	L
Electronics Mechanic..........	.39	L	Engineer, Time Study.........	.59	S
Locksmith.....................	.28	L	Farm-Equipment Mechanic I....	.52	S
Maintenance Repairer, Factory	.41	L	Line-Installer-Repairer (Tel)	.13	L
Mechanical-Engineering Tech..	.40	L	Machinist.....................	.54	S
Office-Machine Servicer......	.53	S	Programmer (Bus., Eng., Sci.)	.65	S
Photoengraver (Stripper).....	.54	S	Sheet Metal Worker............	.50	S
Sales Agent, Real Estate.....	.32	L	Statistical-Machine Servicer.	.56	S
Salesperson, General Hardware	.15	L	Writer, Technical Publication	.61	S
Cluster E (COM)	.19	L	**Cluster F (Alt-Com)**	.21	L
Assembler, Production........	.05	N	Airplane-Flight Attendant....	.02	N
Baker..........................	.16	L	Clerk, Gen. Ofc., Civil Svc..	.03	N
Bookbinder....................	.28	L	Dietitian.....................	.56	S
Bookkeeper I..................	.31	L	Fire Fighter..................	.16	L
Bus Driver....................	.17	L	Librarian.....................	.28	L
Key-Punch Operator...........	.10	L	Medical Technologist..........	.21	L
Meat Cutter...................	.16	L	Nurse, Professional...........	.15	L
Post-Office Clerk.............	.13	L	Orderly.......................	-.08	N
Production Helper (Food).....	.24	L	Physical Therapist............	.34	L
Punch-Press Operator.........	.11	L	Police Officer................	.13	L
Sales, General (Dept. Store).	.20	L	Receptionist, Civil Service..	.29	L
Sewing-Machine Operator, Auto	.03	N	Secretary (General Office)...	.26	L
Solderer (Production Line)...	.16	L	Taxi Driver...................	.12	L
Telephone Operator...........	.17	L	Telephone Installer...........	.42	L
Teller (Banking)..............	.18	L	Waiter-Waitress...............	.18	L

Appendix A
Sample Pages of the MIQ Paired Form

Directions

The purpose of this questionnaire is to find out what you consider **important** in your **ideal job,** the kind of job you would most like to have.

On the following pages you will find **pairs** of statements about work.
—Read each **pair** of statements carefully.
—Decide which statement of the **pair** is **more** important to you in your **ideal** job.
—For each pair mark your choice on the answer sheet. **Do not mark this booklet.** (Directions on how to mark the answer sheet are given below.)

Do this for **all** pairs of statements. Work as rapidly as you can. Read each pair of statements, mark your choice, then move on to the next pair. Be sure to make a choice for **every** pair. **Do not** go back to change your answer to any pair.

Remember: You are to decide which statement of the pair is **more important** to **you** in your **ideal** job. Mark your choice on the answer sheet, **not** on this booklet.

How to Mark the Answer Sheet

First of all
 Print your name in the space provided, and fill in the other information requested.

To fill in the answer sheet
 Start where it is marked "Page 1."
 There is a box for each pair of statements. The number in the middle of the box is the number of that pair. "a" and "b" in the box stand for the two statements of the pair.
 If you think statement "a" is more important to you than statement "b", mark an "X" over the "a" on the answer sheet, as shown in the example below:

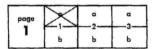

 However, if you think statement "b" is more important to you than statement "a", mark an "X" over the "b" on the answer sheet, as shown in the example below:

Mark Only One Answer for Each Pair of Statements.
 Mark **either** "a" **or** "b" for each pair. **Do this for all pairs of statements.** Remember, **do not** mark your answer on this booklet. Use the answer sheet.

Page 1

Ask yourself: Which is **more important** to me in my **ideal** job?

1.
  a. I could be busy all the time.
     OR
  b. The job would provide an opportunity for advancement.

2.
  a. I could try out some of my own ideas.
     OR
  b. My co-workers would be easy to make friends with.

3.
  a. The job could give me a feeling of accomplishment.
     OR
  b. I could do something that makes use of my abilities.

4.
  a. The company would administer its policies fairly.
     OR
  b. I could be busy all the time.

5.
  a. I could try out some of my own ideas.
     OR
  b. I could be "somebody" in the community.

6.
  a. The job would provide an opportunity for advancement.
     OR
  b. My co-workers would be easy to make friends with.

7.
  a. I could tell people what to do.
     OR
  b. I could work alone on the job.

8.
  a. I could get recognition for the work I do.
     OR
  b. The company would administer its policies fairly.

9.
  a. My co-workers would be easy to make friends with.
     OR
  b. The job would provide for steady employment.

10.
  a. The job could give me a feeling of accomplishment.
     OR
  b. The job would provide an opportunity for advancement.

11.
  a. My boss would train the workers well.
     OR
  b. I could work alone on the job.

12.
  a. I could do the work without feeling that it is morally wrong.
     OR
  b. The job would have good working conditions.

Appendix B
Sample Pages of the MIQ Ranked Form

DIRECTIONS

The purpose of this questionnaire is to find out what you consider **important** in your **ideal job,** the kind of job you would most like to have.

On the following pages are **groups** of five statements about work.
- Read each group of statements carefully.
- Rank the five statements in each group in terms of their **importance** to you in your **ideal** job.
- Use the number "1" for the statement which is **most important** to you in your **ideal** job, the number "2" for the statement which is **next most important** to you, and so on.
- Use the number "5" for the statement **least important** to you in your **ideal** job.
- Write down your rankings in the correct spaces on the answer sheet.

Please turn to the next page for instructions on how to mark your answer sheet.

Page 1

On your answer sheet enter your rankings of statements for each group.
Remember: "1" = **most important** to you in your ideal job; "2" = **next most important**,
and so on, to "5" for **least important** to you in your ideal job.

---

group 1

On my ideal job . . .

a. I could be busy all the time.
b. I could do things for other people.
c. I could try out some of my own ideas.
d. my pay would compare well with that of other workers.
e. the job would provide an opportunity for advancement.

---

group 2

On my ideal job . . .

a. I could do things for other people.
b. I could do something different every day.
c. the job could give me a feeling of accomplishment.
d. my boss would train the workers well.
e. the company would administer its policies fairly.

---

group 3

On my ideal job . . .

a. I could do the work without feeling that it is morally wrong.
b. my boss would back up the workers (with top management).
c. I could do something different every day.
d. I could do something that makes use of my abilities.
e. I could be busy all the time.

---

group 4

On my ideal job . . .

a. the company would administer its policies fairly.
b. I could try out some of my own ideas.
c. I could do something that makes use of my abilities.
d. my co-workers would be easy to make friends with.
e. I could be "somebody" in the community.

Appendix C

A Sample Occupational Reinforcer Pattern

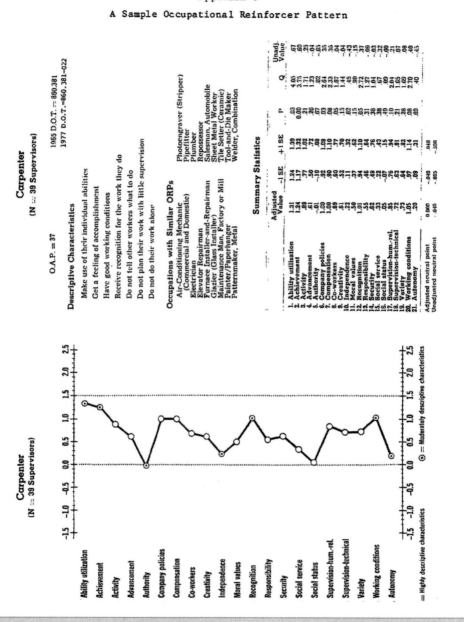

Carpenter
(N = 39 Supervisors)

O.A.P. = 37

1965 D.O.T. = 860.381
1977 D.O.T. = 860.381-022

Descriptive Characteristics

Make use of their individual abilities

Get a feeling of accomplishment

Have good working conditions

Receive recognition for the work they do

Do not tell other workers what to do

Do not plan their work with little supervision

Do not do their work alone

Occupations with Similar ORPs

Air-Conditioning Mechanic
(Commercial and Domestic)
Electrician
Elevator Repairman
Furnace Installer-and-Repairman
Glazier (Glass Installer)
Maintenance Man, Factory or Mill
Painter/Paperhanger
Patternmaker, Metal

Photoengraver (Stripper)
Pipefitter
Plumber
Repossessor
Salesman, Automobile
Sheet Metal Worker
Tile Setter (Ceramic)
Tool-and-Die Maker
Welder, Combination

Summary Statistics

	Adjusted Value	-1 SE	+1 SE	P	Q	Unadj. Value
1. Ability utilization	1.31	1.24	1.39	.03	4.05	.67
2. Achievement	1.24	1.17	1.32	.00	3.75	.60
3. Activity	.89	.77	1.02	.21	1.71	.23
4. Advancement	.61	.50	.72	.26	1.23	-.04
5. Authority	-.01	-.10	.08	.67	.02	-.63
6. Company policies	1.00	.92	1.08	.08	2.64	.35
7. Compensation	1.00	.90	1.10	.03	2.33	.33
8. Co-workers	.69	.60	.77	.05	1.07	-.04
9. Creativity	.61	.52	.70	.15	1.44	-.04
10. Independence	.22	.11	.33	.15	.45	-.43
11. Moral values	.50	.37	.62	.03	.90	-.15
12. Recognition	1.01	.94	1.10	.11	2.72	.37
13. Responsibility	.55	.46	.64	.31	1.27	-.00
14. Security	.62	.48	.76	.38	1.04	-.03
15. Social service	.33	.22	.43	.31	.67	-.32
16. Social status	.05	-.07	.15	.49	.09	-.60
17. Supervision-hum.-rel.	.85	.76	.81	.10	2.04	.21
18. Supervision-technical	.72	.63	.81	.21	1.65	.07
19. Variety	.73	.64	.82	.28	1.60	.08
20. Working conditions	1.05	.97	1.14	.08	2.70	.40
21. Autonomy	.20	.09	.31	.69	2.40	-.45
Adjusted neutral point	0.000	-.049	.048			
Unadjusted neutral point	.645	-.695	-.598			

○ = Highly descriptive characteristics   ◎ = Moderately descriptive characteristics

Carpenter
(N = 39 Supervisors)

Appendix D

Occupations with ORPs

Cluster A
 Architect
 Counselor, School
 Counselor, Vocational Rehabilitation
 Dentist
 Family Practitioner (M.D.)
 Instructor, Physical Education
 Instructor, Vocational School
 Instructor, Vocational Training
   (Business School)
 Interior Designer and Decorator
 Lawyer
 Minister
 Newspaper Publisher (Weekly and
   Semi-Weekly)
 Nurse, Staff, Occupational Health
   Nursing
 Occupational Therapist
 Optometrist
 Principal, Night School
 Psychologist, Clinical
 Psychologist, Counseling
 Psychologist, Industrial-Organizational
 Psychologist, School
 Recreation Leader
 Speech Pathologist
 Teacher, Adult Education
 Teacher, Adult Education (Agriculture)
 Teacher, Elementary School
 Teacher, Secondary School
 Teacher, Secondary School (Agriculture)
 Veterinarian
 Vocational Evaluator

Cluster B
 Bricklayer
 Carpenter
 Cement Mason
 Elevator Repairer
 Heavy Equipment Operator (Construction)
 Landscape Gardener
 Lather
 Millwright
 Painter/Paperhanger
 Patternmaker, Metal
 Pipefitter
 Plasterer
 Plumber
 Roofer
 Salesperson, Automobile

Cluster C
 Air-Conditioning Mechanic (Commercial
   and Domestic)
 Alteration Tailor
 Automobile-Body Repairer
 Automobile Mechanic
 Barber
 Beauty Operator
 Caseworker
 Claim Adjuster
 Collector (Bill Collector)
 Commercial Artist, Illustrating
 Counselor, Private Employment Agency
 Electrical Technician
 Electronics Mechanic
 Engineer, Stationary
 Engineering Department Chief
 Floral Designer (Florist)
 Furnace Installer-and-Repairer
 Furniture Upholsterer
 Glazier (Glass Installer)
 Locksmith
 Maintenance Repairer, Factory or Mill
 Mechanical-Engineering Technician
 Office-Machine Servicer
 Photoengraver (Stripper)
 Photographer, Commercial
 Presser, Machine
 Process Artist
 Repossessor
 Sales Agent, Life Insurance
 Sales Agent, Real Estate
 Sales Agent, Securities
 Salesperson, Furniture
 Salesperson, General Hardware
 Salesperson, Sporting Goods
 Sales Route Driver
 Shoe Repairer
 Television Service-and-Repair
 Tile Setter (Ceramic)
 Tool-and-Die Maker

Cluster D
 Accountant, Certified Public
 Accountant, Cost
 Airplane Pilot, Commercial (Co-Pilot)
 Cash-Register Servicer
 Claim Examiner
 Cook (Hotel-Restaurant)
 Co-op Sales and Service Person

–continued on the next page–

Occupations with ORPs (continued)

Cluster D (continued)
Department Head, Supermarket
Drafter, Architectural
Electrical Engineer
Electrician
Engineer, Civil
Engineer, Mechanical
Engineer, Time Study
Farm-Equipment Mechanic I
Line-Installer-Repairer (Telephone)
Lithographic Press-Feeder
Machinist
Programmer (Business, Engineering
  and Science)
Salesperson, Shoe
Screw-Machine Operator, Production
Sheet Metal Worker
Statistical-Machine Servicer
Statistician, Applied
Welder, Combination
Writer, Technical Publications

Cluster E
Accounting Clerk, Civil Service
Accounting Clerk, Manufacturing
Assembler (Electrical Equipment)
Assembler, Production
Assembler, Small Parts
Automobile-Seat Cover-and-Convertible
  Top Installer
Baker
Bartender
Battery Assembler
Bookbinder
Bookkeeper I
Bottler, Brewery
Bus Driver
Cabinetmaker
Cashier-Checker
Cleaner, Housekeeping (Maid, Hotel)
Credit Clerk
Digital-Computer Operator
Electronics Assembler
Foundry Worker, General
Key-Punch Operator
Lithographic Press Plate-Maker
Lumber-Yard Worker
Mail Carrier
Marker
Meat Cutter
Personnel Clerk
Post-Office Clerk

Cluster E (continued)
Pourer, Metal
Production Helper (Food)
Punch-Press Operator
Salesperson, General (Department Store)
Salesperson, Liquor
Service Representative (Telephone)
Sewing-Machine Operator, Automatic
Solderer (Production Line)
Telephone Operator
Teller (Banking)
Toy Assembler
Truck Driver

Cluster F
Aircraft-and-Engine Mechanic,
  Line Service
Aircraft-and-Engine Mechanic, Shop
Airplane-Flight Attendant
Automobile Service Station Attendant
Clerk, General Office, Civil Service
Compositor
Dietitian
Embalmer
Exterminator
Fire Fighter
Highway Engineer
Home Attendant
Hotel Clerk
Janitor (Public School)
Librarian
Linotype Operator
Medical Technologist
Nurse Aid
Nurse, Licensed Practical
Nurse, Professional
Orderly
Perforator Typist
Pharmacist
Physical Therapist
Police Officer
Radiologic Technologist
Receptionist, Civil Service
Secretary (General Office)
Stenographer, Technical, Civil Service
Stock Clerk
Taxi Driver
Teacher Aide
Telephone Installer
Typist, Civil Service
Usher (Theater)
Waiter-Waitress

Publisher: Vocopher
Contact: kglavin@vocopher.com
Web: http://www.vocopher.com
Developers:
Donald Super, Albert Thompson,
Richard Lindeman

Adult Career Concerns Inventory

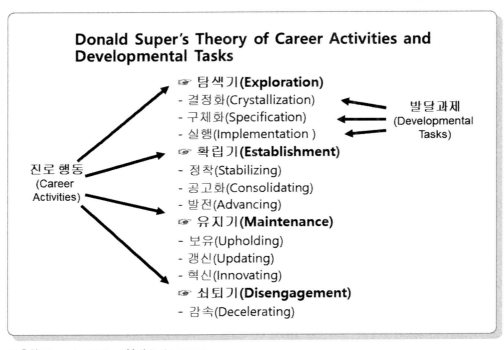

Donald Super's Theory of Career Activities and Developmental Tasks

- ☞ 탐색기**(Exploration)**
  - 결정화(Crystallization)
  - 구체화(Specification)
  - 실행(Implementation)
- ☞ 확립기**(Establishment)**
  - 정착(Stabilizing)
  - 공고화(Consolidating)
  - 발전(Advancing)
- ☞ 유지기**(Maintenance)**
  - 보유(Upholding)
  - 갱신(Updating)
  - 혁신(Innovating)
- ☞ 쇠퇴기**(Disengagement)**
  - 감속(Decelerating)

진로 행동 (Career Activities)

발달과제 (Developmental Tasks)

※ 출처: Vocopher: https://slideplayer.com

Super's Mini-cycle

The diagram below illustrates Super's concept of the mini-cycle. There are four activities one may progress through as they transition from one job to another, or one occupation to another.

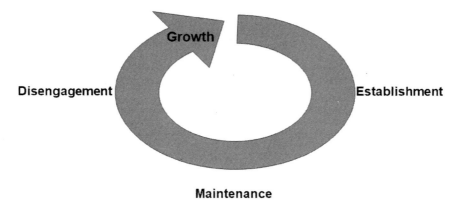

ACCI: Sample Questions

Question		No Concern	Little Concern	Some Concern	Considerable Concern	Great Concern
1	Clarifying my ideas about the type of work I would really enjoy.	○	○	○	○	○
2	Deciding what I want to do for a living.	○	○	○	○	○
3	Finding the line of work I am best suited for.	○	○	○	○	○
4	Learning about beginning jobs that might be open to me.	○	○	○	○	○
5	Identifying the skills required for jobs that interest me.	○	○	○	○	○
6	Choosing the best among the occupations I am considering.	○	○	○	○	○

ACCI Output for Jamye Jones

CAREER CONCERNS CHART | **CAREER STAGE AND SUBSTAGE PROFILE**

Items	Career Concerns	None 1	Little 2	Some 3	Cons. 4	Great 5	Weighted Sum	Average	Amount of Current Concern (1.0–5.0)	%-ile	Substages	Number of Concerns Rated 4 (Considerable) or 5 (Great)
A: EXPLORATION STAGE												
1–5	Crystallization			1	1	3	22	4.4			Crystallization	4
6–10	Specification				1	4	24	4.8			Specification	5
11–15	Implementation		2	1	2		15	3			Implementation	2
1–15	TOTAL EXPLORATION						61	4.1		9/9		11
B: ESTABLISHMENT STAGE												
16–20	Stabilizing	2	1	2			10	2			Stabilizing	—
21–25	Consolidating	3	1	1			8	1.6			Consolidating	—
26–30	Advancing	2	1	2			10	2			Advancing	—
16–30	TOTAL ESTABLISHMENT						28	1.9		17%		—
C: MAINTENANCE STAGE												
31–35	Holding	4		1			7	1.4			Holding	—
36–40	Updating	5					5	1			Updating	—
41–45	Innovating	4	1				6	1.2			Innovating	—
31–45	TOTAL MAINTENANCE						18	1.2		9%		—
D: DISENGAGEMENT STAGE												
46–50	Deceleration	4		1			7	1.4			Deceleration	—
51–55	Retirement Planning	2	2	1			9	1.8			Retirement Planning	—
56–60	Retirement Living	4	1				6	1.2			Retirement Living	—
46–60	TOTAL DISENGAGEMENT						22	1.5		9%		—
61	CAREER CHANGE STATUS	1	2	③	4	5 (Circle Response)						

ACCI: Sample Output

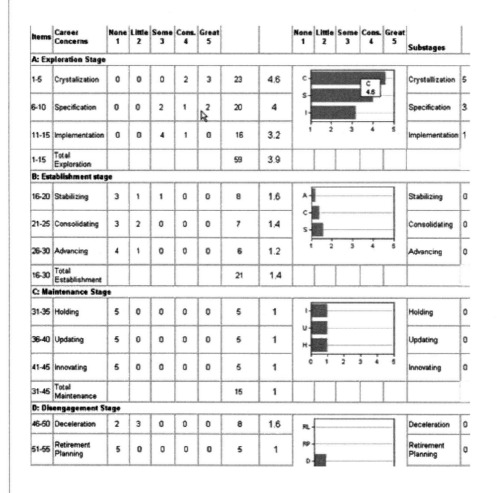

Items	Career Concerns	None 1	Little 2	Some 3	Cons. 4	Great 5				None 1	Little 2	Some 3	Cons. 4	Great 5	Substages	
A: Exploration Stage																
1-5	Crystalization	0	0	0	2	3	23	4.6							Crystallization	5
6-10	Specification	0	0	2	1	2	20	4							Specification	3
11-15	Implementation	0	0	4	1	0	16	3.2							Implementation	1
1-15	Total Exploration						59	3.9								
B: Establishment stage																
16-20	Stabilizing	3	1	1	0	0	8	1.6							Stabilizing	0
21-25	Consolidating	3	2	0	0	0	7	1.4							Consolidating	0
26-30	Advancing	4	1	0	0	0	6	1.2							Advancing	0
16-30	Total Establishment						21	1.4								
C: Maintenance Stage																
31-35	Holding	5	0	0	0	0	5	1							Holding	0
36-40	Updating	5	0	0	0	0	5	1							Updating	0
41-45	Innovating	5	0	0	0	0	5	1							Innovating	0
31-45	Total Maintenance						15	1								
D: Disengagement Stage																
46-50	Deceleration	2	3	0	0	0	8	1.6							Deceleration	0
51-55	Retirement Planning	5	0	0	0	0	5	1							Retirement Planning	0

Career Beliefs Inventory

John D. Krumboltz

Prepared on August 2, 2012 for:

Sample Person

You completed your evaluation at 2:27 pm EDT on August 01, 2012.

※ 출처: https://www.mindgarden.com/

Introduction to the Career Beliefs Inventory (CBI)

You have taken the Career Beliefs Inventory (CBI) because you are facing an important transition in your life. Perhaps you are wondering how to:

- Decide which college to attend
- Pick a more satisfying career direction
- Re-enter the workforce
- Rebound after being laid off
- React to feelings of job burnout
- Take advantage of a new opportunity
- Get along better with others at work
- Investigate possible retirement options

Whatever your concern, you are holding some beliefs about yourself and the world of work. Some of your beliefs may help you in your quests; others may get in the way. The CBI is a simply a tool to help you examine your own beliefs to see whether or not they are helping you on your way.

The items to which you responded were constructed from over 1,000 stories from individuals who held beliefs that caused them trouble. Later they came to understand why the problematic beliefs were not correct.

For example, "Mike" had an attractive job offer in another part of the country but turned it down because he believed it was necessary for him to remain in his hometown with his good friends. When his good friends left town, Mike regretted his decision. His belief that he should not move for a better job had caused him trouble. That does not necessarily mean that you should move to another part of the country for a better job. But it does suggest that you should examine the assumption that you would lose old friends and could not make new friends elsewhere.

The best way to use your score results is to talk them over with an experienced counselor. You may also want to talk them over with friends and relatives. Be careful though: it's your life, not theirs. You are the one who can decide what is best for you.

Beliefs are neither good nor bad. You should avoid thinking that any belief is "wrong." However, there are many beliefs that may get in the way of what you want. A low score may or may not indicate a block in your career path; however, it may illuminate an area where some exploration might be fruitful.

My Current Career Situation

This grouping helps you determine the basics: current employment, status of career plans, any anxiety about the uncertainty of career planning, and willingness to talk freely.

Employment Status
Unemployed vs. Employed

Your Score on Employment Status was 30

This is an **average** score. There is some question in your mind as to whether you are currently employed or unemployed. There can be many possible reasons for this uncertainty. For example, if you are doing unpaid volunteer work for a charity, are you employed or unemployed? It doesn't really matter. For all practical purposes, if you are being helpful for other people, you are employed and can be learning valuable skills. Use every opportunity to make your experience a happy one for yourself and others. You can be creating a reputation for yourself as someone who is cheerful and helpful, gets along well with others, and maintains high standards of honesty and dependability.

Career Plans
Plans already decided vs. Plans open to change

Your Score on Career Plans was 30

This is an **average** score. You may have some vague career plans, yet you're unsure of what changes you might want to make for the future. You may have an idea of what you would like to do next, but are not sure about the next steps. You may be working part-time and considering that type of work as a future option, but you may also be open to trying something new. Remain alert for possible new experiences and opportunities.

Acceptance of Uncertainty
Should have decided by now vs. Indecision is understandable

Your Score on Acceptance of Uncertainty was 35

This is an **average** score. You feel some pressure to have decided your career plans by now, but you also recognize that being open-minded is important. Even though some people around you may have made their own career decisions, you know that it takes time to make a career plan that suits you. It is perfectly okay to be uncertain about your future career plans, but wise to be alert for attractive opportunities that you might try next.

Openness
Keep reasons for choices private vs. Willing to disclose reasons for choices

Your Score on Openness was 38

This is an **average** score. You usually keep your career choices private, but perhaps you may be open to discussing career goals with a professional career counselor to receive some guidance. You may be hesitant to share your potential career plans with others, but you may also find that talking to many different people can help you learn and gain new insight. Additionally, people you talk to may prove valuable in professional networking as well.

3

What Seems Necessary for Your Happiness

This grouping helps you examine the requirements you may be placing on yourself. How important is high achievement, a college education, interesting work tasks, a desire to excel others, or a structured work environment?

Achievement
Motivated by goals other than achievement vs. Highly motivated to achieve

Your Score on Achievement was 35

This is an **average** score. You are motivated to achieve but are also motivated by other values and goals. You want to achieve success yet other values such as family, religion, love, or leisure may also be high on your priority list too. It is important to reflect on what motivates you and makes you feel fulfilled. What is most important to you now may well change in the future.

College Education
College is necessary for a good job vs. College is only one of the routes to a good job

Your Score on College Education was 50

This is a **high** score. You believe that college is only one of the routes to a good job. You realize that job skills can be learned in a variety of ways. College may or may not be the best path for you. In any case, there are other ways to learn new job skills throughout life: technical programs, apprenticeships, and every job experience.

This is a belief generally found to be helpful.

Intrinsic Satisfaction
Work is a means to other goals vs. Work tasks must be satisfying

Your Score on Intrinsic Satisfaction was 22

This is an **average** score. You would like to enjoy your job tasks, but you also feel that work is a means to other goals such as financial security or prestige. It may be helpful to think about how you could find a job where you can enjoy your daily work tasks while still achieving your other values or goals.

Peer Equality
Desire to excel others vs. Need not excel others

Your Score on Peer Equality was 20

This is a **low** score. You have a desire to excel others. Many people have been raised with the desire to excel others. Competition exists everywhere, but it creates constant pressure and often creates conflict among co-workers. An alternative is to compete against yourself. You can work to the best of your ability and try to improve your own skills without making others look bad in comparison.

This is a belief reported as troublesome for some people.

4

Structured Work Environment

Prefer flexible work hours with no supervision vs. Prefer standard work hours with supervision

Your Score on Structured Work Environment was 25

This is an **average** score. You prefer flexible hours, but you still see value in receiving feedback from a supervisor. The idea of flexible hours sounds tempting, but you may also recognize that having a structured time schedule helps you establish a boundary between work time and personal time.

5

Factors That Influence Your Decisions

This grouping helps you examine what you are taking into account as you make decisions. Who's in charge? What do you expect of "experts?" Whom are you trying to please? Whom do you emulate? How much complexity do you perceive in occupational and educational environments? How rigid is your career path?

Control
Career path is influenced by others vs. Career path is self-determined

Your Score on Control was 10

This is a **low** score. Your career path is influenced by others. You believe your career choices are affected by others. If you are unhappy about this, you need to identify who is influencing you and in what ways. You may need to express your own wishes to that person. Realize that ultimately only you can choose the best path for you.

This is a belief reported as troublesome for some people.

Responsibility
Expert help can determine the best career choice vs. A career choice is a personal one

Your Score on Responsibility was 18

This is a **low** score. You believe an expert can help determine the best career choice for you. Be careful here. Experts can lead you through a process and can offer testing, information, options, and opinions. But experts cannot know what is best for you. Only you can decide. You can try different alternatives and change later if you want.

This is a belief reported as troublesome for some people.

Approval of Others
Approval is important vs. Approval does not matter

Your Score on Approval of Others was 25

This is an **average** score. Approval is important to you, but you do not need it. It is normal to want the approval of others when making an important decision. However, it is also valuable to reflect upon why you have a desire to please certain people and how this desire affects your decision-making process.

Self-Other Comparisons
Compare self with others vs. Avoid comparisons with others

Your Score on Self-Other Comparisons was 38

This is an **average** score. You may compare yourself with others, but you try to avoid doing this on a regular basis. You understand that comparison is normal, but you may find it difficult to avoid comparing yourself with friends or colleagues. A good alternative is to set personal goals for self-improvement instead of looking to others for comparison.

Occupation/College Variation

See similarities among colleges and among workers within an occupation vs. See differences among colleges and among workers within an occupation

Your Score on Occupation/College Variation was 28

This is an **average** score. You see similarities among colleges and among workers within an occupation but also understand that crucial differences exist. Recognizing this can help you in choosing a college that is a good fit for you personally. This can also help you in recognizing the many differences within a particular occupation which accommodates different skills and interests. All colleges are not alike. Every co-worker has a unique personality.

Career Path Flexibility

Certain steps must be followed in a proper sequence vs. Several routes can lead to goal attainment

Your Score on Career Path Flexibility was 32

This is an **average** score. You feel certain steps must be followed in a proper sequence but also recognize that this mindset can be limiting. People arrive at their occupations through various journeys and pathways that may be unpredictable. There is no one "right" way to reach or achieve a particular goal. If you can't get what you want one way, what else might you try? Keep your eyes open for other alternatives. Talk with a professional counselor and others about the possibilities.

Changes You Are Willing to Make

This grouping helps you address your flexibility. Are you willing to move beyond your initial training? Are you willing to try new occupations? Would you move?

Post-training Transition
The job must be consistent with initial training vs. The job may differ from initial training

Your Score on Post-training Transition was 34

This is an **average** score. You usually keep your career choices private, but you may be open to discussing career goals with a professional career counselor for guidance. You may be hesitant to share your potential career plans with others, but you may also find that talking to many different people can help you learn and gain new insight. Additionally, people you talk to may prove valuable in professional networking as well.

Job Experimentation
Need a consistent career path vs. Willing to try alternative occupations

Your Score on Job Experimentation was 39

This is an **average** score. You may be considering alternative occupations, but are afraid to step out of your comfort zone. Although you may not be happy in your current occupation, you are reluctant to make a change. Consider possible alternatives that could bring you more happiness and think about fresh experiences that might lead you to new job possibilities.

Relocation
Would not move for a better job vs. Willing to move for a better job

Your Score on Relocation was 38

This is an **average** score. You would be hesitant to relocate for a better job, but you have not ruled out the idea entirely. You can see that there may be better opportunities if you move, but you are not sure if you are ready now. Consider all the possible pros and cons to making a move before coming to a final decision. You can always make new friends. You can always return to visit old friends.

Effort You Are Willing to Initiate

This grouping helps you explore what, if anything, may be preventing you from taking action to solve your own problems. Maybe you don't want to improve your skills? Maybe you want a final decision before starting to work, when some hard work would help you make the decision? Maybe you are paralyzed by the thought of failure? Maybe you hate job training? Maybe you don't see how to negotiate a better deal for yourself in your present job? Maybe some obstacle is blocking you? Maybe you believe that hard work is irrelevant to your success? Uncovering a key assumption in any one of these areas could free you to take some needed action.

Improving Self
Satisfied with performance vs. Desire to improve performance

Your Score on Improving Self was 30

This is an **average** score. You are satisfied with your performance at work, but still take time to reflect on ways in which you could improve. This is a good attitude to have as you strive to gain new skills and improve your current skills as well. This desire will keep you valuable in your line of work. You seem to have reached a good balance of acknowledging your hard work, but still maintain a desire to grow and learn.

Persisting While Uncertain
Need clear goals to work hard vs. Always work hard despite possible failure

Your Score on Persisting While Uncertain was 32

This is an **average** score. You may feel that you are not working as hard as you could because you are uncertain about your career goals. However, you also see the value of working hard at your current job. Although you are uncertain about your future career goals, working hard and persisting even when you are uncertain may bring you new skills and opportunities that you could never have imagined.

Taking Risks
Better not to try if failure is possible vs. Better to try hard despite possible failure

Your Score on Taking Risks was 25

This is an **average** score. You are afraid of trying when there is a possibility of failure, but you also know that without trying, there is not a chance for success and new opportunities. Nobody wants to fail. But when you try and fail, you learn something that doesn't work. That is valuable learning. So rein in that fear and take a chance. We all learn from making mistakes and that makes us stronger and able to better face the next challenge that comes our way. Capitalize on the part of you that wants a chance for success and new possibilities.

Learning Job Skills
Dislike job training vs. Enjoy learning new job skills

Your Score on Learning Job Skills was 25

This is an **average** score. You think job training is dull at times, but you see the value in learning new job skills. New skills help you gain tools that can make a big difference when searching for a new job opportunity. Think about the increased chances that may be offered when you are equipped with new skills and experiences.

Negotiating/Searching
The right job is impossible to find vs. Would negotiate work changes or seek a new job

9

Your Score on Negotiating/Searching was 25

This is an **average** score. If you were not satisfied with your job, you might or might not consider negotiating work changes or seeking a new job opportunity. It may not hurt to discuss with co-workers or a supervisor your ideas about improving current working conditions. Nothing will change about your work situation if you do nothing. Something might change if you work cooperatively with others who are involved. If these efforts fail, maybe it's time to explore other job possibilities.

Overcoming Obstacles
Obstacles are blocking progress vs. Obstacles can be overcome

Your Score on Overcoming Obstacles was 31

This is an **average** score. There may be some obstacles blocking your progress and once you figure out exactly what they are, you might feel they can be overcome too. Talking to a friend, mentor, or professional career counselor might be a good next step to identify ways to bypass these obstacles. Discussions with others can give you ideas and the fortitude to take the necessary action.

Working Hard
Success is unrelated to effort vs. Hard work will bring success

Your score on Working Hard was 29

This is an **average** score. You feel that sometimes success can be unrelated to effort, but you have also seen that hard work can bring about success and opportunities. Working hard and making a major effort in necessary tasks may bring about new possibilities. Imagine what might happen if you make no effort at all. Jump in and give it your best try.

Your CBI Profile

The 25 scales that make up the CBI are organized under 5 headings. These headings provide you with a logical sequence for considering the scales. Remember that each scale can be interpreted individually as well. The following are graphs of your scores on each scale from the Career Beliefs Inventory.

My Current Career Situation

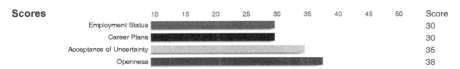

Scores	10	15	20	25	30	35	40	45	50	Score
Employment Status										30
Career Plans										30
Acceptance of Uncertainty										35
Openness										38

What Seems Necessary for Your Happiness

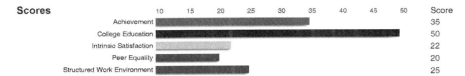

Scores	10	15	20	25	30	35	40	45	50	Score
Achievement										35
College Education										50
Intrinsic Satisfaction										22
Peer Equality										20
Structured Work Environment										25

Factors That Influence Your Decisions

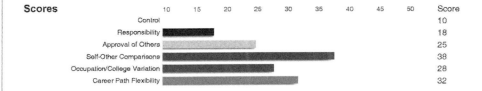

Scores	10	15	20	25	30	35	40	45	50	Score
Control										10
Responsibility										18
Approval of Others										25
Self-Other Comparisons										38
Occupation/College Variation										28
Career Path Flexibility										32

11

Changes You Are Willing to Make

Scores	10	15	20	25	30	35	40	45	50	Score
Post-training Transition										34
Job Experimentation										39
Relocation										38

Effort You Are Willing to Initiate

Scores	10	15	20	25	30	35	40	45	50	Score
Improving Self										30
Persisting While Uncertain										32
Taking Risks										25
Learning Job Skills										25
Negotiating/Searching										25
Overcoming Obstacles										31
Working Hard										29

12

Closing Questions

1. Which of your beliefs do you think would be most valuable for you to re-examine now?

2. With whom would you like to discuss your beliefs and assumptions?

13

Publisher: Vocopher
Contact: kglavin@vocopher.com
Web: http://www.vocopher.com

Developed by:
Albert Thompson, Richard Lindeman,
Donald Super, Jean Pierre Jordaan,
and Roger Myers

Career Development Inventory

CDI: Administration and Scoring

- **There exist two versions of the CDI.**
  1. CDI *School form* designed for students in grades 8-12
  2. CDI *College form* designed for college students.
     - Both forms measure the same constructs, yet differ in content according to the educational level of the subjects being tested.

- **The CDI consists of 2 parts, which can be taken separately. Each part takes approximately 40 minutes to complete.**
  - Part I consists of 4 sections (Career Planning, Career Exploration, Decision Making, Knowledge of the World of Work). Each section contains 20 questions, making a total of 80 items.
  - Part II consists of 40 questions related to an individual's knowledge of their preferred occupation.

- **Administration and scoring of the CDI is conducted via the Internet at http://www.vocopher.com**
  - A report is generated immediately upon completion of the instrument. The report shows an individual's scores as standard scores and percentile scores. A line chart provides a graphical representation of an individual 's results.

※ 출처: Vocopher: https://slideplayer.com

Interpretation of the CDI Scales: CP, CE, DM, WW

Scores are reported for 5 basic scales and 3 composite scales:
- *The Attitudinal Components:*
    1. Career Planning (**CP**)
    2. Career Exploration (**CE**)

- *The Critical Competencies:*
    3. Decision Making (**DM**),
    4. Knowledge of the World of Work (**WW**)
    5. Knowledge of Preferred Occupation (PO)

- Combined scores (or composite scores)
    6. Career Development Attitudes (CDA)
        - Combination of scores on CP and CE
    7. Career Development Knowledge (CDK)
        - Combination of scores on DM and WW
    8. Career Orientation Total
        - Combination of scores on CP, CE, DM, and WW

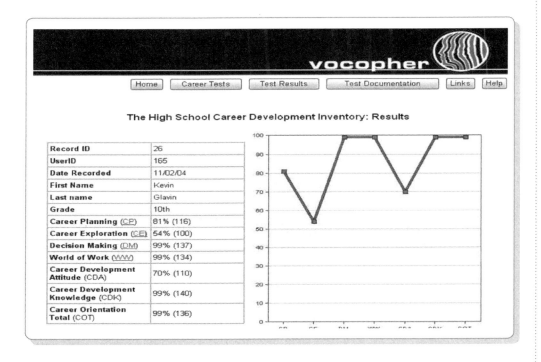

The High School Career Development Inventory: Results

Record ID	26
UserID	165
Date Recorded	11/02/04
First Name	Kevin
Last name	Glavin
Grade	10th
Career Planning (CP)	81% (116)
Career Exploration (CE)	54% (100)
Decision Making (DM)	99% (137)
World of Work (WW)	99% (134)
Career Development Attitude (CDA)	70% (110)
Career Development Knowledge (CDK)	99% (140)
Career Orientation Total (COT)	99% (136)

Interpretation of CDI Scale Scores

In addition, scores should be used to:
- Raise a student's awareness of imminent and future vocational decisions
- Instill a sense of curiosity about the world of work and one's place in it
- Stimulate discussion about current and future vocational choices

NOTE: The CDI norms are the original norms. When interpreting CDI results one should:
1. Prepare local norms
2. Interpret the profiles ipastively.
   An individual's rating of the relative importance of an item compared with other items. Ipsative scores do not allow for comparisons among people

Interpretation of Attitudinal Scales: CP

Scale	High Scores	Low Scores
Career Planning	High scores on CP indicate one has actively engaged in career planning activities and behavior, indicating they have an appropriate awareness of occupational decisions that need to be attended to; as well as a heightened sense of curiosity with regard to their place in the world of work. As a result, high CP scores indicate a readiness to narrow one's choices and focus on advanced exploration in a few occupational fields.	Low scores on CP indicate one may have given little thought to career decisions, and therefore may not yet be serious about attending to future occupational or educational choices. One may benefit from increasing one's awareness of current and future occupational decisions that need to be made, as well as engaging in activities that arouse one's curiosity about different occupational paths.

Interpretation of Attitudinal Scales: CE

Scale	High Scores	Low Scores
Career Exploration	High scores on CE indicate one has actively employed the resources available to them, and gathered information relevant to future occupational choices. One may be ready to engage in broad exploration of the world of work and to investigate occupational fields that attract them.	Low scores on the second attitudinal scale, CE, indicate one has not yet adequately explored sources of quality information regarding career opportunities available to them. One may benefit from identifying quality resources and investigating a number of different occupational fields.

Interpretation of Competency Scales: DM

Scale	High Score	Low Score
Decision Making	High scores on DM indicate that the student has developed the essential decision making skills for making effective vocational decisions. Thus, one may now be ready to match their abilities and interests to the requirements and rewards of different educational majors and occupations.	Because DM represents one's skill at applying the principles of rational decision making to educational and vocational issues, low scores indicate that the student may benefit from studying and practicing the principles and processes involved in effective decision making; such as identifying the problem and gathering the information required to solve the problem.

Interpretation of Competency Scales: WW

Scale	High Score	Low Score
World of Work	High scores on WW indicate that students may have a broad fund of information to support their career decision making. However, one still may need to gather more information about the specific occupations one is now considering before one commits oneself to a particular choice.	Low scores indicate that the student may need more information about, and inquiry into, occupational fields and career development tasks before making important career decisions and occupational choices. Students may benefit from learning more about one's tentative preferences, how people get jobs in those occupations, and how they adjust to those jobs.

Interpretation of PO Score

Scale	High Score	Low Score
Knowledge of Preferred Occupation	Hi scores on PO indicate one has gathered detailed information about their preferred occupation. This indicates one may now be ready to narrow their choice to a few occupational fields.	Low scores on PO indicate one may need to gather more detailed information regarding their occupation of choice. Such information can be ascertained from professors, career counselors, and professionals already working in that field

The Salience Inventory

Theory, Application, and Research

Dorothy D. Nevill, Ph.D.   **Manual (Research Edition)**   Donald E. Super, Ph.D.

0421

※ 출처: Nevill, D. D., & Super, D. E. (1986). The salience inventory. – Theory, Application, and Research. Manual(Research Edition). Palo Alto, CA: Consulting Phychologists Press.

Figure 4

Sample scoring of a *Salience Inventory* answer sheet

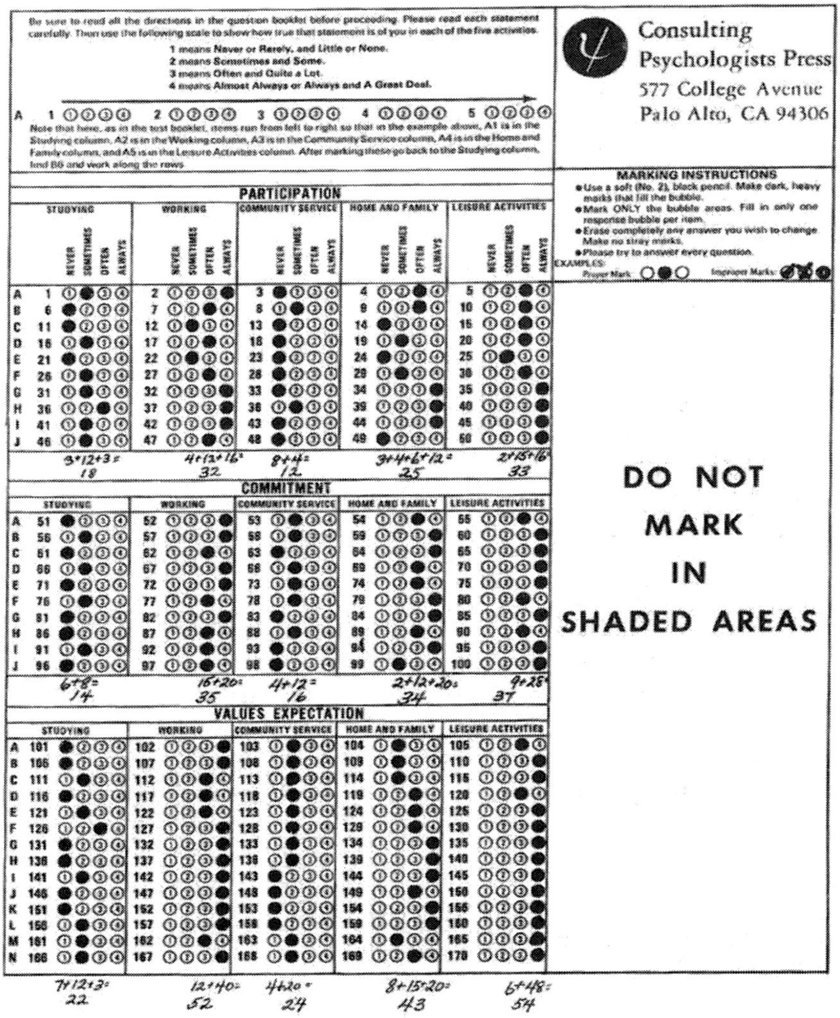

Table 1

Factor loadings of the Items of the Participation, Commitment and Value Expectations Subscales in the Five Roles of the Salience Inventory

Participation Subscale		1 Study	2 ComS	3 FreeT	4 HFam	5 Work
1	I have dedicated my time to activities related to...	,859	,809	,740	,737	,618
2	I have spoken to people about...		,732	,775	,751	,565
3	I have read about...		,634	,690	,640	,595
4	I have taken advantage of opportunities in...		,809	,822	,776	,696
5	I have been actively working in an organization related to...	,794	,835	,653	,548	,623
6	I've been improving my performance in...		,861	,807	,764	,757
7	I am actively involved in activities related to...	,895	,894	,859	,842	,761
8	I have made achievements in activities related to...	,680	,802	,752	,726	,674
9	Whenever I can, I participate in activities related to...	,791	,793	,719	,722	,694
10	I have some magazines or books related to...	,659	,667	,506	,608	,604
	Internal consistency indices (Cronbach's alpha)	0,947	0,937	0,913	0,904	0,869

Commitment Subscale		1 Study	2 ComS	3 FreeT	4 HFam	5 Work
1	It is important to me to be good at activities related to...	,774	,746	,773	,721	,582
2	I would like to get more involved in activities related to...	,693	,659	,425	,400	,537
3	I would like to be remembered for what I did in...	,792	,799	,760	,665	,604
4	I would like to be involved for many years with...	,855	,844	,763	,771	,718
5	I really am committed to being active in activities related to...	,738	,733	,739	,730	,723
6	I am proud to be successful in...	,836	,803	,845	,802	,671
7	I really feel personally involved with...	,721	,712	,658	,684	,634
8	I admire people who are good at...		,624	,588	,661	,576
9	I think it is rewarding to participate in...	,777	,739	,794	,722	,723
10	I would like to have enough time to...	,754	,773	,650	,618	593
	Internal consistency indices (Cronbach's alpha)	0,923	0,915	0,895	0,878	0,838

Value Expectations subscale		1 Study	2 ComS	3 FreeT	4 HFam	5 Work
1	To use your skills and knowledge	,675	,633	,744	,656	,649
2	To see your efforts rewarded	,751	,688	,744	,661	,693
3	To make life more beautiful	,780	,677	,664	,681	,405
4	To help people	,757	,647	,686	,667	,508
5	To act independently	,674	,648	,457	,738	,599
6	To discover or create new things	,785	,595	,673	,668	,735
7	To have a good standard of living	,693	,613	,655	,682	,629
8	To live life in your own way	,707	,690	,417	,678	,465
9	To be physically active	,647	**,653** / ,317	**,621** / ,318	**,342**	344
10	To be admired for your knowledge and ability	,742	,634	,687	,664	,699
11	To feel that you can take risks	,749	**,714** / ,321	,410	,538	,567
12	To do things with other people	,671	,664	,665	,659	,484
13	To do different things	,717	,671	,623	,634	,667
14	To have comfortable conditions to perform the activities	,688	,666	,616	,691	,591
	Internal consistency indices (Cronbach's alpha)	0,942	0,917	0,905	0,912	0,884

Note. Study = Study; Work = Work; ComS = Community Service; HFam = Home & Family; FreeT = Free Time

The Value Expectation subscale presented the lowest discrimination between the roles. Apart from moderate and significant correlations already presented between the Work and Study roles, and between the Home and Family and Free Time roles, there were also significant and moderate correlations in the interactions between other roles. In considering

181

기출 문제 현황 ('09~'23)

※ 본 기출 문제는 시험장에서 시험지 반출금지로 수험생의 기억만으로 문제를 복원하여 재구성하였다. 지면의 사정으로 동일·유사한 표의 반복은 가능하면 피하였다.

1) 2009년 1회(가 유형)

▶ **필답형**

◎ **직업심리 검사**

각 검사의 의미, 실시 이유, 척도, 해석과정을 기술하시오.

(1) 스트롱흥미도 검사(SII: Strong Interest Inventory)

(2) 미네소타직업가치 검사(MIQ: Minnesota Importance Questionnaire)

◎ **진로 이론**

(1) 직업적응 이론(TWA)이 적합한 내담자의 유형(특징)을 기술하시오.

(2) 직업적응 이론(TWA)의 6가지 주요 가치를 기술하시오.

(3) 직업적응 이론(TWA)에서 개인과 환경이 상호작용하는 4가지 성격 유형을 기술하시오.

(4) 직업적응 이론(TWA)을 통해 개발된 검사에 대해 기술하시오.

(5) 직업적응 이론(TWA)에서 중요시하는 요인(두 가지 중요한 개념)을 설명하시오.

(6) 수퍼의 생애진로상담의 단점 또는 한계점을 기술하시오.

(7) Super의 C-DAC 모형에서 4가지 평가단계를 기술하시오.

◎ 노동시장 분석

(1) 어느 시의 학력별 생산가능인구, 경제활동인구, 비경제활동인구, 취업자 수, 실업자 수 등을 표로 제시하고, 학력별 경제활동인구, 실업률, 취업률, 고용률을 구하시오.

(2) 어느 시의 1차 산업, 2차 산업, 그리고 3차 산업의 인구수, 취업자 수, 실업자 수, 현직자수 등을 표로 제시하고 1인당 부가가치, 고용유발계수, 부족인원 등을 구하시오.

(3) 위에서 구한 자료를 기초로 수요와 공급 측면에서 노동시장을 분석하시오.

◎ 행사 기획안

위의 ◎ '노동시장 분석' 자료를 기초로 채용박람회 기획안을 작성하시오. 기획안에는 행사개요(행사명, 행사목적, 장소, 일시, 주최, 주관, 후원 등), 세부 추진계획, 업무분장과 예산, 사후관리 등의 내용이 있어야 함.

---

2) 2009년 2회

▶ 필답형

◎ 직업심리 검사

스트롱흥미도 검사(SII: Strong Interest Inventory), 미네소타직업가치 검사(MIQ: Minnesota Importance Questionnaire), 진로신념 검사(CBI: Career Beliefs Inventory)에 대하여 설명하고 해석하시오.

◎ 진로 이론

(1) 상담사는 퇴사 압력을 받아 불안증세가 있는 A씨를 발달적 진로상담으로 진단을 하기로 하였다.

　① 수퍼의 진로발달 이론의 기본 가정과 상담 목표를 기술하시오.

　② 수퍼의 5가지 발달단계를 설명하고 그에 따른 발달과업을 기술하시오.

　③ Super의 C-DAC 모형에서 4가지 평가단계를 기술하시오.

(2) 상담사는 어린이집에서 보육교사로 근무하며 적성과 인간관계로 힘들어 하는 B씨를 사회인지진로 이론(SCCT)을 근간으로 상담하기로 하였다.

　① 사회인지진로 이론(SCCT)에서 진로의사결정 과정과 관련하여 3가지 영역으로 구분하고(진로선택 결정 요인 3가지), 3가지 기본 모델에 대하여 기술하시오.

　② 사회인지진로 이론(SCCT)의 진로상담모델의 가정과 원리에 대하여 설명하고, 진로상담모델에 따른 상담 목표를 기술하시오.

▶ 전산작업형

◎ 노동시장 분석

(1) 어느 시의 학력별 생산가능인구, 경제활동인구, 비경제활동인구, 취업자 수, 실업자 수 등을 표로 제시하고, 학력별 경제활동인구, 실업률, 취업률, 고용률을 구하시오.

(2) 어느 시의 1차 산업, 2차 산업, 그리고 3차 산업의 인구수, 취업자 수, 실업자 수, 현직자 수 등을 표로 제시하고 1인당 부가가치, 고용유발계수, 부족 인원 등을 구하시오.

(3) 위에서 구한 자료를 기초로 수요와 공급 측면에서 노동시장을 분석하시오.

◎ 행사 기획안

위의 ◎ '노동시장 분석' 자료를 기초로 채용박람회 기획안을 작성하시오. 기획안에는 행사개요(행사명, 행사목적, 장소, 일시, 주최, 주관, 후원 등), 세부 추진계획, 업무분장과 예산, 사후관리 등의 내용이 있어야 함.

3) 2010년 2회(가 유형)

▶ 필답형

◎ 직업심리 검사

상담사가 Williamson의 특성요인 이론에 입각하여 상담을 하려고 할 때 아래의 직업심리 검사를 사용하려고 한다. 각 검사의 의미, 실시 이유, 척도, 해석과정을 기술하시오.

(1) 스트롱흥미도 검사(SII: Strong Interest Inventory)

(2) 미네소타직업가치 검사(MIQ: Minnesota Importance Questionnaire)

(3) 성격유형 검사(MBTI: Myers-Briggs Type Indicator)

(4) 진로신념 검사(CBI: Career Beliefs Inventory)

◎ 진로 이론

(1) 직업적응 이론(TWA)이 적합한 내담자의 유형(특징)을 기술하시오.

(2) 직업적응 이론(TWA)의 6가지 주요 가치와 활용방안에 대하여 기술하시오.

(3) 직업적응 이론(TWA)에서 개인과 환경이 상호작용하는 4가지 성격 유형을 기술하시오.

(4) 직업적응 이론(TWA)의 적응유형 변인 두 가지를 기술하고 진로상담에 어떻게 적용할 것인지 설명하시오.

(5) 수퍼의 5가지 발달단계를 설명하고 그에 따른 발달과업을 기술하시오.

(6) Super의 C-DAC 모형에서 4가지 평가단계를 기술하시오.

(7) 수퍼의 진로발달 이론의 기본 가정과 상담 목표를 기술하시오.

(8) 사회인지진로 이론(SCCT)의 3가지 기본 가정과 상담 목표를 기술하시오.

▶ 전산작업형

◎ 노동시장 분석

(1) 어느 시의 학력별 생산가능인구, 경제활동인구, 비경제활동인구, 취업자수, 실업자 수 등을 표로 제시하고, 학력별 경제활동인구, 실업률, 취업률, 고용률을 구하시오.

(2) 어느 시의 1차 산업, 2차 산업, 그리고 3차 산업의 인구수, 취업자 수, 실업자 수, 현직자수 등을 표로 제시하고 1인당 부가가치, 고용유발계수, 부족인원 등을 구하시오.

(3) 위에서 구한 자료를 기초로 수요와 공급 측면에서 노동시장을 분석하시오.

◎ 행사 기획안

위의 ◎ '노동시장 분석' 자료를 기초로 채용박람회 기획안을 작성하시오. 기획안에는 행사개요(행사명, 행사목적, 장소, 일시, 주최, 주관, 후원 등), 세부 추진계획, 업무분장과 예산, 사후관리 등의 내용이 있어야 함.

▶ 필답형

◎ 직업심리 검사

42세인 남성 A씨는 영업 분야에 흥미와 자질이 있는 것으로 알았으나 기획 분야에서 10년 넘게 경력을 쌓아왔다. 최근에 경력을 전환하기 위해 상담사를 방문했다. 상담사는 내담자의 직업심리를 분석하기 위해 다음의 4가지의 직업 심리 검사를 실시하였다. 각 검사의 의미, 실시 이유, 척도, 해석과정을 기술하시오.

  (1) 스트롱흥미도 검사(SII: Strong Interest Inventory)
  (2) 미네소타직업가치 검사(MIQ: Minnesota Importance Questionnaire)
  (3) 성인용 진로문제 검사(ACCI: Adult Career Concerns Inventory)
  (4) 진로신념 검사(CBI: Career Beliefs Inventory)

◎ 진로 이론

  (1) 진로발달 이론과 사회인지진로 이론(SCCT)의 기본가정과 상담 목표를 기술하시오.
  (2) 수퍼의 3가지 평가 유형을 기술하시오.
  (3) Super의 C-DAC 모형에서 4가지 평가단계를 기술하시오.
  (4) 업적응 이론(TWA) 특징과 진로선택과정, 개인과 조직 간의 불일치 이후 적응단계의 유형 2가지를 기술하시오.
  (5) rumboltz의 진로선택 사회학습 이론에서 직업 결정 4가지 요인을 기술하시오.
  (6) 특성요인 이론과 진로발달 이론의 차이점을 기술하시오.
  (7) 특성요인 이론의 상담단계를 기술하시오.

◎ 노동시장 분석

다음 표를 보고 A시의 경제활동참가율, 취업률, 실업률을 구하고 노동공급 측면에서 노동시장을 분석하시오(빈칸에 숫자가 제시 됨).

(단위: 명)

학력별	15세 이상인구	취업자 수	실업자 수	비경제활동인구
중졸				
고졸				
2~3년제 대졸				
4년제 대졸				
계				

다음 표를 보고 산업별로 부족인원과 1인당 부가가치생산액과 고용유발계수를 계산하고, 노동수요측면에서 노동시장을 분석하시오(빈칸에 숫자가 제시 됨).

산업별	취업자 수(명)	부가가치액(억)	부족률(%)
1차 산업			
2차 산업			
3차 산업			

◎ 행사 기획안

위의 ◎ '노동시장 분석' 자료를 기초로 채용박람회 기획안을 작성하시오. 기획안에는 행사개요(행사명, 행사목적, 장소, 일시, 주최, 주관, 후원 등), 세부 추진계획, 업무분장과 예산, 사후관리 등의 내용이 있어야 함.

▶ **필답형**

◎ 진로 이론 및 직업심리 검사

4학년인 여자 대학생이 성적은 상위 10%내로 우수하였고, 컴퓨터 자격증은 있지만 취업에 걱정이 되어 학생생활연구소를 방문하였다.

(1) Williamson의 특성요인 이론에 근거하여 진로 직업 정보 등을 평가할 수 있는 5가지 검사 도구에 대하여 각 직업심리 검사는 무엇을 알아보기 위한 검사이며, 각 검사의 해석과정을 기술하시오.

(2) 효과적으로 직업정보를 얻을 수 있는 방법은 무엇인지 기술하시오.

(3) 특성요인 이론에 근거한 상담절차 과정은?

(4) 다음의 상담사례를 C−DAC 모형을 적용하여 검사 결과를 해석하고 상담을 개입하시오(각 도구의 영역별 점수 제시됨)

○○세 A씨는 가정에서는 장남으로 학업성적은 중간 정도로 고등학교 대학 진학반에 있으며 야구부 활동을 하고 있다. A씨는 4년제 대학에 진학하고 싶고 프로야구 선수가 꿈이다. A씨는 현재 아르바이트를 하지 않지만, 예전에는 케이블 TV에서 아르바이트 한 경험이 있다. 그의 아버지는 자동차 수리공이며 A씨가 프로야구 선수가 되길 원하고, 어머니는 전업주부이며 A씨가 평범한 회사원이 되길 원한다.

① 진로발달 검사(CDI: Career Development Inventory)

기본 척도				복합 척도		
진로계획	진로탐색	의사결정	일의 세계에 대한 정보	진로발달 - 태도	진로발달 - 지식 및 기술	총체적 진로성향

② 스트롱흥미도 검사(SII: Strong Interest Inventory)

상위척도 (GOT)	현실형(R)		탐구형(I)		예술형(A)		사회형(S)		기업형(E)		관습형(C)	
하위척도 (BIS)	자연 농업	시각 예술/ 디자인	과학		교육		사무 관리		기계/ 건설		관리	수학
직업척도 (OS)	직업A		직업B		직업C		직업D		직업E		직업F	

③ 미네소타직업가치 검사(MIQ: Minnesota Importance Questionnaire)

상위 척도 (직업 가치)	성취	편안함	지위	이타심	안전	자율성
하위 척도 (직업 욕구)	능력	성취감	활동성	독립성	다양성	
	보상	안정성	근무환경	발전가능성	인정	
	지휘권	사회적 지위	동료	사회봉사	도덕성	
	공정성	업무지원	직무교육	창의성	책임성	

④ 역할중요도(명확성) 검사(SI: Salience Inventory)

척도	학생 (공부)	직업인 (일)	시민 (지역사회 봉사)	배우자 (가족 및 가정)	여가인 (여가)
참여(participation)					
몰입(commitment)					
가치 기대 (value expectations)					

(5) 위 A씨의 상담사례를 C-DAC 모형으로 상담을 할 때 다루어야 할 주제와 이슈를 기술하시오.

◎ 노동시장 분석

(1) 어느 시의 학력별 생산가능인구, 경제활동인구, 비경제활동인구, 취업자 수, 실업자 수 등을 표로 제시하고, 학력별 경제활동인구, 실업률, 취업률, 고용률을 구하시오.

(2) 어느 시의 1차 산업, 2차 산업, 그리고 3차 산업의 인구수, 취업자 수, 실업자 수, 현직자수 등을 표로 제시하고 1인당 부가가치, 고용유발계수, 부족인원 등을 구하시오.

(3) 위에서 구한 자료를 기초로 수요와 공급 측면에서 노동시장을 분석하시오.

◎ 행사 기획안

위의 ◎ '노동시장 분석' 자료를 기초로 채용박람회 기획안을 작성하시오. 기획안에는 행사개요(행사명, 행사목적, 장소, 일시, 주최, 주관, 후원 등), 세부 추진계획, 업무분장과 예산, 사후관리 등의 내용이 있어야 함.

6) 2012년 1회(다 유형)

▶ 필답형

◎ 직업심리 검사

40세인 남성 A씨는 마케팅 분야에 흥미와 자질이 있는 것으로 알고 있으며 10년 넘게 경력을 쌓아왔다. 최근에 경력을 전환하기 위해서 상담사를 방문했다. 상담사는 내담자의 직업심리를 분석하기 위하여 다음의 직업심리 검사를 실시하였다. 각 직업심리 검사는 무엇을 알아보기 위한 검사이며, 각 검사의 의미, 실시 이유, 척도, 해석과정을 기술하시오.

(1) 스트롱흥미도 검사(SII: Strong Interest Inventory)

(2) 미네소타직업가치 검사(MIQ: Minnesota Importance Questionnaire)

(3) 성인용 진로문제 검사(ACCI: Adult Career Concerns Inventory)

(4) 진로신념 검사(CBI: Career Beliefs Inventory)

◎ 진로 이론

(1) 특성요인 이론이 수퍼의 C-DAC에 비해 단점 또는 한계점을 기술하시오.

(2) 홀랜드 이론의 4가지 기본 가정 중 3가지를 설명하시오.

(3) 홀랜드 이론의 5가지 주요 개념 중에서 4가지 가정을 기술하시오.

(4) Gottfredson의 제한·타협 이론에서 진로포부의 발달 단계 및 영향 요인 4가지를 기술하시오.

(5) Super의 C-DAC 모형에서 4가지 평가단계를 기술하시오.

▶ 전산작업형

◎ 노동시장 분석

다음 A시의 경제활동참가율, 취업률, 실업률을 제시하고 노동공급 측면에서 노동시장을 분석하시오(빈칸에 숫자가 제시 됨).

연령	취업인구	적극적 구직활동인구	비경제활동인구
15~20			
21~30			
31~40			
41~50			
51~60			
61~			

다음 표의 산업별로 1인당 부가가치, 부족인원, 고용유발계수를 계산하고, 노동수요 측면에서 노동시장을 분석하시오(빈칸에 숫자가 제시 됨).

산업별	취업자 수(명)	부가가치액(억)	부족률(%)
1차 산업			
2차 산업			
3차 산업			

◎ 행사 기획안

위의 ◎ '노동시장 분석' 자료를 기초로 채용박람회 기획안을 작성하시오. 기획안에는 행사개요(행사명, 행사목적, 장소, 일시, 주최, 주관, 후원 등), 세부 추진계획, 업무분장과 예산, 사후관리 등의 내용이 있어야 함.

7) 2012년 2회(A 유형)

▶ 필답형

◎ 직업심리 검사

영업 관리직에 근무하는 A씨가 일을 계속할 것인지, 진로를 전환해야 할지에 대해상담사를 방문했다. Williamson의 특성요인 이론에 입각하여 상담을 하기 위하여 아래의 도구를 사용하려고 한다. 각 검사의 해석과정과 척도를 기술하시오. 각 검사의 의미, 실시 이유, 척도, 해석과정을 기술하시오.

(1) 스트롱흥미도 검사(SII: Strong Interest Inventory)

(2) 미네소타직업가치 검사(MIQ: Minnesota Importance Questionnaire)

(3) 성격유형 검사(MBTI: Myers-Briggs Type Indicator)

(4) 진로신념 검사(CBI: Career Beliefs Inventory)

◎ 진로 이론

(1) 직업적응 이론(TWA)의 6가지 주요 가치와 활용방안에 대하여 기술하시오.

(2) 직업적응 이론(TWA)에서 개인과 환경이 상호작용하는 4가지 성격 유형을 기술하시오.

(3) 수퍼의 5가지 발달단계를 설명하고 그에 따른 발달 과업을 기술하시오.

(4) 수퍼의 14가지 기본 명제를 기술하시오.

(5) 수퍼의 진로발달 이론의 기본 가정과 상담 목표, 사회인지진로 이론 (SCCT)의 3가지 기본 가정과 상담 목표를 기술하시오.

(6) Super의 C−DAC 모형에서 4가지 평가단계를 기술하시오.

(7) 직업적응 이론(TWA)이 적합한 내담자의 유형(특징)을 기술하시오.

(8) 직업적응 이론(TWA)의 적응유형 변인 두 가지를 기술하고 진로상담에 어떻게 적용될 것인지 설명하시오.

▶ 전산작업형

◎ 노동시장 분석

다음 표를 보고 각 학력별 경제활동참가율, 실업률, 취업률, 고용률을 구하고, 구한 자료를 기초로 공급 측면에서 노동시장을 분석하시오(빈칸에 숫자가 제시됨).

구분	중졸	고졸	2-3년제 대졸	4년제 대졸
생산가능인구				
경제활동인구				
비경제활동인구				
취업자				
실업자				

다음 표를 보고 1인당 부가가치, 고용유발계수, 부족인원을 구하시오(빈칸에 숫자가 제시 됨).

구분	1차 산업	2차 산업	3차 산업
부족인원			
취업자			
부가가치액			

위에서 구한 자료를 기초로 수요와 공급 측면에서 노동시장을 분석하시오.

◎ 행사 기획안

위의 ◎ '노동시장 분석' 자료를 기초로 채용박람회 기획안을 작성하시오. 기획안에는 행사개요(행사명, 행사목적, 장소, 일시, 주최, 주관, 후원 등), 세부 추진계획, 업무분장과 예산, 사후관리 등의 내용이 있어야 함.

8) 2013년 1회(나 유형)

▶ 필답형

◎ 직업심리 검사

상담사가 Williamson의 특성요인 이론에 입각하여 상담을 하기 위하여 아래의 직업심리 검사를 사용하려고 한다. 각 검사의 의미, 실시 이유, 척도, 해석과정을 기술하시오.

(1) 스트롱흥미도 검사(SII: Strong Interest Inventory)

(2) 기술확신 척도(SCI: Skill Confidence Inventory)

(3) 성격유형 검사(MBTI: Myers-Briggs Type Indicator)

(4) 미네소타직업가치 검사(MIQ: Minnesota Importance Questionnaire)

(5) 성인용 진로문제 검사(ACCI: Adult Career Concerns Inventory)

A씨와 B씨가 검사한 심리검사 도구들을 각각 해석하시오(각 도구의 영역별 점수 제시됨).

(1) 스트롱흥미도 검사(SII: Strong Interest Inventory)
(2) 미네소타직업가치 검사(MIQ: Minnesota Importance Questionnaire)
(3) 역할중요도(명확성) 검사(SI: Salience Inventory)

◎ 진로 이론

(1) 특성요인 이론을 토대로 하는 상담과정과 절차를 기술하시오.
(2) 내담자에게 효율적으로 직업정보를 제공할 수 있는 수집방법 5가지를 기술하시오.

▶ 전산작업형

◎ 노동시장 분석

(1) 어느 시의 학력별 생산가능인구, 경제활동인구, 비경제활동인구, 취업자 수, 실업자 수 등을 표로 제시하고, 학력별 경제활동인구, 실업률, 취업률, 고용률을 구하시오.
(2) 어느 시의 1차 산업, 2차 산업, 그리고 3차 산업의 인구수, 취업자 수, 실업자 수, 현직자수 등을 표로 제시하고 1인당 부가가치, 고용유발계수, 부족인원 등을 구하시오.
(3) 위에서 구한 자료를 기초로 수요와 공급 측면에서 노동시장을 분석하시오.

◎ 행사 기획안

위의 ◎ '노동시장 분석' 자료를 기초로 채용박람회 기획안을 작성하시오. 기획안에는 행사개요(행사명, 행사목적, 장소, 일시, 주최, 주관, 후원 등), 세부 추진계획, 업무분장과 예산, 사후관리 등의 내용이 있어야 함.

▶ 필답형

◎ 직업심리 검사

상담사가 Williamson의 특성요인 이론에 입각하여 상담을 하기 위하여 아래의 직업심리 검사를 사용하려고 한다. 각 검사의 의미, 실시 이유, 척도, 해석과정을 기술하시오.

(1) 스트롱흥미도 검사(SII: Strong Interest Inventory)

(2) 미네소타직업가치 검사(MIQ: Minnesota Importance Questionnaire)

(3) 성인용 진로문제 검사(ACCI: Adult Career Concerns Inventory)

(4) 진로신념 검사(CBI: Career Beliefs Inventory)

◎ 진로 이론

(1) 직업적응 이론(TWA)의 6가지 주요 가치와 활용방안에 대하여 기술하시오.

(2) Super의 C-DAC 모형에서 4가지 평가단계를 기술하시오.

(3) 특성요인 이론이 수퍼의 진로발달 이론(C-DAC)에 비하여 단점 또는 한계점 3가지를 기술하시오.

(4) Gottfredson의 제한·타협 이론에서 진로포부의 발달 단계 및 영향 요인 4가지를 기술하시오.

▶ 전산작업형

◎ 노동시장 분석

(1) 어느 시의 학력별 생산가능인구, 경제활동인구, 비경제활동인구, 취업자 수, 실업자 수 등을 표로 제시하고, 학력별 경제활동인구, 실업률, 취업률,

고용률을 구하시오.

(2) 어느 시의 1차 산업, 2차 산업, 그리고 3차 산업의 인구수, 취업자 수, 실업자 수, 현직자수 등을 표로 제시하고 1인당 부가가치, 고용유발계수, 부족인원 등을 구하시오.

(3) 위에서 구한 자료를 기초로 수요와 공급 측면에서 노동시장을 분석하시오.

◎ 행사 기획안

위의 ◎ '노동시장 분석' 자료를 기초로 채용박람회 기획안을 작성하시오. 기획안에는 행사개요(행사명, 행사목적, 장소, 일시, 주최, 주관, 후원 등), 세부 추진계획, 업무분장과 예산, 사후관리 등의 내용이 있어야 함.

10) 2014년 1회(A 유형)

▶ 필답형

◎ 직업심리 검사

상담사가 Williamson의 특성요인 이론에 입각하여 상담을 하려고 할 때 아래의 직업심리 검사를 사용하려고 한다. 각 검사의 의미, 실시 이유, 척도, 해석과정을 기술하시오.

(1) 스트롱흥미도 검사(SII: Strong Interest Inventory)

(2) 미네소타직업가치 검사(MIQ: Minnesota Importance Questionnaire)

(3) 진로신념 검사(CBI: Career Beliefs Inventory)

(4) 성인용 진로문제 검사(ACCI: Adult Career Concerns Inventory)

◎ 진로 이론

(1) 직업적응 이론(TWA)의 6가지 주요 가치에 대하여 기술하시오.

(2) 직업적응 이론(TWA)에서 개인과 환경이 상호작용하는 4가지 성격 유형을 기술하시오.

(3) 직업적응 이론(TWA)의 적응유형 변인 두 가지를 기술하시오.

(4) 수퍼의 14가지 기본 명제를 기술하시오.

(5) 수퍼의 5가지 발달단계를 설명하고 그에 따른 발달과업을 기술하시오.

(6) 수퍼의 진로발달 이론(C-DAC)의 상담 목표를 기술하시오.

(7) 사회인지진로 이론(SCCT)의 3가지 기본 가정과 상담 목표를 기술하시오.

▶ **전산작업형**

◎ 노동시장 분석

(1) 어느 시의 학력별 생산가능인구, 경제활동인구, 비경제활동인구, 취업자 수, 실업자 수 등을 표로 제시하고, 학력별 경제활동인구, 실업률, 취업률, 고용률을 구하시오.

(2) 어느 시의 1차 산업, 2차 산업, 그리고 3차 산업의 인구수, 취업자 수, 실업자 수, 현직자수 등을 표로 제시하고 1인당 부가가치, 고용유발계수, 부족인원 등을 구하시오.

(3) 위에서 구한 자료를 기초로 수요와 공급 측면에서 노동시장을 분석하시오.

◎ 행사 기획안

위의 ◎ '노동시장 분석' 자료를 기초로 채용박람회 기획안을 작성하시오. 기획안에는 행사개요(행사명, 행사목적, 장소, 일시, 주최, 주관, 후원 등), 세부 추진계획, 업무분장과 예산, 사후관리 등의 내용이 있어야 함.

▶ **필답형**

◎ 직업심리 검사

상담사가 Williamson의 특성요인 이론에 입각하여 상담을 하기 위하여 아래의 직업심리 검사를 사용하려고 한다. 각 검사의 의미, 실시 이유, 척도, 해석과정을 기술하시오.

(1) 스트롱흥미도 검사(SII: Strong Interest Inventory)

(2) 기술확신 척도(SCI: Skill Confidence Inventory)

(3) 성격유형 검사(MBTI: Myers-Briggs Type Indicator)

(4) 미네소타직업가치 검사(MIQ: Minnesota Importance Questionnaire)

(5) 성인용 진로문제 검사(ACCI: Adult Career Concerns Inventory)

◎ 진로 이론 및 직업심리 검사

(1) 특성요인 이론을 토대로 하는 상담과정과 절차를 기술하시오.

(2) 내담자에게 효율적으로 직업정보를 제공할 수 있는 수집방법 5가지를 기술하시오.

(3) 다음의 상담사례를 C-DAC 모형을 적용하여 검사 결과를 해석하고 상담을 개입하시오(각 도구의 영역별 점수 제시됨).

○○세 A씨는 가정에서는 장남으로 학업성적은 중간 정도로 고등학교 대학 진학반에 있으며 야구부 활동을 하고 있다. A씨는 4년제 대학에 진학하고 싶고 프로야구 선수가 꿈이다. A씨는 현재 아르바이트를 하지 않지만, 예전에는 케이블 TV에서 아르바이트 한 경험이 있다. 그의 아버지는 자동차 수리공이며 A씨가 프로야구 선수가 되길 원하고, 어머니는 전업주부이며 A씨가 평범한 회사원이 되길 원한다.

① 진로발달 검사(CDI: Career Development Inventory)

② 스트롱흥미도 검사(SII: Strong Interest Inventory)

③ 미네소타직업가치 검사(MIQ: Minnesota Importance Questionnaire)

④ 역할중요도(명확성) 검사(SI: Salience Inventory)

(4) 위 A씨의 사례를 수퍼의 C−DAC 모형으로 상담할 때 다루어야 하는 주제와 이슈를 기술하시오(평가 영역 4가지).

▶ 전산작업형

◎ 노동시장 분석

(1) 다음과 같은 표를 이용하여 학력별 경제활동참가률, 취업률, 실업률, 고용률을 구하시오.

(2) 다음과 같은 표를 이용하여 산업별 1인당 부가가치, 고용유발계수, 부족인원을 구하시오.

(3) 이와 같이 구한 자료를 기초로 노동시장의 수요와 공급 측면에서 노동시장을 분석하시오.

◎ 행사 기획안

위의 ◎ '노동시장 분석' 자료를 기초로 채용박람회 기획안을 작성하시오. 기획안에는 행사개요(행사명, 행사목적, 장소, 일시, 주최, 주관, 후원 등), 세부 추진계획, 업무분장과 예산, 사후관리 등의 내용이 있어야 함.

▶ **필답형**

◎ 직업심리 검사

상담사가 Williamson의 특성요인 이론에 입각하여 상담을 하기 위하여 아래의 직업심리 검사를 사용하려고 한다. 각 검사의 의미, 실시 이유, 척도, 해석과정을 기술하시오.

　(1) 스트롱흥미도 검사(SII: Strong Interest Inventory)

　(2) 미네소타직업가치 검사(MIQ: Minnesota Importance Questionnaire)

　(3) 진로신념 검사(CBI: Career Beliefs Inventory)

　(4) 성인용 진로문제 검사(ACCI: Adult Career Concerns Inventory)

◎ 진로 이론

　(1) 특성요인 이론의 단점 또는 한계점 3가지를 기술하시오.

　(2) 홀랜드 이론의 4가지 기본 가정 중 3가지를 설명하시오.

　(3) 홀랜드 이론의 5가지 주요 개념 중 4가지를 설명하시오(계측성 제외).

　(4) Super의 C-DAC 모형에서 4가지 평가단계를 기술하시오.

　(5) Gottfredson의 제한·타협 이론에서 진로포부의 발달 단계 및 영향 요인 4가지를 기술하시오.

　(6) 성인용 진로문제 검사(ACCI: Adult Career Concerns Inventory)의 구성과 특징을 기술하시오.

◎ 노동시장 분석

⑴ 어느 시의 학력별 생산가능인구, 경제활동인구, 비경제활동인구, 취업자 수, 실업자 수 등을 표로 제시하고, 학력별 경제활동인구, 실업률, 취업률, 고용률을 구하시오.

⑵ 어느 시의 1차 산업, 2차 산업, 그리고 3차 산업의 인구수, 취업자 수, 실업자 수, 현직자수 등을 표로 제시하고 1인당 부가가치, 고용유발계수, 부족인원 등을 구하시오.

⑶ 위에서 구한 자료를 기초로 수요와 공급 측면에서 노동시장을 분석하시오.

◎ 행사 기획안

위의 ◎ '노동시장 분석' 자료를 기초로 채용박람회 기획안을 작성하시오. 기획안에는 행사개요(행사명, 행사목적, 장소, 일시, 주최, 주관, 후원 등), 세부 추진계획, 업무분장과 예산, 사후관리 등의 내용이 있어야 함.

---

13) 2015년 2회(A 유형)

▶ 필답형

◎ 직업심리 검사

상담사가 Williamson의 특성요인 이론에 입각하여 상담을 하기 위하여 아래의 직업심리 검사를 사용하려고 한다. 각 검사의 의미, 실시 이유, 척도, 해석과정을 기술하시오.

⑴ 스트롱흥미도 검사(SII: Strong Interest Inventory)

(2) 미네소타직업가치 검사(MIQ: Minnesota Importance Questionnaire)

(3) 성격유형 검사(MBTI: Myers-Briggs Type Indicator)

(4) 진로신념 검사(CBI: Career Beliefs Inventory)

◎ 진로 이론

(1) 직업적응 이론(TWA)의 적응유형 변인 두 가지를 기술하고 진로상담에 어떻게 적용할것인지 설명하시오.

(2) 직업적응 이론(TWA)의 6가지 주요 가치와 활용방안에 대하여 기술하시오.

(3) 직업적응 이론(TWA)에서 개인과 환경이 상호작용하는 4가지 성격 유형을 기술하시오.

(4) 직업적응 이론(TWA)이 적합한 내담자의 유형(특징)을 기술하시오.

(5) 수퍼의 5가지 발달단계 중 성장기, 탐색기, 확립기의 특징과 과업을 기술하시오.

(6) 수퍼의 14가지 기본 명제를 기술하시오.

(7) Super의 C-DAC 모형에서 4가지 평가단계를 기술하시오.

(8) 수퍼의 진로발달 이론의 기본 가정과 상담 목표를 기술하고, 사회인지진로 이론(SCCT)의 3가지 기본 가정과 상담 목표를 기술하시오.

▶ 전산작업형

◎ 노동시장 분석

(1) 어느 시의 학력별 생산가능인구, 경제활동인구, 비경제활동인구, 취업자 수, 실업자 수 등을 표로 제시하고, 학력별 경제활동인구, 실업률, 취업률, 고용률을 구하시오.

(2) 어느 시의 1차 산업, 2차 산업, 그리고 3차 산업의 인구수, 취업자 수, 실업자 수, 현직자수 등을 표로 제시하고 1인당 부가가치, 고용유발계수, 부족 인원 등을 구하시오.

(3) 위에서 구한 자료를 기초로 수요와 공급 측면에서 노동시장을 분석하시오.

◎ 행사 기획안

위의 ◎ '노동시장 분석' 자료를 기초로 채용박람회 기획안을 작성하시오. 기획안에는 행사개요(행사명, 행사목적, 장소, 일시, 주최, 주관, 후원 등), 세부 추진계획, 업무분장과 예산, 사후관리 등의 내용이 있어야 함.

14) 2016년 1회(B 유형)

▶ 필답형

◎ 직업심리 검사

상담사가 Williamson의 특성요인 이론에 입각하여 상담을 하기 위하여 아래의 직업심리 검사를 사용하려고 한다. 각 검사의 의미, 실시 이유, 척도, 해석과정을 기술하시오.

(1) 스트롱흥미도 검사(SII: Strong Interest Inventory)

(2) 기술확신 척도(SCI: Skill Confidence Inventory)

(3) 성격유형 검사(MBTI: Myers−Briggs Type Indicator)

(4) 미네소타직업가치 검사(MIQ: Minnesota Importance Questionnaire)

(5) 성인용 진로문제 검사(ACCI: Adult Career Concerns Inventory)

◎ 진로 이론 및 직업심리 검사

(1) 특성요인 이론을 토대로 하는 상담과정과 절차를 기술하시오.

(2) 담자에게 효율적으로 직업정보를 제공할 수 있는 수집방법 5가지를 기술하시오.

(3) ○○세 A씨는 가정에서는 장남으로 학업성적은 중간 정도로 고등학교 대학 진학반에 있으며 야구부 활동을 하고 있다. A씨는 4년제 대학에 진학하고 싶고 프로야구 선수가 꿈이다. A씨는 현재 아르바이트를 하지 않지만, 예전에는 케이블 TV에서 아르바이트 한 경험이 있다. 그의 아버지는 자동차 수리공이며 A씨가 프로야구 선수가 되길 원하고, 어머니는 전업주부이며 A씨가 평범한 회사원이 되길 원한다.

아래에 제시한 심리검사 도구들을 각각 해석하시오(각 도구의 영역별 점수 제시됨)
① 진로발달 검사(CDI: Career Development Inventory)
② 스트롱흥미도 검사(SII: Strong Interest Inventory)
③ 미네소타직업가치 검사(MIQ: Minnesota Importance Questionnaire)
④ 역할중요도(명확성) 검사(SI: Salience Inventory)

(4) 위 김군의 사례를 수퍼의 C-DAC 모형으로 상담할 때 다루어야 하는 주제와 이슈를 기술하시오(평가 영역 4가지).

▶ 전산작업형

◎ 노동시장 분석

(1) 다음과 같은 표를 이용하여 학력별 경제활동참가률, 취업률, 실업률, 고용률을 구하시오.
(2) 다음과 같은 표를 이용하여 산업별 1인당 부가가치, 고용유발계수, 부족 인원을 구하시오.
(3) 이와 같이 구한 자료를 기초로 노동시장의 수요와 공급 측면에서 노동시장을 분석하시오.

◎ 행사 기획안

위의 ◎ '노동시장 분석' 자료를 기초로 채용박람회 기획안을 작성하시오. 기획안에는 행사개요(행사명, 행사목적, 장소, 일시, 주최, 주관, 후원 등), 세부 추진계획, 업무분장과 예산, 사후관리 등의 내용이 있어야 함.

15) 2016년 2회(C 유형)

▶ 필답형

◎ 직업심리 검사

39세 남성 A씨는 마케팅 관련 업무를 하다가 최근 직무스트레스로 건강이 안 좋아져서 회사를 그만두었다. A씨는 가족과 시간을 많이 가질 수 있는 일인 창업과 취업 두 가지를 고려하고 있는 내담자이다. 이에 상담자가 실시하기로 결정한 검사는 아래와 같다. 각 검사의 의미, 실시 이유, 척도, 해석과정을 기술하시오.

(1) 스트롱흥미도 검사(SII: Strong Interest Inventory)
(2) 미네소타직업가치 검사(MIQ: Minnesota Importance Questionnaire)
(3) 성인용 진로문제 검사(ACCI: Adult Career Concerns Inventory)
(4) 진로신념 검사(CBI: Career Beliefs Inventory)

◎ 진로 이론

(1) 홀랜드 이론의 4가지 기본 가정 중 3가지를 설명하시오.
(2) 홀랜드 이론의 5가지 주요 개념 중에서 4가지 가정을 기술하시오.
(3) 특성요인 이론이 수퍼의 C-DAC에 비해 단점 또는 한계점을 기술하시오.

(4) Super의 C-DAC 모형에서 4가지 평가단계를 기술하시오.

(5) Gottfredson의 제한·타협 이론에서 진로포부의 발달 단계 및 영향 요인 4가지를 기술하시오.

(6) 성인용 진로문제 검사(ACCI: Adult Career Concerns Inventory)의 구성과 특징을 기술하시오.

▶ 전산작업형

◎ 노동시장 분석

(1) 다음 A시의 경제활동참가율, 취업률, 실업률을 제시하고 노동공급 측면에서 노동시장을 분석하시오(빈칸에 숫자가 제시 됨).

(단위: 명)

연령	취업인구	적극적 구직활동인구	비경제활동인구
만15~20세			
만21~30세			
만31~40세			
만41~50세			
만51~60세			
만60세 이상			

(2) 다음 표의 산업별로 부족인원과 1인당 부가가치생산액과 고용유발계수를 계산하고, 노동수요측면에서 노동시장을 분석하시오(빈칸에 숫자가 제시 됨).

(단위: %)

산업별	취업률	부족인원율
1차 산업		
2차 산업		
3차 산업		

◎ 행사 기획안

위의 ◎ '노동시장 분석' 자료를 기초로 채용박람회 기획안을 작성하시오. 기획안에는 행사개요(행사명, 행사목적, 장소, 일시, 주최, 주관, 후원 등), 세부 추진계획, 업무분장과 예산, 사후관리 등의 내용이 있어야 함.

16) 2017년 1회(B 유형)

▶ 필답형

◎ 직업심리 검사

상담사가 Williamson의 특성요인 이론에 입각하여 상담을 하기 위하여 아래의 직업심리 검사를 사용하려고 한다. 각 검사의 의미, 실시 이유, 척도, 해석과정을 기술하시오.

(1) 스트롱흥미도 검사(SII: Strong Interest Inventory)

(2) 기술확신 척도(SCI: Skill Confidence Inventory)

(3) 성격유형 검사(MBTI: Myers-Briggs Type Indicator)

(4) 미네소타직업가치 검사(MIQ: Minnesota Importance Questionnaire)

(5) 성인용 진로문제 검사(ACCI: Adult Career Concerns Inventory)

◎ 진로 이론 및 직업심리 검사

(1) 특성요인 이론을 토대로 하는 상담과정과 절차를 기술하시오.

(2) 내담자에게 효율적으로 직업정보를 제공할 수 있는 수집방법 5가지를 기술하시오.

(3) ○○세 A씨는 가정에서는 장남으로 학업성적은 중간 정도로 고등학교 대학 진학반에 있으며 야구부 활동을 하고 있다. A씨는 4년제 대학에 진학

하고 싶고 프로야구 선수가 꿈이다. A씨는 현재 아르바이트를 하지 않지만, 예전에는 케이블 TV에서 아르바이트 한 경험이 있다. 그의 아버지는 자동차 수리공이며 A씨가 프로야구 선수가 되길 원하고, 어머니는 전업주부이며 A씨가 평범한 회사원이 되길 원한다.

아래에 제시한 심리검사 도구들을 각각 해석하시오(각 도구의 영역별 점수 제시됨)오(각 도구의 영역별 점수 제시됨).

① 진로발달 검사(CDI: Career Development Inventory)

② 스트롱흥미도 검사(SII: Strong Interest Inventory)

③ 미네소타직업가치 검사(MIQ: Minnesota Importance Questionnaire)

④ 역할중요도(명확성) 검사(SI: Salience Inventory)

(4) 위 김군의 사례를 수퍼의 C-DAC 모형으로 상담할 때 다루어야 하는 주제와 이슈를 기술하시오(평가 영역 4가지).

▶ 전산작업형

◎ 노동시장 분석

(1) 다음과 같은 표를 이용하여 학력별 경제활동참가율, 취업률, 실업률, 고용률을 구하시오.

(2) 다음과 같은 표를 이용하여 산업별 1인당 부가가치, 고용유발계수, 부족인원을 구하시오.

(3) 이와 같이 구한 자료를 기초로 노동시장의 수요와 공급 측면에서 노동시장을 분석하시오.

◎ 행사 기획안

위의 ◎ '노동시장 분석' 자료를 기초로 채용박람회 기획안을 작성하시오. 기

획안에는 행사개요(행사명, 행사목적, 장소, 일시, 주최, 주관, 후원 등), 세부 추진계획, 업무분장과 예산, 사후관리 등의 내용이 있어야 함.

17) 2017년 2회(A 유형)

▶ 필답형

◎ 직업심리 검사

내담자는 영업직으로서 영업실적이 부진하여 명예퇴직을 권유받고 있어 스트레스를 심하게 받고 상담실에 방문했다. 상담사는 아래의 직업심리 검사를 사용하려고 한다. 각 검사의 의미, 실시 이유, 척도, 해석과정을 기술하시오.

(1) 스트롱흥미도 검사(SII: Strong Interest Inventory)

(2) 미네소타직업가치 검사(MIQ: Minnesota Importance Questionnaire)

(3) 성격유형 검사(MBTI: Myers-Briggs Type Indicator)

(4) 진로신념 검사(CBI: Career Beliefs Inventory)

◎ 진로 이론

(1) 직업적응 이론(TWA)의 6가지 주요 가치와 활용방안에 대하여 기술하시오.

(2) 직업적응 이론(TWA)의 적응유형 변인 두 가지를 기술하고 진로상담에 어떻게 적용할 것인지 설명하시오.

(3) 직업적응 이론(TWA)에서 개인과 환경이 상호작용하는 4가지 성격 유형을 기술하고 진로상담에 어떻게 적용할 것인지 설명하시오.

(4) 직업적응 이론(TWA)이 적합한 내담자의 유형(특징)을 기술하시오.

(5) 수퍼의 5가지 발달단계 중 성장기, 탐색기, 확립기의 특징과 과업을 기술하시오.

(6) Super의 C-DAC 모형에서 4가지 평가단계를 기술하시오.

(7) 사회인지진로 이론(SCCT)의 3가지 기본 가정과 상담 목표, 그리고 진로발달이론의 기본 가정과 상담목표를 기술하시오.

▶ **전산작업형**

◎ 노동시장 분석

(1) 다음과 같은 표를 이용하여 학력별 경제활동참가률, 취업률, 실업률, 고용률을 구하시오.

(2) 다음과 같은 표를 이용하여 산업별 1인당 부가가치, 고용유발계수, 부족인원을 구하시오.

(3) 위에서 구한 자료를 기초로 노동시장의 수요와 공급 측면에서 노동시장을 분석하시오.

◎ 행사 기획안

위의 ◎ '노동시장 분석' 자료를 기초로 채용박람회 기획안을 작성하시오. 기획안에는 행사개요(행사명, 행사목적, 장소, 일시, 주최, 주관, 후원 등), 세부 추진계획, 업무분장과 예산, 사후관리 등의 내용이 있어야 함.

---

18) 2018년 1회(C 유형)

▶ **필답형**

◎ 직업심리 검사

30대 남성 A씨는 마케팅회사에 근무하다가 퇴사하고 창업을 하고 싶어 한다. A씨는 가족과 시간을 많이 가질 수 있는 창업과 취업을 두고 고민을 하고 있다. 상담사는 아래의 4가지 리 검사를 사용하려고 한다. 각 검사의 의미, 실시 이유, 척도, 해석과정을 기술하시오.

   (1) 스트롱흥미도 검사(SII: Strong Interest Inventory)

   (2) 미네소타직업가치 검사(MIQ: Minnesota Importance Questionnaire)

   (3) 성인용 진로문제 검사(ACCI: Adult Career Concerns Inventory)

   (4) 진로신념 검사(CBI: Career Beliefs Inventory)

◎ 진로 이론

(1) 특성요인 이론이 수퍼의 C-DAC에 비해 단점 또는 한계점을 기술하시오.

(2) 홀랜드 이론의 4가지 기본 가정 중 3가지를 설명하시오.

(3) 홀랜드 이론의 5가지 주요 개념 중에서 4가지 가정을 기술하시오.

(4) Super의 C-DAC 모형에서 4가지 평가단계를 기술하시오.

(5) Gottfredson의 제한·타협 이론에서 진로포부의 발달 단계 및 영향 요인 4 가지를 기술하시오.

(6) 성인용 진로문제 검사(ACCI: Adult Career Concerns Inventory)의 구성과 특 징을 기술하시오.

▶ 전산작업형

◎ 노동시장 분석

(1) 다음과 같은 표를 이용하여 학력별 경제활동참가율, 취업률, 실업률, 고용 률을 구하고, 이를 기초로 노동공급 측면에서 노동시장을 분석하시오.

(2) 다음의 자료(표)를 기초로 노동수요 측면에서 노동시장을 분석하시오.

◎ 행사 기획안

위의 ◎ '노동시장 분석' 자료를 기초로 채용박람회 기획안을 작성하시오. 기

획안에는 행사개요(행사명, 행사목적, 장소, 일시, 주최, 주관, 후원 등), 세부 추진계획, 업무분장과 예산, 사후관리 등의 내용이 있어야 함.

---

19) 2019년 1회(D 유형)

▶ 필답형

◎ 직업심리 검사

40대 직장인 남성이 자신이 원하지 않은 기획실로 발령이 난 후 오랫동안 근무하면서 누적된 스트레스로 상담실에 방문해 상담사는 아래의 직업심리 검사를 사용하려고 한다. 각 검사의 의미, 실시 이유, 척도, 해석과정을 기술하시오.

(1) 스트롱흥미도 검사(SII: Strong Interest Inventory)

(2) 미네소타직업가치 검사(MIQ: Minnesota Importance Questionnaire)

(3) 성격유형 검사(MBTI: Myers—Briggs Type Indicator)

(4) 성인용 진로문제 검사(ACCI: Adult Career Concerns Inventory)

◎ 진로 이론

(1) 상담사는 위의 40대 남성을 진로발달이론과 사회인지진로이론 중에서 어느 이론을 적용하여 사담할지 고민하고 있다. 이 두 이론의 기본 가정과 상담목표를 기술하시오.

　　– 진로발달이론의 기본 가정과 상담목표

　　– 사회인지진로이론의 기본 가정과 상담목표

(2) 수퍼의 3가지 평가 유형을 기술하시오(진로 상담 과정에서의 평가).

(3) Super의 C–DAC 모형에서 4가지 평가단계를 기술하시오.

(4) 직업적응 이론(TWA)이 적합한 내담자의 유형(특징)을 기술하시오.

(5) 직업적응 이론(TWA)의 적용유형 변인 2가지를 기술하시오.

(6) 크롬볼츠의 진로선택 사회학습 이론에서 직업결정의 4가지 요인을 기술하시오.

▶ **전산작업형**

◎ **노동시장 분석**

(1) 다음과 같은 표를 이용하여 학력별 경제활동참가률, 취업률, 실업률, 고용률을 구하고, 이를 기초로 노동공급 측면에서 노동시장을 분석하시오.

(2) 다음의 자료(표)를 기초로 노동수요 측면에서 노동시장을 분석하시오.

◎ **행사 기획안**

위의 ◎ '노동시장 분석' 자료를 기초로 채용박람회 기획안을 작성하시오. 기획안에는 행사개요(행사명, 행사목적, 장소, 일시, 주최, 주관, 후원 등), 세부 추진계획, 업무분장과 예산, 사후관리 등의 내용이 있어야 함.

20) 2019년 2회(A 유형)

▶ **필답형**

◎ **직업심리 검사**

내담자는 영업직으로서 영업실적이 부진하여 명예퇴직을 권유받고 있어 스트레스를 심하게 받고 상담실에 방문했다. 상담사는 아래의 직업심리 검사를 사용하려고 한다. 각 검사의 의미, 실시 이유, 척도, 해석과정을 기술하시오.

(1) 스트롱흥미도 검사(SII: Strong Interest Inventory)

(2) 미네소타직업가치 검사(MIQ: Minnesota Importance Questionnaire)

(3) 성격유형 검사(MBTI: Myers-Briggs Type Indicator)

(4) 진로신념 검사(CBI: Career Beliefs Inventory)

◎ 진로 이론

(1) 직업적응 이론(TWA)의 6가지 주요 가치와 활용방안에 대하여 기술하시오.

(2) 업적응 이론(TWA)의 적용유형 변인 두 가지를 기술하고 진로상담에 어떻게 적용할 것인지 설명하시오.

(3) 업적응 이론(TWA)에서 개인과 환경이 상호작용하는 4가지 성격 유형을 기술하고 진로상담에 어떻게 적용할 것인지 설명하시오.

(4) 직업적응 이론(TWA)이 적합한 내담자의 유형(특징)을 기술하시오.

(5) 수퍼의 5가지 발달단계 중 성장기, 탐색기, 확립기의 특징과 과업을 기술하시오.

(6) Super의 C-DAC 모형에서 4가지 평가단계를 기술하시오.

(7) 사회인지진로 이론(SCCT)의 3가지 기본 가정과 상담 목표, 그리고 진로발달이론의 기본 가정과 상담목표를 기술하시오.

▶ 전산작업형

◎ 노동시장 분석

(1) 다음과 같은 표를 이용하여 학력별 경제활동참가률, 취업률, 실업률, 고용률을 구하시오.

(2) 다음과 같은 표를 이용하여 산업별 1인당 부가가치, 고용유발계수, 부족인원을 구하시오.

(3) 에서 구한 자료를 기초로 노동시장의 수요와 공급 측면에서 노동시장을 분석하시오.

◎ 행사 기획안

위의 ◎ '노동시장 분석' 자료를 기초로 채용박람회 기획안을 작성하시오. 기획안에는 행사개요(행사명, 행사목적, 장소, 일시, 주최, 주관, 후원 등), 세부 추진계획, 업무분장과 예산, 사후관리 등의 내용이 있어야 함.

21) 2020년 1회(B 유형)

▶ 필답형

◎ 직업심리 검사

상담사가 Williamson의 특성요인 이론에 입각하여 상담을 하기 위하여 아래의 직업심리 검사를 사용하려고 한다. 각 검사의 의미, 실시 이유, 척도, 해석과정을 기술하시오.

(1) 스트롱흥미도 검사(SII: Strong Interest Inventory)

(2) 기술확신 척도(SCI: Skill Confidence Inventory)

(3) 성격유형 검사(MBTI: Myers-Briggs Type Indicator)

(4) 미네소타직업가치 검사(MIQ: Minnesota Importance Questionnaire)

(5) 성인용 진로문제 검사(ACCI: Adult Career Concerns Inventory)

◎ 진로 이론 및 직업심리 검사

(1) 특성요인 이론을 토대로 하는 상담과정과 절차를 기술하시오.

(2) 내담자에게 효율적으로 직업정보를 제공할 수 있는 수집방법 5가지를 기술하시오.

(3) ○○세 A씨는 가정에서는 장남으로 학업성적은 중간 정도로 고등학교 대학 진학반에 있으며 야구부 활동을 하고 있다. A씨는 4년제 대학에 진학

하고 싶고 프로야구 선수가 꿈이다. A씨는 현재 아르바이트를 하지 않지만, 예전에는 케이블 TV에서 아르바이트 한 경험이 있다. 그의 아버지는 자동차 수리공이며 A씨가 프로야구 선수가 되길 원하고, 어머니는 전업주부이며 A씨가 평범한 회사원이 되길 원한다.

아래에 제시한 심리검사 도구들을 각각 해석하시오(각 도구의 영역별 점수 제시됨)

① 진로발달 검사(CDI: Career Development Inventory)

② 스트롱흥미도 검사(SII: Strong Interest Inventory)

③ 미네소타직업가치 검사(MIQ: Minnesota Importance Questionnaire)

④ 역할중요도(명확성) 검사(SI: Salience Inventory)

(4) 위 김군의 사례를 수퍼의 C-DAC 모형으로 상담할 때 다루어야 하는 주제와 이슈를 기술하시오(평가 영역 4가지).

▶ 전산작업형

◎ 노동시장 분석

(1) 다음과 같은 표를 이용하여 학력별 경제활동참가율, 취업률, 실업률, 고용률을 구하시오.

(2) 다음과 같은 표를 이용하여 산업별 1인당 부가가치, 고용유발계수, 부족인원을 구하시오.

(3) 이와 같이 구한 자료를 기초로 노동시장의 수요와 공급 측면에서 노동시장을 분석하시오.

◎ 행사 기획안

위의 ◎ '노동시장 분석' 자료를 기초로 채용박람회 기획안을 작성하시오. 기

획안에는 행사개요(행사명, 행사목적, 장소, 일시, 주최, 주관, 후원 등), 세부 추진계획, 업무분장과 예산, 사후관리 등의 내용이 있어야 함.

22) 2020년 2회(C 유형)

▶ 필답형

◎ 직업심리 검사

30대 남성 A씨는 마케팅회사에 근무하다가 퇴사하고 창업을 하고 싶어 한다. A씨는 가족과 시간을 많이 가질 수 있는 창업과 취업을 두고 고민을 하고 있다. 상담사는 아래의 직업심리 검사를 사용하려고 한다. 각 검사의 의미, 실시 이유, 척도, 해석과정을 기술하시오.

(1) 스트롱흥미도 검사(SII: Strong Interest Inventory)

(2) 미네소타직업가치 검사(MIQ: Minnesota Importance Questionnaire)

(3) 성인용 진로문제 검사(ACCI: Adult Career Concerns Inventory)

(4) 진로신념 검사(CBI: Career Beliefs Inventory)

◎ 진로 이론

(1) 특성요인 이론이 수퍼의 C-DAC에 비해 단점 또는 한계점을 기술하시오.

(2) 홀랜드 이론의 4가지 기본 가정 중 3가지를 설명하시오.

(3) 홀랜드 이론의 5가지 주요 개념 중에서 4가지 가정을 기술하시오.

(4) Super의 C-DAC 모형에서 4가지 평가단계를 기술하시오.

(5) Gottfredson의 제한·타협 이론에서 진로포부의 발달 단계 및 영향 요인 4가지를 기술하시오.

(6) 성인용 진로문제 검사(ACCI: Adult Career Concerns Inventory)의 구성과 특

징을 기술하시오.

◎ 노동시장 분석

(1) 다음과 같은 표를 이용하여 성별, 학력별 경제활동참가률, 취업률, 실업률
을 구하고, 이를 기초로 노동공급 측면에서 노동시장을 분석하고 대책을
마련하시오.

(단위: 명)

성별	학력	취업자수	실업자수	비경제활동 인구
남	중졸			
	고졸			
	대졸			
여	중졸			
	고졸			
	대졸			

(2) 다음의 자료(표)를 기초로 노동수요 측면에서 노동시장을 분석하시오.

(단위: %)

산업별	취업률	부족인원율
1차 산업		
2차 산업		
3차 산업		

◎ 행사 기획안

위의 ◎ '노동시장 분석' 자료를 기초로 채용박람회 기획안을 작성하시오. 기
획안에는 행사개요(행사명, 행사목적, 장소, 일시, 주최, 주관, 후원 등), 세부 추진계
획, 업무분장과 예산, 사후관리 등의 내용이 있어야 함.

▶ 필답형

◎ 직업심리 검사

내담자는 영업직으로서 영업실적이 부진하여 명예퇴직을 권유받고 있어 스트레스를 심하게 받고 상담실에 방문했다. 상담사는 아래의 직업심리 검사를 사용하려고 한다. 각 검사의 의미, 실시 이유, 척도, 해석과정을 기술하시오.

(1) 스트롱흥미도 검사(SII: Strong Interest Inventory)

(2) 미네소타직업가치 검사(MIQ: Minnesota Importance Questionnaire)

(3) 성격유형 검사(MBTI: Myers-Briggs Type Indicator)

(4) 진로신념 검사(CBI: Career Beliefs Inventory)

◎ 진로 이론

(1) 직업적응 이론(TWA)의 6가지 주요 가치와 활용방안에 대하여 기술하시오.

(2) 직업적응 이론(TWA)의 적응유형 변인 두 가지를 기술하고 진로상담에 어떻게 적용할 것인지 설명하시오.

(3) 직업적응 이론(TWA)에서 개인과 환경이 상호작용하는 4가지 성격 유형을 기술하고 진로상담에 어떻게 적용할 것인지 설명하시오.

(4) 직업적응 이론(TWA)이 적합한 내담자의 유형(특징)을 기술하시오.

(5) 상담사는 위의 내담자를 진로발달이론과 사회인지진로이론 중에서 어느 이론을 적용하여 사담할지 고민하고 있다. 이 두 이론의 기본 가정과 상담목표를 기술하시오.

- 진로발달이론의 기본 가정과 상담목표

- 사회인지진로이론의 기본 가정과 상담목표

(6) 수퍼의 5가지 발달단계 중 성장기, 탐색기, 확립기의 특징과 과업을 기술

하시오.

(7) Super의 C-DAC 모형에서 4가지 평가단계를 기술하시오.

▶ 전산작업형

◎ 노동시장 분석

(1) 다음과 같은 표를 이용하여 학력별 경제활동참가율, 취업률, 실업률을 구하고, 노동 공급 측면의 노동시장을 분석하시오.

(2) 음과 같은 표를 이용하여 산업별 1인당 부가가치, 고용유발계수, 부족인원을 구하고, 노동수요측면의 노동시장을 분석하시오.

◎ 행사 기획안

위의 ◎ '노동시장 분석' 자료를 기초로 채용박람회 기획안을 작성하시오. 기획안에는 행사개요(행사명, 행사목적, 장소, 일시, 주최, 주관, 후원 등), 세부 추진계획, 업무분장과 예산, 사후관리 등의 내용이 있어야 함.

24) 2021년 2회(D 유형)

▶ 필답형

◎ 직업심리 검사

40대 직장인 남성이 자신이 원하지 않은 기획실로 발령이 난 후 오랫동안 근무하면서 누적된 스트레스로 상담실에 방문해 상담사는 아래의 직업심리 검사를 사용하려고 한다. 각 검사의 의미, 실시 이유, 척도, 해석과정을 기술하시오.

(1) 스트롱흥미도 검사(SII: Strong Interest Inventory)

(2) 미네소타직업가치 검사(MIQ: Minnesota Importance Questionnaire)

(3) 성격유형 검사(MBTI: Myers-Briggs Type Indicator)

(4) 성인용 진로문제 검사(ACCI: Adult Career Concerns Inventory)

◎ 진로 이론

(1) 담사는 위의 40대 남성을 진로발달이론과 사회인지진로이론 중에서 어느 이론을 적용하여 사담할지 고민하고 있다. 이 두 이론의 기본 가정과 상담 목표를 기술하시오.
   - 진로발달이론의 기본 가정과 상담목표
   - 사회인지진로이론의 기본 가정과 상담목표

(2) 수퍼의 3가지 평가 유형을 기술하시오(진로 상담 과정에서의 평가).

(3) Super의 C-DAC 모형에서 4가지 평가단계를 기술하시오.

(4) 직업적응 이론(TWA)이 적합한 내담자의 유형(특징)을 기술하시오.

(5) 직업적응 이론(TWA)을 활용한 진로선택과정을 기술하시오.

(6) 직업적응 이론(TWA)의 적응유형 변인 2가지를 기술하시오.

(7) 크룸볼츠의 진로선택 사회학습 이론에서 직업결정의 4가지 요인을 기술하시오.

▶ **전산작업형**

◎ 노동시장 분석

관내 경제는 어렵고 청년실업은 심각한 문제로 대두되고 있다. 21세~40세 비경제활동인구 중 구직단념자가 10% 포함되어 있다. 이번 행사의 주요 목적은 이들을 적극적으로 노동시장 참여를 유도하는 것이다. 다음과 같은 표를 기초로 노동 수요와 공급 측면에서 노동시장을 분석하시오(5매 내외 작성).

연령	취업인구	적극구직활동	비경제활동 인구
15-20			
21-30			
31-40			
41-50			
51-60			
60-			

산업별	취업인구	부족인원율
1차 산업		
2차 산업		
3차 산업		

◎ 행사 기획안

위의 ◎ '노동시장 분석' 자료를 기초로 채용박람회 기획안을 작성하시오. 기획안에는 행사개요(행사명, 행사목적, 장소, 일시, 주최, 주관, 후원 등), 세부 추진계획, 업무분장과 예산, 사후관리 등의 내용이 있어야 함.

25) 2022년 1회(D 유형)

▶ 필답형

◎ 직업심리 검사

40대 직장인 남성이 자신이 원하지 않은 기획실로 발령이 난 후 오랫동안 근무하면서 누적된 스트레스로 상담실에 방문해 상담사는 아래의 직업심리 검사를 사용하려고 한다. 각 검사의 의미, 실시 이유, 척도, 해석과정을 기술하시오.

(1) 스트롱흥미도 검사(SII: Strong Interest Inventory)

(2) 미네소타직업가치 검사(MIQ: Minnesota Importance Questionnaire)

(3) 성격유형 검사(MBTI: Myers−Briggs Type Indicator)

(4) 성인용 진로문제 검사(ACCI: Adult Career Concerns Inventory)

◎ 진로 이론

상담사는 위의 40대 남성을 진로발달이론과 사회인지진로이론 중에서 어느 이론을 적용하여 사담할지 고민하고 있다. 이 두 이론의 기본 가정과 상담목표를 기술하시오.

- 진로발달이론의 기본 가정과 상담목표
- 사회인지진로이론의 기본 가정과 상담목표

(2) 수퍼의 3가지 평가 유형을 기술하시오(진로 상담 과정에서의 평가).

(3) Super의 C−DAC 모형에서 4가지 평가단계를 기술하시오.

(4) 직업적응 이론(TWA)이 적합한 내담자의 유형(특징)을 기술하시오.

(5) 직업적응 이론(TWA)을 활용한 진로선택과정을 기술하시오.

(6) 직업적응 이론(TWA)의 적응유형 변인 2가지를 기술하시오.

(7) 크룸볼츠의 진로선택 사회학습 이론에서 직업결정의 4가지 요인을 기술하시오.

▶ 전산작업형

◎ 노동시장 분석

(1) 다음과 같은 표를 이용하여 성별, 학력별 경제활동참가률, 취업률, 실업률을 구하고, 이를 기초로 노동공급 측면에서 노동시장을 분석하고 대책을 마련하시오.

(2) 다음의 자료(표)를 기초로 노동수요 측면에서 노동시장을 분석하시오.

◎ 행사 기획안

위의 ◎ '노동시장 분석' 자료를 기초로 채용박람회 기획안을 작성하시오. 기획안에는 행사개요(행사명, 행사목적, 장소, 일시, 주최, 주관, 후원 등), 세부 추진계획, 업무분장과 예산, 사후관리 등의 내용이 있어야 함.

---

26) 2022년 2회(C 유형)

▶ **필답형**

◎ 직업심리 검사

30대 남성 A씨는 마케팅회사에 근무하다가 퇴사하고 창업을 하고 싶어 한다. A씨는 가족과 시간을 많이 가질 수 있는 창업과 취업을 두고 고민을 하고 있다. 상담사는 아래의 직업심리 검사를 사용하려고 한다. 각 검사의 의미, 실시 이유, 척도, 해석과정을 기술하시오.

(1) 스트롱흥미도 검사(SII: Strong Interest Inventory)

(2) 미네소타직업가치 검사(MIQ: Minnesota Importance Questionnaire)

(3) 성인용690323진로문제 검사(ACCI: Adult Career Concerns Inventory)

(4) 진로신념 검사(CBI: Career Beliefs Inventory)

◎ 진로 이론

(1) 특성요인 이론이 수퍼의 C-DAC에 비해 단점 또는 한계점을 기술하시오.

(2) 홀랜드 이론의 4가지 기본 가정 중 3가지를 설명하시오.

(3) 홀랜드 이론의 5가지 주요 개념 중에서 4가지 가정을 기술하시오.

(4) Super의 C-DAC 모형에서 4가지 평가단계를 기술하시오.

(5) Gottfredson의 제한·타협 이론에서 진로포부의 발달 단계 및 영향 요인 4

가지를 기술하시오.

(6) 성인용 진로문제 검사(ACCI)의 구성과 특징을 기술하시오.

▶ 전산작업형

◎ **노동시장 분석**

다음과 같은 표를 기초로 노동 수요와 공급 측면에서 노동시장을 분석하시오(5매 내외 작성).

◎ **행사 기획안**

위의 ◎ '노동시장 분석' 자료를 기초로 채용박람회 기획안을 작성하시오. 기획안에는 행사개요(행사명, 행사목적, 장소, 일시, 주최, 주관, 후원 등), 세부 추진계획, 업무분장과 예산, 사후관리 등의 내용이 있어야 함.

27) 2023년 1회(A 유형)

▶ 필답형

◎ **직업심리 검사**

내담자는 영업직으로서 영업실적이 부진하여 명예퇴직을 권유받고 있어 스트레스를 심하게 받고 상담실에 방문했다. 상담사는 아래의 직업심리 검사를 사용하려고 한다. 각 검사의 의미, 실시 이유, 척도, 해석과정을 기술하시오.

(1) 스트롱흥미도 검사(SII: Strong Interest Inventory)

(2) 미네소타직업가치 검사(MIQ: Minnesota Importance Questionnaire)

(3) 성격유형 검사(MBTI: Myers-Briggs Type Indicator)

(4) 진로신념 검사(CBI: Career Beliefs Inventory)

◎ 진로 이론

(1) 직업적응 이론(TWA)의 6가지 주요 가치와 활용방안에 대하여 기술하시오.

(2) 직업적응 이론(TWA)의 적응유형 변인 두 가지를 기술하고 진로상담에 어떻게 적용할 것인지 설명하시오.

(3) 직업적응 이론(TWA)에서 개인과 환경이 상호작용하는 4가지 성격 유형을 기술하고 진로상담에 어떻게 적용할 것인지 설명하시오.

(4) 직업적응 이론(TWA)이 적합한 내담자의 유형(특징)을 기술하시오.

(5) 상담사는 위의 내담자를 진로발달이론과 사회인지진로이론 중에서 어느 이론을 적용하여 사담할지 고민하고 있다. 이 두 이론의 기본 가정과 상담목표를 기술하시오.

 – 진로발달이론의 기본 가정과 상담목표

 – 사회인지진로이론의 기본 가정과 상담목표

(6) 수퍼의 5가지 발달단계 중 성장기, 탐색기, 확립기의 특징과 과업을 기술하시오.

(7) Super의 C-DAC 모형에서 4가지 평가단계를 기술하시오.

▶ 전산작업형

◎ 노동시장 분석

(1) 다음과 같은 표를 이용하여 학력별 경제활동참가률, 취업률, 실업률을 구하고, 노동 공급 측면의 노동시장을 분석하시오.

(2) 다음과 같은 표를 이용하여 고용유발계수, 부족인원수를 구하고, 노동수요측면의 노동시장을 분석하시오.

◎ 행사 기획안

위의 ◎ '노동시장 분석' 자료를 기초로 채용박람회 기획안을 작성하시오. 기획안에는 행사개요(행사명, 행사목적, 장소, 일시, 주최, 주관, 후원 등), 세부 추진계획, 업무분장과 예산, 사후관리 등의 내용이 있어야 함.

28) 2023년 2회(D 유형)

▶ 필답형

◎ 직업심리 검사

40대 직장인 남성이 자신이 원하지 않은 기획실로 발령이 난 후 오랫동안 근무하면서 누적된 스트레스로 상담실에 방문해 상담사는 아래의 직업심리 검사를 사용하려고 한다. 각 검사의 의미, 실시 이유, 척도, 해석과정을 기술하시오.

(1) 스트롱흥미도 검사(SII: Strong Interest Inventory)

(2) 미네소타직업가치 검사(MIQ: Minnesota Importance Questionnaire)

(3) 성격유형 검사(MBTI: Myers-Briggs Type Indicator)

(4) 성인용 진로문제 검사(ACCI: Adult Career Concerns Inventory)

◎ 진로 이론

(1) 상담사는 위의 40대 남성을 진로발달이론과 사회인지진로이론 중에서 어느 이론을 적용하여 상담할지 고민하고 있다. 이 두 이론의 기본 가정과 상담목표를 기술하시오.
  - 진로발달이론의 기본 가정과 상담목표
  - 사회인지진로이론의 기본 가정과 상담목표

(2) 수퍼의 3가지 평가 유형을 기술하시오(진로 상담 과정에서의 평가).

⑶ Super의 C-DAC 모형에서 4가지 평가단계를 기술하시오.

⑷ 직업적응 이론(TWA)이 적합한 내담자의 유형(특징)을 기술하시오.

⑸ 직업적응 이론(TWA)을 활용한 진로선택과정을 기술하시오.

⑹ 직업적응 이론(TWA)의 적응유형 변인 2가지를 기술하시오.

⑺ 크룸볼츠의 진로선택 사회학습 이론에서 직업결정의 4가지 요인을 기술하시오.

▶ 전산작업형

◎ 노동시장 분석

관내 경제는 어렵고 청년실업은 심각한 문제로 대두되고 있다. 21세~40세 비경제활동인구 중 구직단념자가 10% 포함되어 있다. 이번 행사의 주요 목적은 이들을 적극적으로 노동시장 참여를 유도하는 것이다. 다음과 같은 표를 기초로 노동 수요와 공급 측면에서 노동시장을 분석하시오(5매 내외 작성).

◎ 행사 기획안

위의 ◎ '노동시장 분석' 자료를 기초로 채용박람회 기획안을 작성하시오. 기획안에는 행사개요(행사명, 행사목적, 장소, 일시, 주최, 주관, 후원 등), 세부 추진계획, 업무분장과 예산, 사후관리 등의 내용이 있어야 함.

NCS(국가직무능력표준) 기반 훈련기준(직업상담)

NCS 직종코드: 07020101

직업능력개발훈련기준
- 직업상담 -

대분류	중분류	소분류	세분류
07. 사회복지·종교	02. 상담	01. 직업상담서비스	01. 직업상담

출처: 국가직무능력표준: https://www.ncs.go.kr

○ 과정/과목명	0702010172_20v1	취업지원 행사운영

- 훈련개요

훈련목표	취업지원 행사운영이란 취업지원을 위하여 박람회, 동아리, 카페 등의 형식을 빌려 구인자와 내담자가 한 장소에서 만나 서류접수, 면접 등을 진행하며, 동시에 직업정보 게시, 취업관련 홍보 및 특강 등의 행사를 운영하는 능력을 함양.		
수 준	5수준		
표준훈련시간	50시간	편성가능시간	1~75 시간

- 편성내용

단 원 명 (능력단위 요소명)		훈 련 내 용 (수행준거)
행사범위 결정하기	1.1	행사주최의 취업지원 요구를 분석하여 행사의 목적을 명확히 할 수 있다.
	1.2	취업지원 대상자의 특성, 행동방식, 요구에 따라 행사 내용을 결정할 수 있다.
	1.3	행사 참가 기업과 강사 등 섭외 범위를 결정할 수 있다.
	1.4	행사 기획 관련 법규, 규제, 정책을 조사하고 분석할 수 있다.
	1.5	정보수집과 분석한 결과를 통하여 행사계획을 위한 범위를 결정할 수 있다.
행사 계획하기	2.1	분석 결과에 따라 구체적 행사의 계획 및 목표를 설정할 수 있다.
	2.2	목표에 따라 행사 내용을 구성할 수 있다.
	2.3	행사 기획에 따라 조직과 인력운영 계획을 편성할 수 있다.
	2.4	행사 기획에 따라 예산, 일정, 홍보 전략 등 계획할 수 있다.
행사 홍보하기	3.1	홍보 매체 및 대행업체를 선정할 수 있다.
	3.2	매체별 특성에 따라 홍보 초안 및 문안을 작성할 수 있다.
	3.3	매체 특성과 참여자 대상별 선호 매체에 따라 홍보를 실행할 수 있다.
	3.4	참가 안내 발송 대상 데이터베이스를 취합하고 분류할 수 있다.
행사 운영하기	4.1	행사 진행을 위한 물품/기자재의 체크리스트를 만들고 준비할 수 있다.
	4.2	사전 리허설을 통하여 진행상의 문제점을 파악하여 대처할 수 있다.
	4.3	각 프로그램의 운영시간을 조절하여 계획된 일정대로 운영할 수 있다.
	4.4	현장상황에 따라 발생하는 요구사항과 돌발상황에 대처할 수 있다.
행사 평가하기	5.1	행사 운영 회의를 통한 행사 진행상의 결과를 분석할 수 있다.
	5.2	행사 참여자의 특성과 만족도를 측정하고 분석할 수 있다.
	5.3	분석된 내용을 중심으로 성공요인과 개선방안들을 도출할 수 있다.
	5.4	결과보고서를 작성하여 차기 행사를 위한 자료로 활용할 수 있다.

- 평가시 고려사항

평가시 고려사항	• 홍보 및 마케팅
	• 행사운영 계획서 작성
	• 행사운영 평가방법
	• 행사운영 요구도 조사분석

– 관련 지식·기술·태도

구 분	주 요 내 용
지식	• 개인정보보호법 • 직업상담 대상별 특성 • 직업상담서비스산업의 동향분석 • 직업상담심리학 이론 • 직업심리학 이론 • 직업정보 관련법 • 직업정보론 • 홍보 및 마케팅 • 홍보 및 마케팅 전략
기술	• 안전, 보건, 위생관리기술 • 언어적 · 비언어적 의사소통기술 • 직업상담 대상별 취업요구도 분석기술 • 직업정보 가공기술 • 취업지원 기술 • 행사운영 진행기술 • 행사평가기술 • 홍보 및 마케팅 전략기술 • 홍보 및 마케팅기술
태도	• 목표를 성취하려고 하는 적극적인 태도ㅈ • 언어적 · 비언어적 의사소통기술 • 타부서와 소통하는 자세 • 행사운영을 위해 최선을 다하는 주인의식

– 권장 장비

장비명	단위	활용구분(공용/전용)	1대당 활용인원
• 컴퓨터	대	공용	1
• 문서 작성 프로그램	개	공용	1
• 빔 프로젝터	대	공용	–
• 프린터	대	공용	–

※ 장비는 주장비만 제시한 것으로 그 외의 장비와 공구는 별도로 확보
※ 위 장비와 동일·유사한 기능을 하는 장비로 대체 가능함
※ 장비 1대당 활용인원 (–)명은 과정당 1대 확보
※ 공용이란 동일 훈련기관 내에서 타 과정의 훈련생들이 공동 으로 이용할 수 있는 장비
※ 전용이란 타 과정의 훈련생들이 공동으로 사용할 수 없는 장비

– 재료

재료목록
• 해당 없음

※ 재료는 주재료만 제시한 것으로 그 외의 재료는 별도로 확보

〈참고사항〉

가. 관련 자격 종목

  ○ 직업상담사 1급

  ○ 직업상담사 2급

  ○ 사회복지사 2급

  ○ 청소년 상담사 3급

나. 직업활동 영역

  고용노동부 고용센터, 공공 및 민간 연구기관, 다문화 관련 기관 상담센터, 장애인 관련 직업상담센터, 기업체 은퇴지원 상담실, 창업 관련 기관 상담실, 기업체 전직지원 상담실, 고용관련 행정부처, 지자체 직업상담원, 유·무료 직업소개업체, 직업상담 전문 상담소, 초·중·고교 진로진학상담실, 대학교 취업지원센터, 직업훈련교육기관, 직업상담 전문 상담소

참고 문헌

경제연구소(2010). 우리나라의 취업구조 및 노동연관효과. 한국은행 경제교육, 3, 80-106.

김병숙(2014). 직업상담심리학(개정판). 서울: 시그마프레스.

김봉환(2019). 진로상담의 이론과 실제. 서울: 학지사.

김봉환, 강은희, 강혜영, 공윤정, 김영빈, 김희수,.... 황매향(2023). 진로상담(2판). 서울: 학지사.

김봉환, 이제경, 유현실, 황매향, 공윤정, 손진희,.... 손은령(2013). 진로상담이론 (한국 내담자에 대한 적용). 서울: 학지사.

김정택, 김명준, 심혜숙, 박병관, 윤선아(2006). STRONG 진로탐색 검사 매뉴얼. 서울: ㈜어세스타.

박종원, 김선희, 허창구, 김완석(2009). 직업심리학, 서울: 학지사.

송보라, 이기학(2010). 한국형 진로신념 척도(K-CBI) 개발과 타당화 연구. 진로교 육연구, 23(2), 1-22.

시대고시학원(2015). 신 2015 직업상담사 2급. 서울: 시대고시기획.

이경희(2001). 진로 신념 검사(Career Beliefss Inventory)의 번안과 문항분석. 석사 학위논문, 서울대학교 대학원.

이시현(2023). 직업상담사 1급 2차 실기 완벽대비. 서울: 성안당.

정의석(2013). 상담심리전공자를 위한 진로상담의 이론과 실제. 서울: 시그마프 레스.

주재욱, 이경남, 임순옥(2012). IT 산업의 고용구조 분석 및 정책방향에 대한 연구. 경기: 정보통신정책연구원.

한국직업능력개발원(2001). 진로성숙도 검사 개발 보고서. 서울: 태경네트컴.

황매향, 김계현, 김봉환, 선혜연, 이동혁, 임은미(2013). 심층 직업상담. 서울: 학지사.

Borgen, F. H., Weiss, D, J., Tinsley, H. E. A., Dawis, R. V., & Lofquist, L. H. (1968). The measurement of occupational reinforcer patterns. *Minnesota Studies in Vocational Rehabilitation*, XXV.

Dawis, R. V., Lofquist, L. H., Weiss, D, J. (1968). Theory of work adjustment(A Revision). *Minnesota Studies in Vocational Rehabilitation*, XXiii.

Glavin, K. (2005). *Vocopher: Career Inventories*. Presented at Ohio Career Development Association Conference.

Gottfredson, L. S. (2005). Applying Gottfredson's theory of circumscription and compromise in career guidance and counseling. In S. D. Brown, & R. W. Lent (Eds.), *Career Development and Counseling: Putting Theory and Research to Work*. New York: John Wiley & Sons.

Gysbers, N. C., Heppner, M.J.,& Johnston, J. A.(2014). *Csrrer counseling: Holism, diversity, and strengths*(4th ed). Alexandria: American Counseling Association.

Hess, T. R., Tracey, T. J. G., Nota, L., Ferrari, L., & Soresi, S. (2009). The structure of the career beliefs inventory on a sample of Italian high school students. *Journal of*

Career Assessment, 17(2), 232-243.

Holland, J. L., Powell, A. B., & Fritzsche, B. A. (1994). *Self-directed Search: Professional User's Guide*. Odessa, FL: Psychological Assessment Resources.

Knowles, M. S., Holton Ⅲ, E. F., & Swanson, R. A. (2010). 성인학습자. (최은수 역). 서울: 아카데미 프레스.

Krumboltz, J. D. (1999). *Career Beliefs Inventory: Applications and Technical Guide*. Palo Alto, CA: Consulting Psychologist Press.

Krumboltz, J. D., & Mitchell, L. K. (1990). Social learning approach to career decision making: Krumboltz's Theory. In D. Brown, et al., *Career Choice and Development: Applying Contemporary Theories to Practice*. San Francisco: Jossey-Bass.

Lassance, M. C., & Sarriera, J. C. (2012). Adaptation and validation of the salience inventory to brazilian adults. *Paidéia*, 22(52), 177-186.

Lent, R. W., Brown, S. D., & Hackett, G. (1994). Toward a unifying social cognitive theory of career and academic interest, choice, and performance. *Journal of Vocational Behavior*, 45, 79-122.

Nevill, D. D., & Super, D. E. (1986). The Salience Inventory. Theory, Application, and Research. *Manual*(Research Edition). Palo Alto, CA: Consulting Phychologists Press.

Rounds, J. B. Jr., Henly, G. A., Dowis, R. V., Lofquist, L. H., & Weiss, D. J. (1981). Manual for the Minnesota Importance Questionnaire: A measure of vocational needs and values. *Vocational psychology research work adjustment project department of psychology*, University of Minnesota.

Super, D. E., Savickas, M. L., & Super, C. M. (1996). The life-span, life-space approach to careers. In D. Brown, L. Brooks, & Associates (Eds.), *Careers Choice and Development*(3rd ed., pp. 121-178). San francisco: Jossey-Bass.

Swanson, J. L., & Frouad, N. A. (2005). 사례로 배우는 진로 및 직업상담. (황매향 역). 서울: 학지사.

Zhang, X. (2013). The incremental effects of ethnically matching animated agents in restructuring the irrational career beliefs of Chinese American young women. Unpublished dissertation for master's degree. The Arizona State University.

참고 인터넷 사이트

고용노동부: http://www.moel.go.kr

국가직무능력표준: https://www.ncs.go.kr

네이버 지식백과: http://terms.naver.com

어세스타: http://www.assesta.com

자격의 모든 것 Q-Net: http://www.q-net.or.kr

직업훈련포털 HRD-Net: https://www.hrd.go.kr

통계청: http://kostat.go.kr

한국민족문화대백과사전: http://encykorea.aks.ac.kr

한국산업인력공단: http://www.q-net.or.kr

한국MBTI연구소: http://www.mbti.co.kr

APA PsycNet: https://psycnet.apa.org

Career research: http://career.iresearchnet.com

CBI: http://www.mindgarden.com

CPP: https://www.cpp.com

ERIC: https://eric.ed.gov

FEP: http://wps.fep.up.pt

Mind garden: http://www.mindgarden.com

NCDA: http://www.ncda.org

O*NET: https://www.onetcenter.org

Prezi: https://prezi.com/fx7didwptftm/career-beliefs-inventory

Psychology: http://psychology.iresearchnet.com

Shepherd: www.shepherd.edu

The Myers-Briggs Foundation: http://www.myersbriggs.org

Vocopher: https://slideplayer.com

Vocopher: http://www.vocopher.com